공부하는 인간
중세 후기 유럽의 식자들

공부하는 인간
: 중세 후기 유럽의 식자들

발행일	2024년 2월 28일 초판 1쇄
	2024년 8월 1일 초판 2쇄
지은이	자크 베르제
옮긴이	문성욱
기획	이무영, 문성욱
편집	김준섭, 김보미, 박지행
디자인	박서우

펴낸곳	인다
펴낸이	김현우
등록	제2017-000046호. 2015년 3월 11일
주소	(04035) 서울 마포구 양화로11길 68 다솜빌딩 2층
전화	02-6494-2001
팩스	0303-3442-0305
홈페이지	itta.co.kr
이메일	itta@itta.co.kr

ISBN 979-11-93240-34-2 93000

책값은 뒤표지에 있습니다.
잘못된 책은 구입하신 서점에서 바꿔드립니다.

공부하는 인간
중세 후기 유럽의 식자들

자크 베르제 지음

문성욱 옮김

일다

일러두기

1. 이 책은 Jacques Verger, *Les gens de savoir dans l'Europe de la fin du Moyen Âge*(Paris, Presses Universitaires de France, 1997; 2판, 1998)을 저본으로 삼았다.

2. 인명 표기에서는 한국어 문헌에서 확인되는 용례를 우선시했다. 다만 용례를 찾을 수 없거나 일관성이 부족할 때는 다음의 기준을 적용했다.

- 출신 지역 외 다른 곳에서도 출신 지역의 표기가 통용될 경우 그 표기를 음차한다.
- 언어마다 표기 방식이 다를 경우, 특히 해당 인물이 저술에서 주로 라틴어를 사용했을 경우 라틴어 표기를 음차한다.
- 라틴어를 음차할 때는 일부 예외를 제외하고 고전 라틴어 발음에 가깝게 옮긴다. 이때 지명이 첨명surnom으로 부가될 경우, '〈지명〉의 〈이름〉'식으로 쓰되 지명은 현재 통용되는 지명을 따른다.

3. 인명에 병기된 알파벳 표기는 2의 기준에 따라 선택된 한국어 표기에 최대한 근접한 형태를 취했다.

서론

먼저 이 책의 제목에 대해 약간의 설명이 필요하다. 이 과정에서 책의 주제뿐 아니라 대상 영역이 명확해질 것이다.

제목에 표시된 연대와 지리상의 틀은 아마 큰 문제가 되지 않을 것이다. "중세 후기"라는 표현은 주로 14~15세기를 가리킨다. 여기서 고려하는 점은 우리가 연구하려는 사회 집단이 등장한 것, 혹은 어쨌거나 확립된 것이 그 시대의 특징이라는 사실, 이런 유의 연구를 가능하게 하는 문헌 역시 같은 때 출현한다는 사실이다. 결론부를 제외하면 우리는 되도록 1500년대를 넘어가지 않으려 했다. 이 시기를 경계로 삼은 것은 솔직히 결정적 변동 지점이어서가 아니다. 다만 그 앞뒤로 이어지는 확실한 연속성에도 불구하고 이 책에 허락된 분량을 지키려면 기한을 정해야 했다. 반면 주제상 필요하다면 우리는 거리낌 없이 13세기, 심지어 12세기까지 거슬러 올라갔다. 기실 중세 말에 관찰되는 현상 다수가 이 시대에 기원을 두고 있고, 심지어 이때 처음 모습을 드러내기도 하기 때문이다. 적어도 "12세기 르네상스"라는 명칭으로 포괄되는 대규모의 사회·종교·정치·문화적 부흥 운동에 당시부터 영향을 받았던 지역들의 경우에는 그랬다.

책의 지리적 틀에 대해 말하자면, 해당 시대 서유럽 전체, 달리 말해 라틴어권 기독교 세계 전체를 포괄할 수 있었다면 좋았을 것이다. 최초의 국민국가들이 출현하기는 해도, 우리가 보기에 이 세계의 역사는 중세 말까지 몇 가지 통일적 특색을 강하게 유지하고 있었다. 안타깝게도 서로 다른 나라에 대한 연구의 진척이 균등하지 않고 우리 자신의 역사학적·언어적 능력에 한계가 있던 탓에, 더욱이 당대에도 나라마다 사회·정치·문화적 발전 정도가 상이했던 것이 사실인 만큼, 우리가 처음 품은 야심을 완전히 실현할 수는 없었다. 그러니 우리 자신에게, 또 아마 대부분의 독자에게 보다 친숙한 프랑스의 사례를 빈번히 우선시한 것을 양해해 주기 바란다. 그럼에도 프랑스가 상황에 따라 이웃 나라들의 경우와 어떻게 가까워지는지 혹은 어떻게 갈라지는지 보여줌으로써 매번 더 넓은 관점을 취하려 애쓰기는 했다. 이들 나라 중에서는 프랑스처럼 이미 국민국가적 왕정을 향해 가던 나라도 있고(잉글랜드, 이베리아반도 왕국들), 거꾸로 많은 도시국가나 독립 군주국으로 나뉜 나라도 있었다(이탈리아, 독일). 반면 더 먼 사례들(스코틀랜드, 헝가리, 보헤미아, 폴란드, 스칸디나비아반도 왕국들)은 매우 주변적으로만 거론된다. 이렇듯 불완전하긴 해도 이 책을 통해(당연히 숱한 지역적 변이형이나 나라 간의 연대기적 격차를 고려하면서) 전 유럽에서 관찰 가능한 하나의 현상을 비교적 관점에서 기술하겠다는 우리의 기획이 바뀌지는 않았다.

사실 제목에서 가장 큰 문제는 말할 것도 없이 "식자gens de savoir"라는 표현이다. 미리부터 엄격한 정의에 우리 자신을 가

두려는 것은 아니지만, 우리가 이 말로 무엇을 가리키는지, 왜 바로 이 시대에 역사 연구의 대상이 될 만한 특유한 인간 집단이 존재한다고 생각하는지는 바로 설명해 볼 필요가 있다.

"식자"라는 표현은 중세 언어에 속하지 않는다. 중세 언어가 사용한, 또 이 책에서 차차 언급하게 될 단어들—문사 vir litteratus(카스티야어로는 letrado), 성직자 clericus, 선생 magister, 철학자 philosophus—은 우리가 식자라 지칭하는 대상과 일부만 겹치므로 제외되었다.

물론 "식자"라는 표현이 현대 프랑스어에서조차 그다지 널리 통용되지 않는다는 점은 인정하는 바이다. 훨씬 더 널리 쓰이는 말로 "지식인 intellectuels"이 있지만, 그 기원이 최근의 것이라는 점에서[1] 어느 정도 시대착오적일 뿐만 아니라—이제 고전이 되었으나 여전히 흥미로운 그의 저서에《중세의 지식인들》이라는 제목을 붙일 때 자크 르 고프는 일부러, 게다가 훌륭하게 이 시대착오를 감수했다[2]—우리가 여기서 다루려는 일군의 사람들을 가리키는 데도 완전히 적합하지는 않다. 독일어 학인 die Gelehrten 정도만이 아마 그럭저럭 상응할 것이다.

다른 표현 방식도 생각해 봄 직하다. 준교사·학사·박사[3] 등 대학 학위 소지자를 가리키는 "학위 취득자(현대 프랑스어로는 diplômés에 해당되나, 중세의 어휘를 따르자면 gradués, 즉 라틴어 graduti)"는 너무 제한적이었을 것이다. 모든 학위 취득자가 사실상 우리의 연구 대상 집단에 속하는 것은 분명하고, 더 넓게 보면 이 집단을 정의하는 최적의 기준 중 하나가 학교식 교육을 받았는지의 여부인 것도 사실이다. 그러나 앞으로 보게 되겠지만 이 집단에는 어떤 학위도 취득한 적 없는 숱한 전직 학생이나 학위 수여 자격을 갖춘 기관에 다니지 않고 공부한 숱한 개인 역시 포함된다.

역사학자들이 때로 사용하는 "독서가gens du livre"가 어쩌면 더 나을지도 모른다. 읽고 쓰는 능력뿐 아니라 책을 활용해 특정 유형의 지식을 보존하거나 이런저런 사회·정치적 실천에 형태를 주는 능력을 갖추었다는 것은 실제로 이 저작에서 연구하고자 하는 사람들의 가장 큰 특징 중 하나다. 그러나 이 명칭의 난점은 실제와 달리 이들이 책을 절대적으로 독점했다고 여기게 할 수 있다는 것이며, 무엇보다 그들의 여러 활동 중 한 측면만을 특권화할 수 있다는 것이다. 그 측면이 본질적이기는 하나 구술문화와 관련된 다른 측면들도 소홀히 다루어져서는 안 된다.

따라서 상대적으로 명료하지 않은 표현임에도 "식자"를 선택한 것은 가장 중립적인 표현이자, 역사적 탐구의 결과에 대한 선입견을 가장 적게 담은 표현이었기 때문이다.

우리가 이해하기로 "식자"라는 표현은 두 요소를 포괄한다. 첫째는 일정한 유형의 앎에 일정한 수준으로 숙달했다는 점이다. 둘째는 선취한 지식에 기반하여 특정한 실천적 능력을 갖는다고 주장한다는 점인데, 이 주장은 주변 사회에 의해서도 일반적으로 받아들여진다. 필시 이 이중의 기준에 부합하는 개인들의 존재가 중세 말에 절대적으로 새로운 현상은 아닐 것이다. 그러나 "식자들"이 하나의 특유한 집단을 구성한다고 여겨질 만큼, 그와 동시에 지적 측면에서뿐 아니라 종교·사회·정치적 측면에서도 서구 문명 발전의 유효한 행위자가 되었다고 여겨질 만큼 충분한 인원수와 사회적 무게를 확보하게 된 것은 바로 이때의 일이라는 것이 우리의 생각이며, 이 책이 그 점을 보여줄 것이다.

기실 초기 중세에는—단순화하자면, 즉 몇몇 예외적 인물을 제외하면—식자란 단지 문사vir litteratus, 즉 그럭저럭 올바르게 라틴어를 읽고 쓰는 사람이었다. 게다가 이 시기 문해자litterati 집단과 성직자·수도승 집단은 거의 동일했다. 속인laïcs은 거의 정의상으로 "문맹자illettrés"라 간주되었다(비록 실제로는 적어도 귀족 계층 내에 얼마간의 속인 문해자가 있었고, 반면 성직자와 수도승 중 많은 수가 무식했지만).

12~13세기부터 이 단순화된 도식은 모든 의미를 잃는다. 속인 문해자가 현저하게 증가했을 뿐만 아니라, 지식과 교육제도가 동시에 발전한 결과 어떤 엘리트 집단, 바로 이 책이 다룰 엘리트 집단에서 앎의 수준이 전반적으로 상승한 것이다. 이제 읽고 쓰는 최소한의 능력밖에 갖추지 못한 이를 "식자"라 여길 수는 없게 되었다. 따라서 이 책에서는 중세의 문자 교육에 대해서도, 하급 성직자나 평범한 수도승처럼 대개는 최소한의 지식수준을 소유하는 데 그친 사회 범주에 대해서도 다루지 않는 것을 원칙으로 한다.

우리가 연구하는 시대에는 과연 노력만 하면, 또 그럴 만한 지적·재정적 수단을 갖추기만 하면, 당시 기준에서의 고등 지식 획득이 가능해졌다. 이 책의 제1부에서 우리는 무엇이 이 지식 문화의 구성 요소로 인정받았는지, 달리 말하자면 중세 말 보통의 식자에게 일반적으로 요구된 앎이 무엇으로 이루어져 있었는지 알아볼 것이다(1장). 우리는 또한 이 식자들이 구체적으로 어떤 유형의 학교에서(2장) 어떤 책을 이용하여 (3장) 교육을 받고 그들 집단의 사회적 규정에 핵심 요소가 되는 앎에 숙달하기에 이르렀는지도 알아볼 것이다.

그렇지만 거기서 그친다면 주어진 주제의 단 한 가지 측면, 일종의 앎의 사회학에 해당하는 측면밖에 다루지 못한다. 즉 "중세의 지식인이란 무엇인가"라는 질문을 한 번 더 던져보고 마는 셈이다.

따라서 위 논의를 또 다른 논의로 보완하는 것이 유익하리라 판단한바, 그 내용이 책의 제2부와 제3부를 이룬다. 우리는 식자들에게 인정된 능력이 무엇이었는지, 또한 그 자체로 다변화·복잡화 과정이 점점 더 심화되는 사회 속에서 식자들에게 결국 어떤 자리가 주어졌는지를 살펴볼 것이다.

이론적이고 추상적인 지식의 숙달에 기반한 능력이 식자에게 어떤 유형의(4장), 더 정확하게는 어떤 수준의(5~6장) 사회 직분을 향한 길을 열어주었는가? 능력의 문제를 검토한 다음 우리는 사회학적 현실의 문제로 옮겨가 볼 것이다. 식자들은 그저 전통적 범주들(성직자, 귀족, 부르주아) 안에 분포되어 각 범주 내부에서 나름의 기능적 역할을 수행했는가? 아니면 기존 사회구조로부터 빠져나와(그런데 어떤 과정을 거쳐서?) 자율적 범주(그렇다고는 해도 내부의 위계질서나 국가적·지역적 특유성이 없을 수 없는 만큼 당연하게도 전혀 균질적이지 않은 범주)의 단초만이라도 형성하는 데 충분한 수준의 의식화를 이루고 그만한 수준의 사회·정치적 인정도 획득할 수 있었는가? 이런 질문들을 책의 마지막 몇 장에서 다루면서 우리는 재산, 가족 구조, 인척 관계망 등 사회적 차별화의 객관적 요소(7장)뿐만 아니라 당대인들 스스로가 사회 변화를 파악하기 위해 따랐던 표상들을 고려하고자 했다. 이 표상들이 얼마나 정밀한가 하는 점이 아마도 형성 중인 집단의 자기의식 정도를 가장 적절히 판단케 하는 기준 중 하나일 것이기 때문이다(8장). 끝으로 짧은 결론(9장)은 이 책에서 연구하는 현상이 관례적으로 거론되는 1500년이라는 연도 너머로 이어졌음을 환기할 것이다. 다른 숱한 분야와 마찬가지로 이 분야에서도, 중세와 르네상스 사이의 대립에 더 이상 아무 의미가 없다고는 하지 않더라도, 그 대립으로 인해 두 시기 사이의 뚜렷한 연속성이 은폐되어서는 안 될 것이다.

끝으로 양해를 구하는 차원에서 독자에게 밝혀야 할 사항이 하나 있다. 여러 이유, 무엇보다도 바로 내 학문적 능력의 한계에서 비롯된 이유들로 인해 이 책은 기독교도 식자들에 대해서만 다룰 것이다(대부분은 정통파, 때로는 실재했던 비정통파 중 우리가 포착할 수 있는 이들). 당시 서구에 여러 종교적 소수 집단이 있었으며 그들 집단에도 나름의 식자들이 있었음을 모르는 것은 아니다. 물론 스페인, 시칠리아, 이탈리아 남부의 무슬림 공동체들은 13세기부터 빠르게 무너져 갔다. 짐작컨대 그 여파로, 공동체 자체가 소멸하기 전부터 사회구조가 먼저 해체되고 앞선 시대의 그토록 찬란했던 지적 활동 역시 쇠퇴했을 것이다.

반면 중세 서구의 거의 모든 나라에 존재하던 수많은 유대인 공동체는 중세 말까지 지적 활동을 매우 활발히 지속했다. 심지어 주위의 기독교도 주민에 비해 유대인들의 교육·지식 수준이 평균적으로 더 높았으리라고 생각해 볼 수도 있다. 하지만 중세 말기의 유대인 식자들을 다루는 데 필요한 역사적·언어학적 지식은 내게 없다. 이것이 유대인의 경우를 누락한 데 대한 주된 변명이다. 반면 유대인들이 주위 사회에서 고립되었다는 점을 근거로 삼는 주장에는 이론의 여지가 있다. 14~15세기 기독교 사회 거의 전반에서 대두한 반유대주의로 유대인들의 고립이 심화되었다고는 해도 그것이 모든 접촉의 중단을 뜻하지는 않기 때문이다. 당대의 성직자·수도자들과 밀접하게 연관된 유대인 철학자 게르소니데스Gersonides, 1288~1344와 같은 인물들에 대한 최근의 몇몇 작업이 그 점을 잘 보여준다. 유대인 의사들의 역할에 대한 연구들도 마찬가지인데, 때로 기독교 대학의 청강생이었던 이들은 종교를 불문하고 어느 집단에서나 임상의로서 높이 평가받았다.[4]

제1부　교양의 토대

제목의 "식자"라는 표현에서 벌써 짐작할 수 있을 것이다. 이 저작에서 다루는 사람들을 사회의 다른 구성원들로부터 구별하게 하는 것은 이들이 특정한 유형의 교양을 소유하고 있다는 점이며, 동시에 교양이라는 통념 자체를 특정한 방식으로 이해한다는 점이라는 것을. 따라서 우선은 그들이 지닌 교양이 어떤 형태를 띠었고 어떤 위상을 누렸는지 파악해 보는 것이 중요하다.

어떤 지식의 숙달이 식자의 교양에 토대가 되었는가, 또 어떤 다른 지식이 배제되었는가? 어떤 조건 아래서 교양이 습득되었는가? 그것은 선생의 말을 통해 세대에서 세대로 전해 내려오는 소중한 유산이었는가, 아니면 사회의 기대에 부응하여 정신이 정복해 낸 새로운 영역이었는가? 교양의 저장은 오직 기억에 의존했는가, 아니면 이런 지식이 보존되고 유통되는 데서, 또한 경우에 따라 더 풍요로워지는 데서 책이 나름의 역할을 맡았던 게 아닌가?

이상이 이 책의 제1부를 이루는 세 장에서 답해보려 하는 주요 질문이다.

1장

지식

서론에서 말했듯, 우리가 이 책에서 다룰 개인들의 공통점은 그들이 몇 가지 학문 교과에 다소간 철저하게 숙달되어 있었다는 것이다. 이 교과들은 모두 당대의 지식 문화라고 할 만한 것에 속한다. 지식 문화를 아주 간단명료하게 정의할 수는 없을 텐데, 중세 말 수 세기 동안 때와 장소에 따라 이미 온갖 양상을 띠었기 때문이다. 그럼에도 지식 문화가 아직은 서구의 주요 국가에서 상대적으로 통일성을 유지했다고 간주할 수 있으며, 그 통일성은 근대에 들어서야 서서히 사라진다. 즉 몇 가지 국가적 특수성이나 변화를 도외시하지 않는 한에서 중세 지식 문화의 가장 주된 특질들 정도는 추출해 볼 수 있다.

1. 기초: 라틴어와 아리스토텔레스

중세 지식 문화의 근본 특징 중 하나는 라틴어가 핵심적인 자리를 차지한다는 점이다. 서구 모든 나라에서 라틴어가 하나 혹은 여러 현지어langues vernaculaires와 공존했음을 근거로 중세 문명이 이중 언어 문명이라고 말하는 이들도 종종 있었다.

그렇지만 중세의 "이중 언어 상황bilinguisme", 혹자들이 선호하는 표현으로는 "양층 언어 상황diglossie"이 무엇을 가리키는지에 대해 합의해야 한다. 사실상 중세 초기부터 서구 어디에서도 라틴어를 더 이상 "말하지" 않았다. 라틴어가 더 이상 누구의 모어도 아니고, 심지어 수적으로 규모 있는 어떤 집단의 지배적인 언어도 아니었다는 의미에서 말이다. 도처에서 새로운 현지어가 자리 잡았으며, 각 현지어는 또다시 활발하게 쓰이는 방언들의 하위 집합으로 나뉘었다. 옛 로마 제국 터에 속한 지역에서는 이탈리아어, 카탈루냐어, 카스티야어, 포르투갈어, 오크어와 오일어[5] 등 라틴계 언어가 쓰였다. 다른 곳에서는 앵글로색슨어와 게르만어 계통의 다양한 언어가 승리했다. 중부 유럽에서 게르만어들은 슬라브어 계통 언어나 헝가리어를 쓰는 지역들과 접했고, 대서양 연안에서 쓰이던 켈트어들은 이미 어느 정도 주변화되었다.

중세 말에 이미 긴 과거를 갖고 있던 이들 현지어는 갖가지 영광을 누렸다. 사회적으로 그것은 평민의 언어이자 최고위 귀족층의 언어였다. 숱한 귀족들, 게다가 군주들조차 다른 언어를 몰랐고 라틴어에 무지했다. 현지어의 문화적 역할 역시 충분히 확립되어 있었다. 여전히 일부(브르타뉴어, 바스크어 등)가 주로 구어에 머물렀다고는 해도 대다수 현지어는 오래전부터 글로 적혀 풍부하고도 다양한 생산물에 자양분이 되었다. 현지어는 의사소통의 언어만이 아니라 문학 언어이기도 했고, 대부분의 나라에서 여러 장르(서사시, 궁정시, 풍자시, 소설, 연극, 역사 등)에 걸친 걸작을 이미 만들었거나 만들기 시작했다. 끝으로, 일상생활의 언어인 현지어는 나라에 따라 다소간 빠르게, 각기 상이한 비율로 관리와 행정, 나아가 통치의 언어가 되기도 했다. 현지어는 장부 기록에, 규정이나 칙령 작성에, 법률 제정과 판결에, 회중을 향한 연설이나 재판 시 변론에 쓰였다.

그렇다고 해도 현지어의 지위는 여전히 논란거리였고 그 위상도 이론의 여지가 있었다. 적어도 15세기까지 문법학자들은 현지어의 존재조차 모르는 체했고, 엄밀히 말하면 현지어가 독자적인 교육 대상이 된 적도 없었다.[6] 이렇듯 이론적 차원이 결여된 탓에 현지어는 여러 대가를 치러야 했는데 적어도 몇몇 영역에서는 어휘가 상대적으로 빈곤했다는 것, 형태와 심지어 통사가 불확실했다는 것, 철자법이 불안정했다는 것 등을 들 수 있다(물론 이론의 결여 덕분에 순수주의나 아카데미즘에 빠지지 않았다는 장점도 있기는 했다).

라틴어의 지위는 전혀 달랐다. 오랫동안 지속된 그 위신의 기원을 찾으려면 멀리, 필시 카롤루스 왕조 르네상스(8~9세기)까지 거슬러 올라가야 한다. 여러 현지어(적어도 로망어)가 결정적으로 라틴어로부터 분리되었을 뿐만 아니라, 글쓰기와 학교 활동의 혁신에 힘입어 어느 정도 순수함을 되찾은 라틴어가, 말하자면 학문 언어이자 엘리트 언어로서, 특권적 위치를 공고히 한 것이 바로 이 시기였다. 라틴어의 특권적 위치는 경쟁자가 없는 만큼 더욱 두드러졌다. 다른 고대어(특히 그리스어와 히브리어)는 서구 기독교 세계에서 거의 완전히 잊혀서 고립된 소수의 개인만이 알고 있었기 때문이다.

중세 라틴어는 우선 성스러운 언어, 성서의 언어이자 전례와 예배 및 성사의 언어, 달리 말하자면 사제와 수도승의 언어였다. 종교 영역에서 현지어는 사실상 속인을 위한 구두 설교에 국한해 쓰였다. 종교 저작을 현지어로 짓거나 번역하는 일(무엇보다 성서의 번역)은 엄밀히 말해 금지되지도 전례가 없지도 않았지만 극히 드물었고, 쉽사리 교회의 불신을 사기 마련이었다. 특히 저자 자신이 속인인 경우에 그러했다.

다른 한편, 라틴어는 고대의 유산 일체를 담은 언어였다. 본래 라틴어로 쓰인 작품이든 혹은 이미 고대에, 아니면 중세 동안에 (원어에서 곧바로, 아니면 아랍어를 매개로 해서) 라틴어로 번역된 그리스어 작품이든, 교부들은 말할 것도 없거니와 문법·철학·과학(자연과학·수학·천문학·우주론 등)·법학·의학·고대사에 대해 중세 말의 서구가 보유한 거의 모든 저작은 라틴어로 쓰여 있었다. 물론 이렇게 전해진 유산은 불완전했다. 고대 문화의 여러 영역, 특히 라틴어로 번역되지 않은 그리스어 문학 전체가 서구에서 망각되었다. 하지만 아직 남아 있는 것에 대해서라면 라틴어가 거의 독점권을 행사했다. 중세 말까지 지식 문화의 교과 영역에서 직접 속어로 쓰인 작품은 매우 드물었다. 대부분은 번역에 국한되었는데, 그마저 때늦었고 수가 많지 않았으며 흔히 변변찮은 수준이었다. 번역은 더욱이 라틴어를 아는 교양인들이 아니라 속인 대중을 위한 것이었다. 이 속인 대중을 규정하기는 쉽지 않은데, 필시 한정된 소수로서, 대개 고위 귀족층이나 궁정 사회 출신이었을 것으로 보인다.

프랑스에서는 13세기에 최초의 고대 라틴어 작품 번역이 등장한다. 하지만 더 체계적이고 광범위한 사업이 개시되기 위해서는 선량왕 장 2세Jean II Le Bon, 1350~1364, 그리고 특히 샤를 5세Charles V, 1364~1380의 명시적인 청탁이 내려질 14세기 중반을 기다려야 했다. 키케로나 티투스 리비우스 같은 몇몇 고전들, 중세의 몇몇 백과사전들(잉글랜드인 바르톨로메우스Bartholomeus Anglicus, 캉탱프레의 토마스Thomas Cantimpratensis), 성 아우구스티누스의 《신국론》과 솔즈베리의 요한네스Johannes Sarisberiensis, 1115?~1180가 쓴 《폴리크라티쿠스Policraticus》가 바로 그때 번역되었다. 하지만 사업의 핵심은 1369~1377년간 니콜 오렘Nicole Oresme이 처음 번역한 아리스토텔레스 저작들로 《윤리학》과 《정치학》, 《가정관리학》, 거기에 더해 《천체론》 등이 해당된다.

더욱이 이 텍스트들은 지식 문화에 속한 것이라고는 해도 학교에서 통상 공부하던 것들이 아니었다. 아리스토텔레스의 경우가 특히 그렇다. 번역된 작품들은 그의 전작에서 아주 특수한 한 가지 면만을, 대학에선 거의 전파되지 않았지만 곧바로 권력자의 관심을 끌기에 특별히 적합한 측면만을 대표했다. 이 경우는 그래도 애써 공들인 번역이라 할 수 있다. 미숙한 데가 적지 않지만, 그 점은 신학 박사이자 나바르 학숙의 전직 수석교사였던 니콜 오렘같이 걸출한 문사조차 라틴어로는 완전히 숙달한 지식을 현지어로 옮기는 데 얼마나 어려움을 겪었는지 보여준다. 다른 한편 오렘은 속어로 새로 쓴 상당량의 주석을 번역에 덧붙였다. 이렇게 해서 그는 최초의 프랑스어 정치학 논고들, 예컨대 교회 법률가 에브라르 드 트레모공 *Évrard de Trémaugon*이 거의 동시대에 지은 작품인《정원의 꿈*Songe du vergier*》에 길을 열었다.

반면 지식 문화의 다른 영역들은 거의 순전하게 라틴어의 전유물로 머물렀다. 이 영역들에서 고대 유산을 보완하게 될 당대 작품들 역시 라틴어로 집필되었다. 중세 문화의 보다 새롭고 보다 특유한 교과들, 가령 교회법이나 스콜라 신학에서조차 라틴어만 쓰였다.

성서의 언어이자 지식 문화의 언어인 라틴어는 따라서 자연히 교육의 언어이기도 했다. 공부한다는 것, 그것은 일단 문자*litterae*를, 즉 라틴어를 공부한다는 것이었다. 공부한 사람을 부르는 문사*litteratus*라는 말은 기본적으로 그가 라틴어를 안다는 뜻이었다.

실상 이것은 복잡한 사안으로 그 전모는 뚜렷하지 않다. 라틴어로만 가르친다는 것이 가능했을까, 그 언어를 모르는 어린아이들에게까지? 14~15세기에 많은 이들은 분명 읽기·쓰기에서까지 라틴어보다 현지어에 더 능숙했다. 그러니 그들이 오직 라틴어로만 읽고 쓰는 법을 배웠다는 점을 납득할 수 있겠는가? 그들이 속어로 글을 잘 쓰면서도 라틴어를 모른다는—혹은 잊어버렸다는—것을 어떻게 설명할까? 비록 현지어만 가르친 학교가 존재했다고 확언할 만한 증거는 전혀 없지만, 최소한 초등교육의 일부가 속어로 이루어졌다고 인정하지 않기는 어렵다. 하지만 논의를 계속하기에 우리가 초등교육에 대해 아는 바는 부족하다.

반면 더 높은 교육 단계에서는 확실히 서구 전역에서 라틴어가 보편적으로 쓰였다. 그 뜻인즉, 중세에 어느 정도 꾸준하게 학교를 다닌 사람은 누구나 라틴어를 배웠을 뿐만 아니라 학교에서 가르치는 다른 과목들을 공부하는 데도 라틴어를 사용해야 했다는 것이다. 이미 보았듯 라틴어는 모든 학문 교과의 언어였기 때문이다. 그런데 이들 교과의 지식은 무엇보다도 책에서 나왔다. 교과의 토대가 되는 "권위autorités"란 이교 시기든 기독교 시기든 고대로 거슬러 올라가며, 라틴어로 집필된 것이었다. 그러니 라틴어를 모르고서는 권위에 접근할 수 없는데, 중세 교육의 핵심은 바로 권위에 대한 주해commentaire였다. 게다가 주해조차 라틴어로 제공되던바, 구두 강의 형태든지 (이차 권위로 승격되어 나름 지식의 원천이 된) "풀이apparat"와 "강해lectures"처럼 문자화된 형태든지 마찬가지였다. 학문 텍스트와 주해를 더 쉽게 익힐 수 있도록 돕는 작업 도구(목차, 비교 색인, 사전) 역시 라틴어로 작성되었다.

요컨대 중세에 라틴어 구사자가 되지 않고서 이 책의 연구 대상, 즉 식자 집단에 속할 가능성은 거의 없었다.

중세 말에 라틴어를 아는 이들이 식자들뿐이었다는 것인가? 물론 아니다. 사실 이미 말했듯이 이 시대에 읽기를, 더욱이 쓰기를 적정 수준으로 숙달한 이는 누구든 라틴어를 겉핥기 식으로나마 배운 적이 있었을 것이다. 기억이 별로 남지 않은 경우도 당연히 있겠지만 적어도 한 특정 범주는 달랐다. 성직자·수도자 범주가 그것으로, 이들은 전례 의무 때문에 거의 일상적으로 라틴어를 사용했다. 서론에서 우리는 중세 말 수 세기에 대해서라면 성직자·수도자를 곧바로 식자라 칭할 수 없는 이유가 무엇인지 설명했다. 그렇다고 해도 중세 말 성직자·수도자 대부분은 분명히 라틴어에 대해 적어도 개략적인 지식을, 미사를 집전하고 성사를 베풀고 기도문을 낭독하는 데 필요한 지식을 갖추고 있었다. 이 시대 주교가 말단 사제의 끔찍한 무지와 참아줄 수 없는 어법상 오류들에 대해 불평하는 일은 중세 초기보다 훨씬 드물었다. 말단 사제가 라틴어로 쓰거나 말하지 못했을 수는 있다. 하지만 그는 성서와 기도문 텍스트, 성사 전례서, 교구회의 규정에 흔히 인용되는 교회법 법령이 무슨 뜻인지는 그럭저럭 이해할 수 있었다.

우리의 식자들에게 돌아가 보자. 이들의 라틴어 지식이란 어떤 성격의 것이었는가? 여기서 상기해야 할 것은 비록 중세 라틴어를 살아 있는(그러므로 지역에 따라 어느 정도 다른 특징을 띨 수 있고 어느 정도 변화를 겪을 수도 있는) 언어로 간주한다 해도, 그것이 어쨌거나 배워야 하는 언어였다는 점이다. 나아가 더 이상 누구의 모어도 아니라는 점에서 인위적인 언어였다고도 할 수 있다.

따라서 라틴어 수준은 개인에 따라 상당한 편차를 보일 수밖에 없었다. 이론상 대학 교사는 라틴어로 글을 쓰는 것은 물론 한참 동안 말할 줄도 알았다(규정에 따르면 미리 써둔 강의록을 구술하는 행위는 금지되어 있었다). 그럼에도 이 라틴어가 스콜라 라틴어임을 지적해야 한다. 그것은 실로 특수한, 매우 기술적인 언어로, 정형화된 어휘에 기초적 통사만을 사용하고 문학적 우아함 따위는 신경 쓰지 않는 일종의 은어였다. 어쨌든 한낱 학생들은 공식적인 의무에 따라 적어도 (학숙collège을 포함한) 공공장소에서는 라틴어로만 말했음에도 라틴어 사용에 큰 불편을 겪었을 것이다. 때로 이들의 라틴어는 훗날 라블레의 작품에서 "리무쟁 학생"이 거들먹거리며 우스꽝스럽게 떠들어댈 횡설수설과 흡사했을 것이다.[7]

행정 실무에서도 똑같은 수준 차가 나타난다. 일부 상서국, 그중 특히 교황청 상서국 소속 서기들 중에는 훌륭한 자질을 갖춘 라틴어 전문가들, 리듬 있는 긴 복합문으로 더없이 엄숙한 편지의 장중한 서두를 지을 줄 아는 나무랄 데 없는 수사가들이 있었다. 그에 반해 평범한 공증문서나 장부는 말할 것도 없고 각종 규정, 통상적 증서, 행정적 조사 보고서, 세금 문서, 사법 판결 등은 라틴어로 쓰여 있더라도 훨씬 덜 다듬어졌다. 그야말로 1440년경 파리 고등법원 판사들을 돕기 위해 집필된 책 《조사실 문체 교본Style de la Chambre des Enquêtes》에서 말하는 "조잡한, 속인들에게 친근한 라틴어",[8] 달리 말하자면 문장 구조나 어휘 선택에서 현지어와 매우 흡사한 라틴어. 라틴어식 어미를 사용할 뿐, 일종의 가면에 지나지 않는 라틴어를 뒤집어쓴 사고 자체의 범주는 현지어의 범주임을 숨기려는 기색조차 없다. 대부분의 상서국이나 법원 문서보관소, 서기 사무소에는 이런 유의 문서를 잔뜩 베껴 넣은 서식집이 구비되어 있기까지 했으니, 그 정형성과 언어적 빈곤은 더욱 두드러질 뿐이었다.

그럼에도 중세 말 라틴어가 퇴락했다고 성급히 단정 짓지는 말자. 행정 문서에서 기초 수준의 언어를 택하는 것은 이미 보았듯 최대한 많은 사람, 가장 형편없는 라틴어 구사자에게도 통하면서("속인들에게 친근한") 라틴어의 위신(및 편의성)은 포기하지 않으려는 욕망에 상응한다. 반면 다른 유의 문서 작성자, 혹 다른 상황에 놓인 동일한 문서 작성자는 라틴어 논고를 읽거나 보다 순수한 라틴어로 글을 쓰는 데 아무런 무리가 없었다. 14세기 중반 이래, 토스카나에서 태어나 이탈리아 전역으로, 알프스 너머(특히 베네딕토 13세Benedictus XIII의 아비뇽이나 샤를 6세Charles VI의 파리)로까지 퍼져나간 인문주의는 법원 사무관과 상서국 서기들의 세계에서 최상의 우군을 얻었다. 키케로의 편지와 연설을 뒤져가면서 최고의 고대 웅변가들에게 특유한 우아함과 설득력을 글에 담고자 했던 것은 대학인들보다도 공문 작성 전문가들이었다. 밀라노와의 전쟁 당시 피렌체 공화국의 위대한 상서였던 인문주의자 콜루초 살루타티Coluccio Salutati, 1331~1406의 편지 한 통은 기병 한 부대보다 가공할 만하다고 회자되었다.[9]

물론 인문주의가 성공했다고 한들, 모든 영역에서, 문학에서뿐만 아니라 정치·행정·사법 실무에서까지도 현지어가 느리지만 불가항력적으로 성장하고 있다는 사실을 가릴 수는 없다. 편리하고 이해하기 쉽다는 단순한 이유에 더해, 언어가 국민적 혹은 종족적 정체성의 구성 요소 중 하나라고 여기는 국민감정이 거의 도처에서 발흥하던 상황도 현지어에 유리하게 작용했다. 기독교와 학문에 바탕을 둔 라틴어의 보편주의에 맞서 현지어는 종족의 정수에 들어맞는 언어를 자처했다.

식자들 자신도 때로는 주저하고 때로는 안도하면서 ─

그들 중 다수가 벗어나지 못한 거친 라틴어 혹은 부정확한 라틴어는 인문주의적 순수파의 웃음거리가 되기 시작했기 때문이다—점차 현지어를 사용하게 되었다. 어떤 이들은 아예 현지어 프로파간다에 나서서 단테(《속어론De vulgari eloquentia》, 1305년 무렵)를 뒤따라 최초의 "옹호와 현양défenses et illustrations"을 썼다.[10] 니콜 오렘이 앞서 언급한 아리스토텔레스 저작 번역에 붙인 서문이 그렇다. 해당 주제가 결코 "이언어로 논해지고 연구된 적"[11]이 없다는 사실로 인해 자기 번역에 약점이 있다는 점을 시인하면서도 그는 자랑스레 덧붙인다. "이런 책들을 프랑스어로 옮기고 프랑스어에 학예와 학문을 가져다주는 일은 매우 이로운 수고다. 프랑스어는 고귀한 언어로서 재기 넘치고 훌륭한 지혜를 갖춘 이들이 널리 쓰고 있기 때문이다. 툴리우스[키케로]가 자신의 책에서 말했듯, 어렵고도 권위 높은 소재도 자기 고장의 말로 되어 있으면 사람들은 즐겁고 유쾌한 것으로 받아들인다."[12]

그러므로 일상 용무에서 식자와 문사들이 현지어를 점점 더 많이 사용하는 경향은 계속되었다. 14~15세기에는 곳곳의 군주·도시 소속 문서고에서 라틴어 사용 빈도가 현저히 낮아진다. 1380~1400년 이후에는 학교 출신 저자라도 엄밀한 의미에서의 학교·대학 소관 교과 영역 바깥에서까지 라틴어로만 저술하는 경우는 갈수록 드물어진다. "초기 프랑스 인문주의자들premiers humanistes français"이라 불리는 집단을 예로 들어 보자. 니콜라 드 클라망주Nicolas de Clamanges, 1363?~1437가 라틴어로만 썼고 로랑 드 프레미에페Laurent de Premierfait, ?~1418 이후의 프랑스어 작품이 번역(키케로, 보카치오)에 국한되는 반면, 장 드 몽트뢰유Jean de Montreuil, 1354~1418는 에브라르 드 트레모공이 《정원의 꿈》에서 한 것처럼 정치 프로파간다를 목적으로 한 자신의 주요 논고(특히 《반잉글랜드론Traité contre les Anglais》)를 두 가지 판본—라틴어와 프랑스어—으로 내놓았다. 상서 장 제르송Jean Gerson, 1363~1429의 경우에는 라틴어 작품 수와 프랑스어 작품 수가 대략 비슷하다. 전자가 대학과 관련된 것이라면, 후자에는 궁정을 대상으로 한 설교문에 더해 "평민simples gens"을 위한 짧은 영성 논고들도 있다.

그렇다 한들 중세 말 현지어의 발전이, 어쨌든 교양 엘리트층 사이에서는, 진정 라틴어의 후퇴를 야기했다고 할 수는 없다. 오히려 그 결과로 중세의 '양층 언어 상황'이 더 강화되었다고까지 주장할 수 있다. 양층 언어 상황이 더 이상 단순한 사회적 대립 구도(학인-민중, 성직자-속인, 문사-문맹 litteratus-illiteratus)[13]에 부합하지 않고, 이제 학교 교과 한가운데서, 그리고 정치·사법·행정 활동에서 말이나 글로 이루어지는 다양한 실천 한가운데서 나타나게 되었다는 것이다. (아직 미약할뿐더러 주로 이탈리아에 국한된 그리스어의 부흥은 논외로하더라도) 현지어와 라틴어의 두 층위에 점점 더 숙달되어 간 개인들에게 언어의 선택은 이때부터 미묘한 전략의 문제가 되어갔다. 정치적 효율성을 고려하고 언어 차원에서 국민감정을 확립하려는 의도의 맞은편에는 여전히 라틴어가 보장하는 기독교적·문화적 보편주의에 대한 애착이 남아 있었고, 또한 학력과 취향에 따라 직업 카스트로 결집해 가던 이들의 정체

성 주장이 있었다. 본래 지니고 있던 문화적 정당성을 잃어가는 동안에도 라틴어는 여전히 교회와 학교로부터 강력한 지지를 받았고, 사회적 인정의 표시이자 기성 질서의 구성 요소로서 그 가치는 커져갔다. 라틴어는 기억의 언어로 남아 있었다.

중세에 식자의 초기 교육은 라틴어 습득으로 제한되어 있지 않았다. 가장 기초적인 수준을 넘어서면 누구든 "철학" 입문으로 그것을 보완해야 했다. 15세기까지 유지된 고대식 관례에 따라 기본 교육 내용은 일곱 가지 "자유 학예arts libéraux"라고 지칭되었고, 이는 삼과trivium(문법, 수사학, 변증술)와 사과quadrivium(산술, 음악, 기하학, 천문학)로 나뉜다. 사실 이 전통적 분류는 13세기부터 유효하지 않았다. 물론 라틴어 교육은 거의 문법 위주였고, 고전 읽기가 어느 정도 중요해질 때는 거기에 수사학이 더해지기도 했다. 하지만 다음에 이어지는 것은 전통적 도식에 잘 들어맞지 않는 요소인 변증술 입문, 더 간단한 표현으로는 논리학 입문이었다. 으레 이 과정에는 사과 과목에서 빌려온 몇 가지 초보적 지식(주로 산술과 약간의 기초 천문학), 그리고 특히 본래 학예 과정에는 들어 있지 않던 자연철학과 도덕철학 강의가 더해졌다.

과학 분야에서는 고대 저자들의 저작보다 중세에 만들어진, 극히 단순한 내용의 얇은 교재가 쓰였다. 예컨대 천문학에서는 13세기 초반 요한네스 데 사크로보스코Johannes de Sacrobosco가 지은 《천구론De sphaera》이 있었다. 하지만 그 밖의 분야에서는 모든 것, 적어도 거의 모든 것이 아리스토텔레스에게 의

존했다. 아리스토텔레스 저작 중 《오르가논Organon》으로 묶이는 논리학 논고들은 오래전부터 구비되어 있었다. 《오르가논》의 첫째 부분, 즉 구 舊 논리학Logica vetus은 5세기 말 이미 보에티우스가 번역한 것으로, 서구에서 여전히 잘 알려진 연구 대상이었다. 12세기 전반에 번역된 다음 논고들(신 新 논리학Logica nova)은 파리 학교들에서 1150년부터 교육되었다. 중세 말에는 《오르가논》 전체가 거의 보편적으로 사용된다. 아리스토텔레스의 텍스트에 더해 보다 가까운 시기에 쓰인 교재도 몇 종 있었는데, 가장 널리 퍼진 것은 스페인의 페트루스Petrus Hispanus, 1210?~1277의 《논리학 개요Summulae logicales》였다.

하지만 중세 말 서구인들에게 아리스토텔레스는 변증술의 스승만이 아니었다. 1200년대부터 그들은 《자연학》과 《형이상학》, 몇 가지 자연과학 논고(《자연학 소론집》), 《영혼론》, 《천체론》, 《기상학》, 《윤리학》, 《정치학》 등 아리스토텔레스 철학 저작 거의 전체를 라틴어로 번역했다. 아리스토텔레스 철학 교육은 처음(1210~1215년)에는 엄금되다가 파리 대학에서 조금씩 용인되고 결국 공식적으로 승인받는다(1255년 학예부 규정). 이후에 생긴 학예부들도 대부분 아리스토텔레스 철학 교육을 받아들였는데, 다만 몇몇 남부 대학(볼로냐, 몽펠리에, 툴루즈)에서는 문법과 수사학이 여전히 주요 교과인지라 철학은 부차적 지위만 점한 것으로 보인다.[14] 수준이 더 낮은 학교들에서 아리스토텔레스 작품 전체를 체계적으로 공부했는가 하는 점도 확실하지 않다. 그럼에도 중세에 (대학에서든 대학 전단계의 학교에서든) 일정 수준의 교육을 받은 이라면 누구든 그것만으로도 아리스토텔레스 논리학에, 또한 그의 철학 중 적어도 가장 널리 알려진 몇 가지 측면에 입문했던 셈이라고 생각할 수 있다.

아리스토텔레스가 이처럼 널리 전파된 것과는 대조적으로 당시 사람들은 플라톤에 대해 거의 완전히 무지했다. 라틴어로 번역된 그의 주요 저작《티마이오스》는 12세기 이후 서구에서 사실상 연구되지 않았다.

중세 지식인 모두가 일관된 철학 체계로서 아리스토텔레스주의에 동조했다는 것은 아니다. 물론 중세에는 아리스토텔레스주의자가 있었고, 혹자들이 "전면적 아리스토텔레스주의자aristotéliciens intégraux"라 부르는 이들도 있었다. 1260~1270년대 파리의 학예부와 14~15세기 파도바의 학예부를 주요 온상지로 삼은 이 흐름을 동시대인들은 으레 "아베로에스주의averroïsme"라 칭했고, 그 지지자는 빈번히 신학자 동료들의 적의와 교회의 단죄에 부딪쳤다. 무엇보다 아베로에스Averroes가 남긴 주해(이 또한 1220년대 아랍어에서 라틴어로 번역되었다)에 비추어 이해된 "전면적" 혹은 "비정통적hétérodoxe" 아리스토텔레스주의가 개진하게 되는 학설은 실제로 기독교 계시와 화해시키기 어려운 것이었다. 가장 눈에 띄는 걸림돌은 세계의 영원성과 능동 지성의 단일성(달리 말하자면 정신적이고 개별적이며 불멸하는 실체로서 영혼의 존재에 대한 부정)이었다. 여기에 덧붙일 것이 천체 결정론에 대한 아리스토텔레스식 믿음, 자신의 지식을 향유하는 철학자의 행복한 관조와 동일시된 행복과 덕에 대한 순전히 인간적인 정의 등이다. "아베로스주의자들"은 꾸며서거나 진정으로나 신중한 태도를 취했지만, 그래 봐야 기독교의 형이상학도 도덕도 그로부터 얻어낼 것이 없었다. 그들의 가르침에 대해 교회가 품은 의혹은, 그것을 꼭 긍정하지 않더라도, 이해할 만하다.

하지만 중세 문사들 사이에서 통용되던 아리스토텔레스주의란 전혀 다른 것이다. 그것은 차라리 일종의 공용어koïné로, 말하고 추론하는 방법들, 정의들과 개념들, 학교로부터 주입된 데다 거의 모두에게 자명한 것으로 받아들여진 이런저런 지식들에 해당된다.

반복하건대 아리스토텔레스주의란 먼저 하나의 논리학이며, 탁월한 증명 방법으로서 고안된 삼단논법의 기예다. 중세 문사에게는 자연스레 삼단논법의 틀에 따라 사유를 전개하거나 상대방 혹은 적수의 논증을 삼단논법의 형태—그 형태가 올바르든 아니든—로 환원시키려는 경향이 있었다. 수많은 예 중에서 하나만 들어보자. 프랑스에서 1357년 열린 총신분회États généraux 때의 일이다. 한편에서는 왕의 관리들이, 다른 한편에서는 반대파의 주요 대변인으로서 그들을 고발하는 로베르 르 코크Robert le Coq가 맞붙어 삼단논법의 솜씨를 겨루게 되었다.

상기上記 주교는 다음과 같이 논증했다. 왕이 그릇된 조언에 따라 인도되었다는 것은 주지하는 바이다. 앞서 관리들이 그에게 그릇된 조언을 하였다. 고로 등등[즉 이 관리들은 해임되어야 한다].

[관리들의] 답변. 대전제는 잘못되었거나 최소한 주지의 사실
이라 할 수 없고, 불분명하며 알아볼 필요가 있는 사안이다. 소
전제는 그보다 더 그릇되었고 더 불분명한지라 사정을 알고
보면 더 쉽게 무너진다.[15]

변증술, 즉 엄격하고 반박할 수 없는 추론의 기예임과 동시
에, 아리스토텔레스주의는 하나의 수사학, 즉 개연적인 것과
진실다움의 기예이기도 했다. 수사학의 기반은 "상용구lieux
communs(그리스어로는 토포이 *topoï*[단수 토포스*topos*])"를 찾아
내는 데 있다. 구체적 상황을 상용구로 환원함으로써 청자를
설득하는 것이다. 이 탐색의 원칙을 가르치는 것이 《변증론》
여덟 권이었다.

중세 문사들이 아리스토텔레스를 공부하는 데서 의견을 개
진하고 추론하는 기술들만 배운 것은 아니다. 그들은 또한 모
든 종류의 현상에 적용할 수 있는 설명 도식과 분류의 습관을
익혔다. 비모순율, "원인"의 탐색(질료인, 형상인, 작용인, 목적
인), 질료와 형상 사이의, 실체와 우유偶有 사이의, 가능태와 현
실태 사이의 구별, 유와 종의 식별 등은 하나하나가 지식의 대
상을 규정하는 동시에 변화를 사고하기 위한 합리적 수단이었
다. 그로부터 귀결되는 세계에 대한 일관된 지각은 지금 우리
에게 낯설지만, 동일한 분석 도구를 갖춘 당시의 모든 사람은
큰 어려움 없이 그 지각을 자기 것으로 받아들일 수 있었다.

이 공통 지각은 먼저 물리 세계에 대한 지각이었다. 사四원

소론, 그리고 중첩된 천구들의 중심에 부동하는 지구를 놓는 천동설적 우주생성론이 그 기초를 이루었다. 아리스토텔레스에게서, 특히 《영혼론》에서 받아들인 다른 요소는 동식물뿐 아니라 인간을 포함한 생명체의 주요 특징을 설명해 주는 생리학과 영혼론이었다. 행성들의 움직임과 지상 세계에 미치는 그 영향이 점성학astrologie을 과학적으로 정당화하면서 온갖 예측과 점술의 부단한 성공에 토대가 되는 한편, 서로 다른 원소와 체액의 작용은 각 개인의 체질을 결정했다(다혈질, 담즙질, 점액질, 우울질). 게다가 가장 기초적인 것으로서 모든 생명체에 공통되는 식물적 기능부터 인간에게 고유한 지성적·합리적 기능까지 영혼의 다양한 기능을 규정함으로써 생명계 안에 공존하는 연속성과 위계질서를, 그리고 영혼과 신체 사이에 존재하는 일종의 유기적 관계를 포착하게 해주었다.

아리스토텔레스의 지적 건축물에서 정점에 위치한 도덕철학과 정치철학의 주요 텍스트(《윤리학》과 《정치학》)는 13세기 후반부터 학교와 대학에 보급되었다. 앞서 보았듯 1370년대에 니콜 오렘이 이들 텍스트를 프랑스어로 번역한다. 때로 기독교 계시와 양립시키기 어려웠던 이 사상의 모든 특징을 중세 말 문사들이 반드시 수용하지는 않았으나, 이들은 그로부터 적어도 중용·절제·절도의 실천이라는 덕의 정의를, 무엇보다도 몇 가지 정치 개념을 받아들였다. 이 개념들은 때로 로마법의 개념들과 결합하여 모든 이들이 받아들이는 일종의 통속적 지식을 구성했고 상이한, 심지어는 상충되는 용도로 쓰일 수 있었다.[16] 이 통속판 아리스토텔레스 정치학에 중세 말 널리 퍼진 여러 통념을 결부시킬 수 있다. 이를테면 자연법·신법·인간법의 구분, 정치 공동체의 시초적이고 유기적인 성격("사회적 동물"로서의 인간), 통치 형태(왕정, 귀족정, 민주정)와 각 형태의 퇴락 가능성에 대한 유형학, 끝으로는 정치 행위의 목적으로서 "공동선"의 통념 등이 그렇다.

다시 말하지만, 그 모든 것이 일관된 학설 체계를 이룬 것은 아니었다. 더욱이 14~15세기의 여러 철학자, 인문주의자, 법률가, 신학자는 아리스토텔레스주의 자체를 표적으로 삼아 점점 더 격렬한 비판을 가했다. 그중 일부는 수사학과 문예의 이름으로 삼단논법의 폭정을 문제시했다. 다른 일부는 신의 자유를 내세워 (유물론은 아니라도) 강고히 결정론적인 구조물에 이의를 제기하는 한편 인간과 자연에 대해 (경험론은 아니라도) 더욱 원자론적인 시각을 특권화하려 했다. 하지만 여기서 우리는 다만 유년기부터 주입된 아리스토텔레스적 도식들과 개념들이 흔히 무의식적이었던 만큼 오랫동안 무게를 보전했다는 점을 강조하고자 한다. 알렉상드르 코이레Alexandre Koyré의 말을 빌리자면 "목적원인론적 형이상학과 상식적 경험의 합일"[17]을 훌륭하게 실현해 냄으로써 이 도식들과 개념들은 꾸준히 자명성의 힘을 간직할 수 있었고, 그리하여 근본적으로 정성定性적인 합리주의rationalisme qualitatif에 토대가 되어 주었다. 이 정성적 합리주의야말로 중세에 일정 수준의 학교 교육을 받은 이들의 지적 태도를 가장 잘 규정하는 표현일 것이다.

중세 말의 식자들과 문사들이 반드시 아리스토텔레스주의

자였던 것은 아니다. 하지만 그들이 놓인 세상은 여전히 많은 부분 아리스토텔레스의 규정과 범주에 따라 지각되었다.

2. 적법한 지식과 주변적인 지식

중세 문사의 교양은 당연히 이상과 같은 기초 요소에 국한되지 않았다. 이들 요소는 하나의 총체적 건축물 속에 통합되었으며, 이론가들은 체계적 지식 분류의 형태로 건축물의 윤곽을 그려내려 했다.

고대 혹은 아랍 모델의 영감을 받은 이런 분류는 특히 12~13세기의 저자들에게서 성공을 거두었다.[18] 더 복잡할 수도 덜 복잡할 수도 있었지만, 종국에 모든 분류는 하나의 총체적 도식으로 환원되었다. 이 도식은 한편으로 이제 낡은 것이 된 일곱 가지 자유 학예 체계를 기반으로 다소 복잡하게 구성된 예비 학문scientiae primitivae, 다른 한편으로 신성한 학문, 즉 계시 텍스트(성스러운 책sacra pagina) 연구, 이 두 가지만을 포함한다. 둘 중에서도 후자만이 성 아우구스티누스의 《기독교 교양》 이래 기독교 교육의 완성이라 간주될 만한 학문이었다.

1130년경 생빅토르의 후고Hugo de Sancto Victore가 《디다스칼리콘Didascalicon》에서 이미 완전하게 표현한[19] 이 관점은 라틴어와 아리스토텔레스에 주어진 우선적 역할을 충분히 정당화했지만, 동시에 수많은 교과를 보란 듯이 적법한 지식의 주변부에 방치했다.

"자유로운" 동시에 종교적인 교육을 지지하는 이들이 이처

럼 멸시의 태도를 보이는 까닭의 일부는 명백하다. 그런 태
도의 기원이 고대와 기독교 양쪽에 걸쳐 있다는 점도 마찬가
지다. 관건은 한편으로 "도구적 기예arts mécaniques"를 배제하
는 것이다. 너무 기술적인 이런 재주는 손노동을, 또한 물질
과의 직접적인 접촉을 상정하는데, 이런 접촉은 품위가 떨어
지며 심지어는 굴종적인 것이었다. 다른 한편으로는 "속된 학
문sciences profanes" 또는 "영리적인lucratives 학문"이, 즉 (적어도
교회 저자들이 보기에는) 지식 보유자의 순전히 세속적인 야
심과 이득을 좇는 욕구를 충족시키는 것이 최종 목표인 교과
들이 배제되어야 했다.

설명하기 더 어려운 공백들도 있다. "헛된 호기심 vaine
curiosité"을 부채질할 수 있다는, 즉 학문의 기독교적 목적성
을 등한시한 채 허황되게 지적 망상과 정신의 유희에 빠져들
게 할 수 있다는 우려를 자아낸 지식들이 그런 경우일까? 〈아
가서〉에 대한 제36번 설교에서 이미 성 베르나르두스Bernardus
Claraevallensis가 말하길, "배운다는 것은 오로지 자기 자신을 바
로 세우거나 남에게 이득을 주기 위한 것이어야 한다. 앎을 위
한 앎은 수치스러운 호기심에 불과하다".[20]

이런 의식적 동기뿐만 아니라, 학교의 전통이나 잠재적 경
쟁 과목에 자리를 내줄 마음이 없는 어떤 교과 전문가들의 반
사적 조합주의 등도 그만한 무게로 영향을 끼쳤을 것이다.

어쨌든 일부 학문 분야는 이론가들이 지정해 준 부수적 위
치에서 신속하게 벗어난 반면, 다른 분야들에서는 그와 같은
배척이 매우 오래 지속되기도 했고, 이런 상황이 중세 이후까

지 한참 동안 이어지는 경우도 간혹 있었다. 중세 지식 문화의 실정적 내용을 살펴보기에 앞서 그것이 무엇을 배척했고 무엇에 무지했는지 목록을 작성해 보는 것은 이 문화의 함축된 한계선 같은 것을 그려 보인다는 점에서 (어느 정도 시대착오의 위험을 감수하더라도) 무익하지 않다.

앞서 보았듯 현지어에 속한 모든 것이 일단 영역을 불문하고 배제되었다. 더 넓게는 오늘날 문학belles lettres이라고 부르는 모든 것이, 심지어 라틴어 문학조차도 학교 안에서 거의 자리를 얻지 못했다. 그것이 적어도 12세기 르네상스가 지나간 다음 "일곱 학예의 전투bataille des sept arts"[21]에서 변증술이 시와 웅변을 누르고 승리를 거둔 이래의 상황이었다. 문법 강의의 예문으로 혹은 학생들을 약간의 수사학 기법에 입문시키려는 목적으로 몇몇 고전 작품이 쓰이기야 했지만 진정한 문학적 교양을 제공하려는 노력은 없었다. 15~16세기 인문주의자들은 그리스어와 라틴어 저자들로부터 얻은 양분에서 문체뿐 아니라 미학과 도덕에 대한 가르침을 길어낼 것이다. 그들 이전의 중세인들에게는 그런 것이 없었다. 이들도 물론 학교에서 사용하는 저자들auctores 모음집에서 배운 키케로의 격언 몇 개, 베르길리우스나 호라티우스의 시구 몇 줄을 인용할 수 있었다. 하지만 그들에게는 아름다운 고전어에 대한 사랑도, 고대 문명에 대한 무사무욕한 호기심도 없었던 듯하다. 현지어의 경우, 위에서 보았듯 적어도 13세기 중반 이후 식자들이 글로든 말로든 매우 다양한 층위에서 현지어를 쓸 줄 몰랐다고 할 수는 없다. 하지만 식자들의 현지어 사용은 개인적인 노력 아니면 순전히 직업적인 수련의 몫이었다. 일반적으로 말해, 오늘날 우리가 이해하는 의미에서의 진정한 문학적 교양을 갖추었다고 보기는 어렵다.

식자들에게 역사적 교양은 있었을까? 이 문제는 상당히 복잡한데, 아마 부정적이지만 약간의 여지를 남기는 답으로 귀결될 것이다.[22] 12세기야말로 중세 역사 기록의 위대한 세기였음은 부인할 수 없다. 프랑스의 생드니나 잉글랜드의 세인트올번스 같은 수도원들과 군주의 궁정들이 당시의 역사 생산 중심지였고, 저자는 대부분 수도승이나 성직자였다. 역사는 학교 교과가 아니었지만, 12세기 르네상스로 인해 역사 텍스트를 포함한 고대 텍스트가 복권됨에 따라 상당한 혜택을 입었다. 학교 출신 지식인이 역사 저작을 남기기도 했는데, 가령 솔즈베리의 요한네스는 당대 교회와 교황권의 역사를 다룬 중요한 작품 《교황사*Historia pontificalis*》의 저자다.

반면 다음 시대에는 역사를 지식 문화의 여타 영역에서 갈라놓는 틈이 더 크게 벌어진다. 새로 생긴 대학의 교육 과정에서 역사가 한 자리를 얻지 못했을 뿐 아니라, 문법과 수사학을 제치고 승리한 아리스토텔레스의 철학이 특권화한 사고 유형에는 역사적 차원이 없다시피 했다. 우리가 보기엔 명백히 역사 교과인 로마법이나 성서 해석조차 중세 학교에서는 역사성의 측면에서 다루어지는 일이 거의 없었다. 누가 무엇이라 하든, 스콜라 신학의 위대한 스승들에게 역사는 대개 암시나 예화*exempla*와 같은 장식적 형태로만 나타났다. 로마 법lex의 확고부동한 존엄함을 강조하는 데 특히 관심을 기울이던 《세속

법전*Corpus iuris civilis*》주석자들에게도 역사는 별다른 영감이
되지 않았다.

그럼에도 역사 기록의 생산은 멈추지 않았다. 장블루의 시
게베르투스Sigebertus Gemblacensis, 1030?~1112나 프라이징의 오
토Otto Frisingensis, 1111?~1158 등이 쓴 보편 연대기의 드넓은 역
사 신학처럼 야심 찬 건축물은 필경 더 이상 제공되지 않겠지
만, 라틴어나 현지어로 쓰인 국가사와 지역사, 군주와 교황의
전기, 통치 연보와 전투 이야기는 풍부하게 공급되었다.《카이
사르까지의 고대사*Histoire ancienne jusqu'à César*》나《로마인들의
행적*Faits des Romains*》같은 고대사 편서는 말할 것도 없다. 이러
한 그리스·로마사의 간편한 요약본은 13세기 초에 만들어진
이래 중세 말까지 내내 인기를 끌었다.

이들 역사서와 연대기의 저자는 흔히 군주나 도시로부터
보수를 받는 공식 사관이었고, 많은 경우에는 여전히 수도원
에서 충원되었다. 반면 중세 말에는 재속 성직자(장 프루아사
르Jean Froissart 등)와 속인들이 역사가로 활동하는 사례가 늘
어났는데, 한편에는 궁정인, 외교관, 왕의 조언자가 있었고 다
른 한편에는 관리나 상서국 인사들이 있었다. 즉 고유한 의미
에서 대학의 학위 취득자나 교사는 드물었지만, 그렇다고 해
서 이들이 역사에 전적으로 무관심했다는 것은 아니다. 현
재 보존된 학숙이나 학위 취득자 개인, 특히 법률가의 수많
은 장서 목록을 보면 엄밀한 의미에서의 문학(시, 연극, 소설)
은 현지어는 물론 라틴어 문학조차 사실상 없는 셈이었던 반
면에 역사는 소소하게나마 꾸준히 나타난다. 그들은《로마인

들의 행적》을 귀족의 몫으로 넘겨주었지만, 가장 널리 퍼진 저작만 살펴보더라도 발레리우스 막시무스Valerius Maximus의 《기억할 만한 언행Facta et dicta memorabilia》, 뱅상 드 보베Vincent de Beauvais의 《역사의 거울Speculum historiale》, 오파바의 마르티누스Martinus Oppaviensis의 《교황과 황제의 연대기Chronicon pontificum et imperatorum》, 그 밖에 고대나 중세에 쓰인 같은 유의 저작 몇 권을 대개 소장하고 있었다. 따라서 중세 말 식자 대부분은, 학교나 대학에서 역사를 공부하지 않았더라도, 참조점이 될 만한 사건의 형태로나마 고대 이래 서구 주요 국가의 정치사·군사사·교회사에 대해 최소한의 지식을 지녔음을 추정할 수 있고, 거기에 아마도 약간의 지리학적 명칭들이 섞여 있었을 것이다. 그리고 식자는 이 역사적 교양을 군주 혹은 그 주위 귀족과 공유하고 있었다. 따라서 이 교양은 그가 자신이 모시는 주인을 위해 특정한 사법적 혹은 정치적 주장을 옹호하고자 할 때 내세우는 논거와 사례의 중요한 원천이 되었다.

중세 학교와 대학의 제한적인 교육 과정에서 주로 피해를 본 것은 분명 문학이나 역사보다도 과학과 기술 문화였다. 사과의 교과들(산술, 음악, 기하, 천문)을 학예부에서 가르치기로 되어 있었다지만 실상은 강의 몇 번으로 대충 넘어갔을 테고, 그렇지 않을 경우 이 교과들은 해당 분야에 진짜 관심이 있는 소수 학생을 위한 선택 과목에 지나지 않았을 것이다. 이 교과들을 공부한다 해서 전문직이 보장되지도 않았기에, 이에 매진하는 학생들도 으레 법학이나 의학처럼 경력을 쌓기에 보다 용이한 다른 과목을 함께 공부하기 마련이었다. 더욱이 이조차 비교적 추상적인 몇몇 학문, 즉 무엇보다도 수와 형태에 기반을 두며 도구 사용이나 물질과의 접촉을 필요로 하지 않는 학문들에 국한되었다.

반면 자연에 대한 직접 관찰이나 심지어 실험을 필요로 하는 학문은 결코 교육 과정 안에 자리 잡지 못했다. 그런 것은 이 시대 교양인에게 사실상 존재하지 않는 것이었다고도 말할 수 있다. 헛된 오락으로 여겨지던 화학·동물학·식물학·광물학 등에 대한 호기심은 독서로 충족시켜야 했다. 학자들은 아리스토텔레스를 읽었고, 다른 이들은 뱅상 드 보베, 잉글랜드인 바르톨로메우스, 캉탱프레의 토마스 같은 저자들이 쓴 대중판 백과사전을 읽었다. 게다가 후자는 고대의 선행 저작에서 발췌한 내용을 엮어놓는 수준에 그치는 것이 다반사였고, 실제로 관찰한 정보를 전달하기보다 알레고리식 해석을 모아두기를 선호했다.

장인과 기술자의 경우, 심지어 13세기 이래로는 최고 수준에 이른다면 사실상 사회적 특권을 누릴 수 있었던 건축가의 경우조차, 그들의 지식은 도제식 교육 과정에서 실습과 구전을 통해 고용주로부터 노동자에게, 스승으로부터 제자에게 전달되었고, 이러한 절차에 대해서는 문헌에 미미한 흔적밖에 남아 있지 않다(13세기 초의 것으로 추정되는 프랑스 건축가 빌라르 드 온쿠르Villard de Honnecourt의 크로키 노트를 생각하겠지만 그것은 유명한 만큼이나 예외적인 사례). 중세 말 눈부시게 발전한 몇몇 기술, (인쇄술은 말할 것도 없고) 채광採鑛, 시계 제작, 그리고 특히 포술 등에서는 진정한 전문가들이 출현했다. 그들은 상당한 존중과 높은 보수를 받았고 한낱 장인들보다 지식수준이 월등했다. 그럼에도 그들이 해야 할 구체적 실무를 수행하는 것 이상으로 자신의 지식을 형식화하고 전파하여 진정한 과학적·기술적 문화로 전환시킬 수 있었던 것은 아니다.

다른 한편, 성직자의 문화에 대한 가장 고전적인 대안은 오래전부터 호모 파베르가 아니라 기사의 문화였다. 이 문화에서 글쓰기는, 하물며 라틴어는 이론상 매우 미미한 자리만 차지했고, 대개는 기꺼이 재량에 맡겨졌다. 기사는 우선 육체적 수련과 군사훈련에 몰두했다. 덧붙여 여흥을 위한 사교술(노래, 음악, 춤)을 익혔고, 스스로 읽는 경우는 드물었지만 남이 낭송하는 서사시, 연애소설, 파블리오[23]를 즐겨 들었다. 당연히 이는 이상에 불과하다. 모든 귀족이 궁정 문화의 세련을 완전히 체화했을지는 의심스러운데, 역으로 어느 정도 문자를 깨친 기사(문인 기사 miles litteratus)가 그렇게 드물지만도 않았다. 많은 기사가 읽고 쓰는 법을 알았으며 라틴어조차, 적어도 공문서와 교회의 라틴어 정도라면 그들에게 꼭 완전히 낯선 것이 아니었다. 그럼에도 완전한 교양을 위해 몸의 수련과 정신의 수련을, 궁정적 가치의 발견 및 심미적 감정에 대한 입문과 함께 토론 훈련과 기억력 발달을, 유희의 무상성과 학업의 진지함을 결합시켜야 한다는 생각은 중세 식자에게는 여전히 사뭇 낯설었다. 고대에서는 배움 παιδεία(païdeia)의 이상이었던 저 이상이 진정 시민권을 되찾으려면 16세기 인문주의 교육자들을 기다려야 했다. 이 교육자들이 앞선 중세인들에게 비난할 것은 바로 몸을 경멸했다는, 더 넓게는 교육의 정서적이고 도덕적인 측면 전반에 거의 관심을 기울이지 않았다는 점이기 때문이다. 물론 이는 지나친 불평으로, 중세 초 어떤 수도자 교육가들이 쓴 글에 의해서든 라몬 율Ramon Llull, 1232?~1315[24]이나 피에르 뒤부아Pierre Dubois, 1250?~1320?,[25] 장 제르송[26] 같은 이들의 교육관에 의해서든 반박될 수 있다. 하지만 그 불평은 문화에 대한 중세의 정의가 상당히 제한적인 지식 개념에 기반한다는 점을 타당하게 강조한다.

중세 말 지식 문화에 누락된 것과 결여된 것의 목록은 이렇게 끝없이 길어질 수 있고, 그러다 보면 시대착오의 위험도 없지 않다. 그럼에도 목록 작성을 마무리하기 전에 끝으로 한 가지 더 짚어둘 것은 당시 지식 엘리트에게 경제적 교양이라 할 만한 것이 부재했다는 점이다. 영구세와 관세장벽이 출현하던 시대, 직업들이 보호받고 여러 시장이 생겨나던 시대, 이탈리아 은행들이 국제적으로 뻗어나가는 한편 화폐의 변동이 빈번하던 시대, 그로 인해 군주와 도시가 다시 진정한 경제 정책의 수단을—비록 그 효과는 예측 불가능하고 통제하기 어려웠지만—획득한 시대에 저 부재가 아무런 여파도 낳지 않을 수는 없었다. 물론 중세 말 유럽의, 적어도 몇몇 선구적 지역의 사업가들 사이에서는 이즈음 확실히 한낱 구전 전승과 경험적 관습의 수준을 넘어서는 진정한 상업·금융 문화가 발전하던 참이었다. 토스카나와 플랑드르의 일부 도시에는 상인들의 아들을 위한 학교가 있어 상업용 산술("주산abaque")과 실제 사용되는 외국어를 가르쳤던 것으로 보인다. 상업 교재Pratica della mercatura, 계산이나 글씨 쓰기 문제집, 회계 개론서, 2개 언어 혹은 3개 언어 어휘집 등이 남아 있어 그와 같은 교육이 존재했음을 증명한다. 더하여 이 사업가들이 책 구입도 등한시하지 않았고 자녀들, 적어도 남자아이에게는 문법과 종교를 어느 정도 가르치도록 했으며 이를 위해 기꺼이 가정교사를 고용하기까지 했다는 점을 고려한다면, 이 계층을 두고서 중세 말 수 세기 동안 활발하고 독창적인, 게다가 기본적으로 현지어에 바탕을 둔 문화를 발전시켰다고 말하는 것이 정당함을 알 수 있다. 어떤 이들은 주저 없이 종교 문제에 대해 토론하거나[27] 펜을 들어 "일지livres de raison"를 기록했는데, 그것은 초벌 형태의 자서전이자 가문의 연대기이며 도덕적인 성찰과 충고의 모음집이기도 했다. 크리스티앙 벡은 피렌체의 "글쓰는 상인들marchands écrivains"에 대한 연구에서 이들이 남긴 "가계 일지libri de famiglia"의 가치를 강조한 바 있다. 이들 기록에서는 구체적 관찰의 적확함이 심리적·정치적 현실에 대한 예리한 감각과 결합하여 세계를 합리적으로 설명하려는 노력을 뒷받침한다.[28] 그렇지만 토스카나의 경우를 일반화하지는 말아야 한다. 다른 곳, 예컨대 게르만 한자동맹권 상인들의 교양과 정신적 도구는 훨씬 더 단순하고 고답적이었던 듯하다. 프랑스 상인들로 말하자면 상업 기술이 매우 간소했던 점이나 책과 공부에 대해서 명백히 별 취향이 없었던 점—이들 중에서는 장서 소지자도 학숙 창립자도 찾아볼 수 없다—등을 고려하건대 이들을 "식자"로 간주할 여지는 없다. 그중 가장 유명한 인물인 자크 쾨르Jacques Cœur, 1395?~1456조차 그에게 교양이 있

었다한들 어떤 교양이었을지 우리로서는 알 길이 없다.[29]

어쨌거나 한편에는 이처럼 근대적이지만 아직 맹아적인 형태의 경제적 문화가, 다른 한편에는 라틴어에 토대를 두며 교회의 인정을 받아 학교와 대학에 의해 전파되는 지식 문화가 있었고, 그 사이를 떼어놓는 거리는 여전히 좁히기 어려운 것이었다. 군주의 주위에서조차 두 문화는 병존하되 섞이지 않았다. 이 책에서 앞으로 보게 될 것처럼 식자들이 행정과 사법의 직책을 점점 더 많이 차지하게 된 반면, 재정이나 화폐를 관리하는 일에 대해서라면 왕들은 사업가나 금융업자, 특히 비범한 능력을 널리 인정받는 이탈리아 업자에게 도움을 구했다.

이 관점에서 볼 때 1357년 무렵 니콜 오렘이 라틴어와 프랑스어 두 판본으로 쓴 《화폐론 *Traité des monnaies*》은 독창적이지만 너무 외따로 떨어진 저작이며, 더군다나 보수적이고 미진한 관점을 지지하고 있는 탓에 이를 학교와 대학 출신 식자들에게서 진정한 경제학이 태어났다는 출생신고서라고 여기기는 어렵다.[30]

3. 상급 교과: 신학, 의학, 법학

따라서 그보다는 이제 지식 문화에 대해 중세 말 엘리트가 품은 이미지 속에서, 또한 그들의 실천 속에서 실제로 가치를 인정받았던 지식들을 다루어 보자. 그 목록은 짧으며 당시 학교, 학당 studia, 대학에서 실제 가르치던 교과들의 목록과 사실상 일치한다. 그중 대학에서는 예비 과정인 학예부 위에 신학, 의학, 법학의 세 상급 학부만이 존재했다. 따라서 바로 이들 교과에 다소간 철저히 숙달되었다는 점이야말로 중세 말 서구 식자의 특징이다.

가장 높은 곳에 자리한 것은 당연히 성스러운 학문(성스러운 책sacra pagina, 성스러운 교설sacra doctrina)이었다. 그 이름은 점차, 특히 13세기부터 "신학théologie"으로 굳어져 갔다. 신학 교육은 두 갈래를 포함했다. 하나는 성서 자체의 주해였고, 다른 하나는 기독교 교리에 대한 체계화된 연구였다. 후자는 교부의 가르침뿐 아니라 철학이 제공하는 추론 방식과 자원들에 기초했던 만큼 비정통 이론에 빠질 위험이 없지 않았다. 15세기까지 신학 연구의 기본 교재로 쓰인 것은 12세기 중반 롬바르디아인 페트루스Petrus Lombardus가 지은《명제집 Libri Quattuor Sententiarum》네 권이었다.

이론상 신학이 교과 중의 왕으로 군림하는 상황은 신학자에게 다른 모든 지식이 기독교 정통 교리에 부합하는지 여부를 통제하는 일종의 감시권을 주었다. 이 잠재적 검열의 가장 직접적인 과녁은 당연하게도 학예부의 예비 교과, 특히 변증술과 철학이었다. 그렇지만 신학이 널리 보급되어야 한다고 생각하는 이는 실상 아무도 없었다. 속인이 신학을 공부한다는 것은 어불성설이었고, 성직자나 수도승·수도자 중에서도 매우 적은 수만이 진정한 의미에서 신학 교육을 받았다. 물론 신학 교육이 특히 까다로운 기준에 따라 고안되어 있기는 했다. 파리 대학에서 신학 과정 전체를 마치고 박사 학위를 취득하기까지는 보통 15년이 필요했다. 이런 교육을 성직자층 전체에 부과하기란 어림없는 일이었다. 중세 말 지중해권에서 신학을 공부하던 이들은 사실상 탁발 수도회 구성원들뿐이었다. 다른 지역에서는 학생들 중 재속 성직자들이 무시할 수 없는 비중을 차지하고 있었지만 그래 봤자 소수 엘리트에 불과했다. 이 엘리트가 교회 위계에서 상급 직책을 맡기로 특별히 안배된 것도 아닌 듯한데, 앞으로 보게 될 것처럼 그런 직책은 거의 법률가들이 독차지했다. 신학자들로 말하자면 그들은 차라리 고학력 전문 지식인 정도로 간주되었다. 그들의 역할은 한편으론 이론의 여지가 없이 탁월한 가치를 지닌 교과를 가꾸어 풍요롭게 하는 데 있었고, 다른 한편으론—적어도 탁발 수도자들의 경우—매우 특수한 사목 활동, 즉 설교에 종사하는 데 있었다. 상급 신학 교육은 설교에 적합한 준비 과정이라 여겨진 것으로 보인다.

의사는, 적어도 학업을 완수하고 대학 학위를 취득한 의사만 따진다면, 중세 사회에서 신학자보다 수가 적었다. 여기에서는 한편으로 치료사, 접골사와 배운 것 없이 경험에만 의존하는 처치사들이, 다른 한편으로 이발사와 외과의가 배제된다. 이들, 특히 전자는 그들이 받은 교육에서나 행하는 치료에서나 단순한 장인으로 여겨졌다.

사실 의학이 학문으로서 완전한 자격을 인정받는 데는 약간의 어려움이 있었다. 12~13세기의 지식 분류에 의학은 아직 등장하지 않았다. 그 밖의 경우에도 의학은 간혹 여덟 번째 "자유 학예"로(즉 그것만으로는 충분치 못한 지식, 다른 교과를

위한 예비지식으로), 심지어는 한낱 "도구적 기예"로 여겨지고
는 했는데, 몸을 보살피고 물질적 인과성을 찾는 데 목적을 두
기 때문이었다. 그럼에도 살레르노, 뒤이어 볼로냐, 파도바, 몽
펠리에, 파리의 학교 교사들은 일찍부터 의학 교과가 학문적
지위를 인정받게 하는 데 성공했다. 비판에 맞서 그들은 의학
이 사회적으로 유용하다는 당연한 사실뿐만 아니라 거기에 철
학적 기반이 있다는 점을 내세웠다. 의사의 지식은 치료술이
기 이전에 우선 이론적 지식이었으며, 그 토대의 핵심은 아리
스토텔레스의 자연철학과 그에 대한 갈레노스의 해석이었다.
이 지식은 소우주로서 인간을 창조 우주의 중심에 놓았으며,
물리 세계 전반처럼 인간에게도 인과성과 변화의 원리를 적용
했다. 더하여 의사들은 엄격한 직업윤리를 받아들이고 육체적
건강에 대한 염려를 영혼의 구원에 대한 염려에 종속시킴으로
써 신학자의 비판을 피할 수 있었다.

　지식 엘리트이자 사회 엘리트인 의학 교사는 분명 중세 식
자층 안에서 높은 자리를 점했다. 학문적 명성 덕분에 정치나
성직에서 훌륭한 경력을 쌓은 몇몇의 사례를 뒤에서 이야기
할 기회가 있을 것이다. 지금 강조해야 할 점은 당대에 가장 자
유로운 정신을 지니고 문화적으로도 가장 개방적이었던 이들
가운데 의사 몇몇이 자리했다는 점이다. 12세기 말, 이들은 파
리 철학자들보다도 먼저 아리스토텔레스 철학을 가르쳤던 듯
하다. 13세기에는 빌라노바의 아르날두스Arnaldus de Villanova,
1240?~1311라는 확실히 예외적인 인물이 있었다. 몽펠리에의 교
수이고 의사이며 여러 교황과 왕의 조언자이자 사절이던 그는

그리스와 아랍의 철학·의학 텍스트에 대한 심오한 지식을 연금술과 점성학의 문제나 정치·종교적 토론에 대해 그가 품은 각별한 관심과 조화시킬 수 있었다. 요아킴주의[31]의 영향을 받고 천년왕국설의 테마에 민감했으며 프란치스코회 영성파의 신학과 가까웠던 이 카탈루냐인 세계시민은 자기 시대의 모든 문제에 호기심을 느꼈던 듯하다.[32]

오늘날 우리 눈에는 신학자와 의사야말로 중세가 만들어낸 식자들 중 가장 독창적인 이들이지만, 지식 문화에 포함될 수 있는 온갖 구성 요소 중 단순히 숫자 면에서든 사회적 위상에서든 지배적인 교과가 법학이었다는 점은 분명하다. 중세 말 수 세기는 법률가의 황금기였고, 이 황금기는 여러 나라에서 구체제 말, 나아가 그 뒤까지 계속된다.

이 점에서 세속법과 교회법을 대립시킬 이유는 없다. 물론 내용에서 뚜렷이 구분되기는 하지만, 두 분야 모두 거의 동시에 학문 교과로 성립되었다.

망각된 옛 수고본에 담겨 있던 로마법이 11세기 끝 무렵에, 이탈리아에서 "재발견"되었다고 말한다면 지나친 이야기일 것이다. 이미 1000년 무렵 이탈리아 왕국의 일부 판사들은 롬바르디아 지역의 법을 이용하고 주해하는 한편으로 유스티니아누스의 입법, 특히 《칙법전Codex》에 대해 어느 정도 알고 있었던 듯하다.[33] 하지만 다시금 체계적으로 로마법을 연구한 것은 분명 1100년 무렵, 볼로냐와 그 이웃의 라벤나, 모데나, 피아첸차 같은 도시들에서였다. 수수께끼의 인물 페포Pepo의 작품에 대해서야 전혀 알 수 없더라도 이르네리우스Irnerius, ?~1125?

가 《세속법전》 전체(《칙법전》, 《학설휘찬Digesta》, 《법학제요Institutiones》, 《신칙법Novellae》)에 대해 최초의 주석을 작성했으며, 특히 그가 다섯 권으로 엮은 《세속법전》 "재판"본이 중세 말까지 쓰이게 된다는 사실은 잘 알려져 있다. 다음 세대에 볼로냐 주석가 학파가 전성기를 맞이하면서 그 제자들도 이탈리아 전역뿐 아니라 알프스 너머, 예컨대 프로방스, 랑그도크, 카탈루냐까지 퍼져나갔다. 교회법이 진정한 의미의 학계 교과로 자리 잡은 것도 12세기 중엽 볼로냐에서 이루어진 일이다. 그라티아누스Gratianus에 대해서는 안타깝게도 거의 알려지지 않았는데, 그는 1140년 무렵 혹은 조금 더 일찍 (《교령집Decretum》으로 널리 알려진) 《모순교회법령조화집Concordia discordantium canonum》을 엮었다. 다양한 출처에서 교회법 텍스트를 선별한 이 모음집의 규모는 유례없는 것이었는데, 더 중요한 특징은 주제에 따른 분류를 택했으며 원전들의 표면적 모순을 해소하기 위해 변증술적 방법을 이용했다는 데 있다. 《교령집》은 곧 독보적인 권위를 누릴 테지만 아직은 "사적私的" 편찬물일 뿐이었다. 그것은 13세기 여러 권의 교황령집(그레고리오 9세Gregorius IX가 낸 다섯 권, 보니파시오 8세Bonifatius VIII의 《제6권Liber Sextus》, 클레멘스 5세Clemens V의 《클레멘스 교황령집Constitutiones Clementinae》, 요한 22세Johannes XXII의 《부록서Extravagantes》)으로 보완되었고, 그 전체가 교계敎界 편에서 《세속법전》의 짝이 되는 《교회법전Corpus iuris canonici》을 구성했다. 두 《법전》 사이의 친족 관계는 교회법 편찬자 혹은 주해자가 수시로 로마법의 개념을 차용했기에 더욱 두드러졌다.

　13세기 중엽, 두 《법전》은 로마법에서 프란키스쿠스 아쿠르시우스Franciscus Accursius, 교회법에서 요한네스 테우토니쿠스Johannes Teutonicus에 의해 나름의 "표준 주석"을 갖추었다. 볼로냐 주석가들이 한 세기 이상 축적한 작업이 종합된 이 표준 주석들은 말하자면 학문적 법의 공식적 풀이로서, 법 자체만큼 중요하게 교육되었기에 해당 교과를 공부하는 모두가 그 내용을 숙지하고 있었다. 그렇다고 주해자들의 활동에 종지부가 찍힌 것은 물론 아니었지만, 이들은 이제 특수한 "문제questions"를, 혹은 "강해lecture"나 "요강somme" 등 다양한 제목이 붙은 방대한 논고를 집필하는 데 점점 더 관심을 기울였다. 이 작업을 주도한 것은 볼로냐 등지에서 가르치던 이탈리아인들이었다. 교회법에서는 인노첸시오 4세Innocentius IV, 1190?~1254와 요한네스 안드레아이Johannes Andreae, 1270~1348가 내놓은 주해, 세속법에서는 바르톨루스Bartolus de Saxoferrato, 1314~1357와 발두스Baldus de Ubaldis, 1327~1400의 주해가 가장 널리 퍼진 것으로 보인다. 하지만 13세기 말에는 다른 법학파들이 등장했다. 가장 활발한 학파는 몽펠리에나 툴루즈 대학을 나온 랑그도크 법률가들이었다. 일부 주요 저자는 파리나 오를레앙 출신으로 추정된다. 반면 다른 유럽 지역은 15세기 전까지 학문적 법의 주해에 사실상 큰 기여를 하지는 못했던 듯하다. 다양한 학파는 각기 특유한 색채를 띠기도 해서, 프랑스 남부에서는 보다 구체적인 성향, 오를레앙에서는 보다 철학적인 성향이 나타났다. 하지만 일반적으로는 두 가지 법 교육 모두 중세 말까지 유럽 전역에서 주목할 만한 균일성을 유지했다. 이 균일성은 어디서나 이의 없이 인정된 로마 법의 우월성에서, 또한 그레고리오 개혁 이래 교회법에 새겨진 교황청의 뚜렷한 영향에서 연유했다.

때로는 학문적 법이 스스로의 발전을 위해 야만적이고 봉건적인 기원을 갖는 기존 관습법에 맞서 투쟁해야 했다고 여기는 경향이 있다. 간혹 주민들은 로마법이나 로마식 교회법이 이방의 법이라고, 선조들의 관습을 축출한 자리에 강제된 법이라고 느꼈을지도 모른다. 하지만 법률가들이 이에 공감하지는 않았을 것이다. 법률가들에게는 학문적 법이야말로 엄밀히 말해 유일하게 존재할 수 있는 법이었다. 관습의 다양성과 경험주의의 맞은편에서 오로지 학문적 법만이 고대적 기원과 합리적 구조에 힘입어 진정 보편적인 권위를 누렸기 때문이다. 그렇다고 법률가들이 관습의 유용성을 등한시하지는 않았다. 그들은 로마법을 위해 관습을 철폐하려 하기보다 법 자체에 학문 교과로서의 위상을 되돌려주고, 그리하여 소송 절차든 실제 판결이든 모든 층위에 증명의 합리성과 원칙의 보편성에 기반을 둔 과학적인 유형의 정신(법의 정신mens legis)을 불어넣고자 했다.

법률가들이 상당히 빠르게 교회의 머뭇거림을 극복할 수 있었던 것도 이처럼 합리성을 자부한 덕분이었다. 12세기에만 해도 교회는 법이 "영리적이고" 사기성 짙은 학문의 전형이라도 된다는 양 굴었다. 이득을 바라는 마음을 틈타서 법이 최상의 정신을 성스러운 학문으로부터 빼내간다는, 법에 의해 약삭빠른 자가 우둔한 자를 속이며 억설이 진실에 승리한다는 것이었다. 그 귀결로 교회는 특별히 성직자와 수도자에게 로마법 공부를 금지했다. 이 금지령은 공식적으로 13세기까지, 때로는 그 이후까지도 유지되었다. 1219년, 신학교에 경쟁 상대가 생길까 두려워한 교황 호노리오 3세Honorius III는 칙령(*Super speculam*)을 반포하여 파리에서 세속법 교육을 금지했다.³⁴ 이 금지령은 수도회 구성원들에 대해서 특히 엄격했는데, 이들에게는 교회법 공부조차 금지되었다. 하지만 탁발 수도회에서 금지령이 올바르게 준수된 반면, 14세기가 되면 시토회나 클뤼니회 수도승들이 법을 공부하도록 허락하는 관면寬免의 횟수가 늘어났으며, 이러한 관면을 요청한 것은 바로 이들 수도회 당국이었다. 재속 성직자들의 경우에는 이 무렵부터 로마법 수업에 몰려들었다. 14세기에 아비뇽에서 대학 학위를 소지한 추기경의 40퍼센트는 세속법 학위 취득자였다.³⁵ 그 비율은 교회 대분열(1378~1417년)³⁶ 시기에 기독교 세계의 최고 법정인 항소원 심의관들 사이에서는 더욱 높았다(46퍼센트).³⁷

교회의 반대를 무력화하기 위해 법률가들이 이용한 논거들은 12세기 말부터 다양한 텍스트에 개진되었다. 가장 명료한 글들 중 하나는 몽펠리에에서 가르치기도 했던 유명한 이탈리아 법률가 플라켄티누스Placentinus가 쓴 것으로 알려진 1186년 저작 《법률에 대한 논설 *Sermo de legibus*》이다.³⁸ 이 글에서 읽을 수 있는바, 법은 기회를 이용하거나 사실을 감추는 데 쓰이는 학문이 아니다. 사실 법은 다름 아닌 이성 자체이다(글로 쓰인 이성ratio scripta). 인간의 법률 원칙은 자연의 법률이나 신의 법률 원칙을 거스르지 않으며, 다만 상황에 맞추어 그것을 현실화할 따름이다. 법은 사회의 최고 조정 심급이다. 정正과 부정不正에 대한 학문으로서 법은 공평성에 합치되며, 각자에게 그가 받아 마땅한 것을 준다.

교회 법률가들은 교회법이 신학에 반하지 않음을, 오히려 현세의 싸우는 교회Église militante에서는 신학의 필수 보충물임을 보여줄 수 있었다. 게다가 그들은 능란하게도 신학자들을 자신들의 교육에 끌어들여서 이들에게 교리나 성사聖事 문제를 상당히 직접적으로 다루는 몇몇 교황령에 대한 주해를 맡겼다.

보다시피 이상의 논거들에는 법을 온전한 학문 교과로서 정당화하며, 그와 동시에 군주와 고위 성직자의 조언자로서 사회와 교회 속에서 탁월한 지위를 확보하려는 법률가들의 포부에 근거를 마련해 준다는 이중의 이점이 있었다. 곧 법학 박사들은 성 베르나르두스가 신학 교사들에게 적용했던 〈다니엘서〉 12장 3절을 자신들에게 유리하게끔 다시 취할 수 있었다. "현명한 이들은 창공의 광채처럼, 많은 사람을 정의로 이끈 이들은 별처럼 영원무궁히 빛나리라."[39]

그렇다고는 해도 중세 동안 로마법과 로마식 교회법이 누렸던 사회적·지적 존중의 크기가 서구 전 지역에서 균등하지는 않았다. 지중해권—이탈리아, 프랑스 남부, 이베리아반도—에서라면 그 존중은 무제한적이었다고 할 수 있다. 이 지역에서는 12세기부터 법학 학교가 늘어나고 학문적 주해가 성행했다. 공문서 또한 (법학 박사doctores legum, 판사judices, 변호사causidici 등으로 지칭되는) 법률가의 사회적 신분 상승을 증언한다. 13세기 이래 이 지역에서는 법학부가 상석을 차지하고서 여러 대학을 지배한 반면 학예부와 신학부는, 그것들이 존재할 때조차, 부차적이거나 주변적인 지위에 머물렀고, 이들 학부 출신 학위 취득자들도 마찬가지였다. 여기서 법률가들은 주저 없이 가장 듣기 좋은 수식어(신중한circumspectus, 존경스러운venerabilis, 존엄한magnificus, 극히 지혜로운sapientissimus 등)로 스스로를 꾸몄다. 요컨대 그들의 몫으로 쌓여가는 사회적 인정과 정치적 특권의 모든 표식은 남부 문화에서 법의 영예를 증언한다.

시기가 더 늦고 그 혜택을 받은 엘리트층의 범위도 더 좁았지만, 신성로마제국 소속 게르만권 국가들 역시 로마법을, 또한 로마법을 가르치거나 실행에 옮길 수 있는 법률가를 환대했던 것으로 보인다. 반면 프랑스 북부와 잉글랜드에서 학문적 법에 주어진 영예는 그보다 작았거나 어쨌든 그만큼 독점적이지는 않았다. 파리와 옥스퍼드에서는 철학과 신학이 오랜 전통의 뒷받침을 받아 똑같이 높은 평판을 누렸다. 그리고 앞서 말했듯 프랑스 관습법이 로마법에 진정으로 조직화된 저항을 맞세우지는 않았던 반면—오히려 필리프 드 보마누아르Philippe de Beaumanoir의 《보베지 관습집 Coutumes de Beauvaisis》에서 보듯 13세기부터 기꺼이 로마법의 영향을 흡수했던 것이다—잉글랜드의 사정은 달랐다. 보통법 Common Law은 12세기 말 라널프 드 글랑빌Ranulf de Glanvill의 저작으로 알려진《잉글랜드 법률과 관습에 대한 논고*Tractatus de legibus et consuetudinibus regni Angliae*》, 그리고 헨리 드 브랙턴Henry de Bracton, 1216?~1268이 쓴 같은 제목의 모음집에서 통합되고 체계화되었으며(어느 정도 로마법의 도움을 받지 않은 것은 아니지만), 그리하여 학문적 법을, 어쨌거나《세속법전》을, 학계에서만 통용되는 이방의 교과라는 존중받을 만하지만 주변적인 지위에 가두었다.

하지만 그런 것은 중요치 않다. 중세 말 서구 어디서든 식자란 흔히 법률가였다. 당연히 뛰어난 라틴어 구사자이고 아리스토텔레스의 독자로서 삼단논법을 늘어놓을 수 있었지만, 그는 두 권의《법전》에 훨씬 더 깊이 물들어 있었고《교령집》,《칙법전》,《학설휘찬》의 인용문으로 무장하고 있었다. 스페인 교회 법률가 후안 알폰소 데 베나벤테Juan Alfonso de Benavente가 쓴《학생과 교사의 기예와 학설*Ars et doctrina studendi et docendi*》(1453년)[40]을 믿는다면, 그는 중세 학교에서 중시된 기억술 덕분에 법 조항을 천 개까지 암기할 수 있었고, 아무 때나 머릿속에서 이들 조항을 꺼내어 논증을 뒷받침하고 논고를 보강하거나 담화를 장식할 수 있었다.

중세 말의 문화와 심성에서 법이 차지하는 중요성의 크기는 아무리 강조해도 지나치지 않다. 그것은 법률가의 사회·정치적 성공에 상응했다.

4. 사회적 유용성인가 일반교양인가?

방금 언급한 교과들에만 한정하더라도 중세 말 지식 문화는 실천적 목적성과 사회적 유용성을 향한 의지를 숨기지 않았다. 사회적 유용성이라는 이 통념을 뚜렷한 직업적 진로와 관련지어 이해하는 것은 필시 시대착오적인 처사일 것이다. 그럼에도 식자가 자신이 숙달한 앎 덕분에 사회적으로 정당하다고 인정된 임무를 맡는 것이 그 당시 지극히 당연하게 여겨졌다는 점은 확실하다. 지적 능력이 월등한 사람일수록 그런 임무를 더 잘 수행할 터였다. 신학은 설교를 위한, 의학은 병자를 고치기 위한, 법학은 판사나 변호사가 되기 위한 학문이었다. 다만 자유 학예는 제 사회적 기능이 무엇인지를 그처럼 명확히 밝힐 수 없었는데(학예 석사maîtres ès-arts가 학교 교사나 서기가 될 수는 있었다지만), 그것은 바로 자유 학예가 일단 이론상으로는 상위 학업을 위한 예비 교과에 해당되었기 때문이다. 개성을 꽃피우며 지식을 지식 자체로 향유하는 것밖에 다른 목적이 없는 무사무욕한 교양이라는 발상은 이 시대 지식인들에게 낯선 것이었다. 그들이 생각하기에 개인의 성취란 교육이나 교양이 아니라 신앙과 신을 향한 복종에, 구원에 값하려는 희망으로 덕과 선행을 실천하는 데 달린 문제였다. 예술이나 지식이 제공한다는 심미적 즐거움으로 말하자면 그것은 의심스러워 보였다. 그런 즐거움은 오락이라는 영역에, 최선의 경우 무해하고 최악의 경우 위험한 영역에 가두어두는 편이 나았고, 이 영역에서는 세속 예술과 현지어 문학이면 충분하고도 남았다. 반면 지식 문화, 이것은 그냥 내버려두기에 너무 심각한 사안이었다. 제르송이 묻기를, "작용 없는 학문이 무엇이겠는가? '지혜가 숨겨져 있고 보물이 보이지 않는다면 둘 다 무슨 소용이 있겠느냐?' 배움은 단지 알기 위함이 아니라 내보이고 실천하기 위함이다".[41] 달리 말하면, 앎에 매진하는 당사자의 구원뿐 아니라 그가 사는 사회를 위해 구체적으로 쓸모 있는 행동을 낳지 않는 앎이 무슨 소용인가? 당연히 그 대가로 식자는 자신의 사회적 유용성이 인정되고 정확한 가치에 따라 보상받기를, 다시 말해 자신이 엘리트층 안에 받아들여지기를 기대했다. 더 정확히 말한다면 그는 앞으로 보게 될 것처럼 적어도 일신상 종신적인 지위를 얻어 자신이 귀족층 사이에 동화되기를 기대했다.

이처럼 공리적인 면모로 인해, 중세 말 수 세기의 지식 문화는 사회적 실효성에 대한 염려에서 빈번히 정신적 호기심과 지적 우아함을 제쳐두고 구체적이고 기술적인 절차를 우선시했다. 분명 여기서 비롯된 오해가 곧 중세 말 지식 문화와 르네상스 인문주의자들 사이의 대립을 야기할 것이다. 비록 현대 역사학자가 더 이상 인문주의자들의 선입견을 공유하지는 않더라도, 그 역시 부족한 비판력이나 거의 없다시피 한 탐구 정신 등 최소한 회고적 관점에서 이 시대 지식 문화의 주요 특징으로 보이는 것들을 이와 같은 지식관 탓으로 돌리고 싶어지게 된다. 이는 명백히 매우 개괄적인 판단일 뿐이며, 그에 대한 반증으로 어느 정도 지적 진보에 대한 감각이 있었음을 보여주는 여러 단서를 제시할 수 있다. 그것은 12세기 초의 교사인 샤르트르의 베르나르두스Bernardus Carnotensis가 "거인의 어깨

위에 올라탄—그래서 거인들보다 더 멀리 보는—난쟁이"라는 유명한 표현을 남긴 이래로 다양한 저자에게서 뚜렷이 감지된다. 그렇지만 따져보건대 많다고 할 수도 없는 이런 자료들은 대부분 12~13세기의 것이다. 1300년 이후에는 보수적이고 폐쇄적인 지식 개념이 우세를 점한다.

그런데 우리가 여기서 스케치하는 중세 문화의 상象은 두 가지 반론에 부딪친다.

그중 타당성이 덜한 첫째 반론은 우리가 이야기한 지식 문화의 사회적 유용성이 만장일치로 인정받았다고 볼 수 없다는 것이다. 중세 사회의 어떤 직능도 (아마 의술의 일부 형태를 제외한다면) 특정 학위 소지자에게 엄격히 한정되지 않았다. 지적 능력만큼이나 출생이나 근속, 혹은 한낱 우연이 임명과 승진을 좌우했다. 중세 사회의 능력주의란 결국 매우 불완전했다. 식자 자신도 그 점을 모르지 않아, 그는 오롯이 앎을 통해서 도달해야 했을 목표에 더 확실히 다다르기 위해 재산, 연줄, 파벌 등의 수단을 거리낌 없이 동원했다. 그럼에도 말할 수 있는 것, 이 책에서 재론할 핵심적인 사실은 지적 능력이 사회의 조절 요인으로 기능할 수 있다는 발상, 초기 중세에는 사실상 알려지지 않았던 이 발상이, 경쟁 요인들의 영향력을 완전히 떨쳐내지는 못했을지언정, 12세기부터 끊임없이 발전해 왔다는 것이다.

더욱 곤란한 사실은 중세 말 지식 문화를 구성한 주요 교과들이 그 실천과 교육에 있어서 딱히 사회적 유용성이라는 개념에 들어맞는 것처럼 보이지 않는다는 것이다. 스콜라 신학의 진저리나는 추상과 끝날 줄 모르는 구별이 대중 설교와 무슨 공통점을 갖는가? 의사의 이론적 담론이 환자의 실제적 필요와 무슨 접점을 갖는가(17세기 몰리에르가 여기서 끌어낼 희극적 효과는 잘 알려져 있다[42])? 끝으로, 관습에 의해 판결해야 할 임무를 띤 법률가에게 여러 세기 묵은, 중세 사회에 그대로 적용할 수도 없는 로마법을 주석하느라 몇 년을 보내는 것이 무슨 소용인가?

이와 같은 어긋남은 당대부터 감지되었다. 일상적 실천에서 교사들은, 그리고 학생들은 더더욱, 더 단순하고 덜 형식주의적인 교육 방식을 고취하려 했을 것이다. 즉 전통적 교육 과정의 비중을 줄이면서 학교 안에 원래는 제 자리를 갖지 못했던 과제와 텍스트, 심지어는 새로운 교과를 도입했을 것이다. 서로 연계되지 않은, 기존 당국에 의해 빈번히 무시되고 때로 탄압당하기까지 했던 이 기획들은 안타깝게도 문헌에 별 흔적을 남기지 않았다. 어쩌면 개혁안이나 학숙 규정에서 간혹 그 메아리를 들을 수 있을 따름이다. 제각각의 형태 아래 결국 동일한 경향이 드러난다. 문법의 가치를 제고하고, 일부 토론 수업을 폐기하고, 소규모 집단으로 공부하고, 단순화된 교재를 활용하고, 학업 기간을 단축하고, 신학에서는 성서 학습, 의학에서는 임상, 법학에서는 당대의 법과 관습법 텍스트를 더 중시한다. 반면 라틴어를 현지어로 대체하자는 주장은 극소수였던 듯하다.

여기저기, 옛 대학 변두리에서—그렇지만 흔히 대학의 통제 아래—새로운 형태의 학교들이 만들어진다. 옥스퍼드에서는 제대로 된, 수준 높은 문법학교들의 그물망이 학예부와 별개로 구축된다. 볼로냐에서는 법대의 그늘 아래 공증 학교들이 출현한다. 또 다른 곳에서는 다소간 의학부의 감독을 받는 외과술 학교들이 자리 잡았다. 살라망카에서는 음악 학위를 수여했고, 또한 법학부에서는 《세속법전》 외에 카스티야 왕국의 법제(《칠부七部법전 Siete partidas》과 《왕국법전 Fuero real》)를, 아마도 속어로, 가르치기 시작했다. 잉글랜드에서도 보통법이 교육 대상이 되었는데, 그러나 완전히 대학 바깥에서 일어난 일이었다. 15세기 런던에서는 전문 사설 학교(법원장 Inns of Court)가 생겨났고, 그곳에서 공부하는 미래의 "변호사들 lawyers"은 변호사단의 실무자가 행하는 강의를 듣는 한편으로 법정에서 연수 과정을 밟았다.

다른 예들도 들 수 있을 것이다. 특히 15세기에 일부 대학 학숙 내부에서 자체적인 교육 과정이 발전했다는 사실은, 실상이 잘 알려져 있지는 않지만, 아마 경직되고 현실과 맞지 않는 대학 교육에 대한 불만을 입증할 것이다.

그렇지만 전체적으로 볼 때 이상의 다양한 혁신이 그리 멀리 나아가지는 못했다. 물론 혁신을 억누르고 현상 유지를 강제하기 위해 여러 당국이—대학 "정"교수들 professeurs "ordinaires"과 공적 권력이—흔히 힘을 합쳤던 것은 사실이다. 그러나 이들 경향에 커다란 문화적 파급력이 없었다는 점도 언급할 필요가 있다. 심지어는 혁신에 고삐를 죄려 했던 이들이 옳지 않았나 생각해 볼 여지도 있다. 지식의 본질에 대한 폭넓은 성찰에서 비롯된다기보다 학업에 들인 시간과 비용으로부터 수익을 거두는 데 골몰하는 학생과 그 가족의 압력에서 비롯된 것인 한, 교과에 대한 더 실천적이고 덜 형식적인 접근을 고취하려는 노력은 중세 문화에서 가장 이론의 여지가 있는 경향 몇 가지(권위 추종, 비정통 이론에 대한 강박적 공포, 사화집·요약본·교재 따위가 원전을 대체하는 현상, 기억의 비대화)를 악화시키기밖에 하지 않았으리라.

전통적 교과와 방법론의 수호는 우선, 의심할 여지없이, 이미 자리 잡은 교사들, 자신의 학문에 확신을 갖는 만큼 자신의 권위와 영예를 의문시할 마음도 없었던 박사들의 조합주의적 반동에 기인한다. 하지만 그것은 또한 중세 지식 문화 특유의 가치들에 대한 모종의 의식을 드러낸다. 당연히 이 지식 문화는 탐구 정신이 주를 이루는 자유롭고 무사무욕한 문화가 아니었다. 하지만 적어도 포부에 있어, 이 문화는 폭넓은 지식과 풍요로운 "권위"에 기반을 둔 덕분에 그 실천자들에게 기술적 요령 이상의 무엇인가를 줄 수 있었을 것이다. 중세 문사가 인정받는 것은 특정 교과 영역 전체를 아우를 수 있는 능력 때문이었으며, 또한 추론하고 문제에 접근하고 텍스트를 파헤치고 토론을 진행하고 일반적인 원리를 도출하는—이로 인해 그는 주어진 교과에서뿐만 아니라 그 너머에서까지, 사회 속의 아주 다양한 관련 직분을 담당하기에 걸맞은 자질을 갖추었다—특정 방식 때문이었다. 지식의 내용과 절차에 대한 규정은 엄격했고 심지어 경직되었다고도 할 수 있다. 그러나 그 틀 안에서 (다시 말하지만 이 문화가 아직 전반적으로 "국제적"이었던 만큼) 중세의 여러 사회에 속한 식자들은 사회·정치적으로 유용하다 여겨지는 이런저런 임무를 수행할 수 있다고 자부했고, 더하여 그들이 공유하는바 몇 가지 준거로 정의되는 문화 공동체를 형성하노라 자처했다.

　중세 말 서구 지식 문화의 위기가 없었다는 것이 아니다. 이탈리아에서 14세기 중반부터 시작되고 프랑스에서는 1400년 전후에 감지되는 이 위기가 다른 곳에서는 대개 15세기 마지막 수십 년쯤에서야 느껴진다. 어떤 내용은 낡아 쓸 수 없게 되는 한편, 새로운 텍스트가 발견된 탓에 교과들의 정의와 그 목록마저도 손보지 않을 수 없게 되었다. 문예가 다시 전면에 등장했고, 플라톤이 돌아와 아리스토텔레스와 경쟁했다. 그러나 필시 가장 중요한 변동은 방금 살펴본 공리적 관점이 후퇴했다는 것이다. 자크 르 고프가 잘 보여주었듯 문화의 관념은 중세 동안 노동의 관념과 밀접하게 이어져 있었다. 그것이 이제, 논쟁이 없지 않았으나, 점차 여가와 무상성의 관념 쪽으로 기울어지며, 그리하여 직업 지식을 순전한 기능성의 영역으로 쫓아 보낸다.[43] 명백히 이와 같은 전환은 느리게 이루어졌다. 그것은 더욱이 유럽 사회의 근대 이행기를 특징짓는 사회·정치적 변화가 문화 고유의 영역에서 드러난 데 지나지 않는다.

5. 지식 문화, 민중 문화

끝으로 질문 하나가 남아 있다. 지금까지 우리가 논의한 지식 문화는 명백히 엘리트 문화다. 통계학적 문제에 대해서는 뒤에서 재론하겠지만, 어쨌거나 식자층이 인구 전체에서 작은 부분, 그것도 거의 남성으로 이루어진 한 부분에 불과하다는 점은 뚜렷하다. 정해진 교과들에 바탕한 식자의 문화는 불가 피하게 라틴어에 미리 숙달될 것을 요구한다는 점 때문에라 도 일단은 어려운 것이었다. 거의 언제나 오랜 학업이 필요했 고 값비싼 책들도 손에 넣어야 했다. 더군다나 스스로의 자질 과 가치에 대한 생생한 의식이 이 식자들 대부분을 사로잡고 있었으니 겸손은 그들의 주요 자질이 아니었던 듯하다. 요컨 대 식자들이 하나의 폐쇄된 카스트, 일반인이 접근할 수 없는 지식의 보유로써 규정되는 카스트를 구성하는 데 필요한 모든 조건이 구비되어 있지 않았는가?

이 질문에 대한 대답은 우선 사회적인 것이다. 식자층이 동 족혼으로 이어진, 나름의 직분과 생활양식으로 특징지어진 집 단을 이루기까지 한다면 이들은 그만큼 쉽게 카스트를 구성할 것이다. 역으로 식자들이 여전히 상이한 활동에 종사하는 가 족 안에서 각기 고립된 개인으로 남아 있다면, 그들은 아무래 도 바깥 사회의 관심사나 표상 방식과 더 가까운 관계를 유지 할 법하다. 이 점에 대해서는 뒤에서 몇 가지 단서를 제시해 볼 텐데, 상당히 미묘한 단서들일 것이다.

그런데 이것은 문화에 대한 질문이기도 하다. 식자층과 여 타 인구는 정말 문화적으로 다른 두 개의 세계를 이루며 대립 했는가? 문사의 지식 가운데 적어도 어떤 단편들은 이미 온갖 사회 계층에 널리 퍼져 있지 않았는가? 역으로, 자신에게 고유 한 지식 외에 문사는 일정량의 믿음과 앎을 여전히 동시대 모 두와 공유하고 있지 않았는가? 명시적일 수도 암묵적일 수도 있는 이 믿음과 앎은 우리가 이하에서—더 나은 표현이 없기에, 그리고 이 표현이 모호하다는 사실을 숨기지 않으면서—민중 문화culture populaire라고 칭할 무엇인가에 속하리라.

이런 점들을 정확히 포착하기란 어렵다. "민중" 문화란 정의상 지식 문화에 비해 적은 문자 기록을 남기지 않았던가.

중세 사회에서의 문자 교육 비율 같은 핵심 문제마저 우리로서는 알 길이 없다. 당연히 그 비율은 매우 낮았으리라. 그럼에도 몇 가지 빈약한 단서를 고려해 보면 그 비율이 적어도 12~13세기 이후로는 우리가 때로 생각하는 것만큼 낮지 않았으리라고 짐작할 수 있다. 여러 지역의 도시에, 심지어 농촌에도 작은 문법학교가 존재했다. 이들 학교의 그물망은 무시하기 어려운 수준으로, 민중 계층에 속한다고 할 만한 주민까지도 포괄할 수 있었다. 13세기에서 15세기 사이 잉글랜드에서 이런 학교를 하나 혹은 다수 보유한 도시나 촌락의 수는 32곳에서 85곳으로 점차 증가했다.[44] 하기야 다른 지역에서는 사정이 더 못했을 것이다. 이런 학교를 다닌 아이들이 간단한 텍스트(장부, 채권, 임대 및 판매 증서, 중재안과 판결문, 혼인 계약서나 유언장 따위)를 이해하는 정도 이상의 능력을 갖추는 일도 필시 드물었으리라. 그렇지만 덕분에 이들은 일상생활을 규제하는 행정·사법 실무와 그럭저럭 친숙해질 수 있었다.

마이클 T. 클랜시가 잘 보여주었듯, 중세 말 잉글랜드의 농부가 함 속에 부동산등기나 사법 판결문을 보관하고 있는 일은 흔했다. 그는 영주나 왕의 관리와 분쟁이 있을 때면 이런 문서를 이해하고 이용할 수 있었다.[45]

방금 인용한 두 권의 연구서가 보여주는 잉글랜드의 사례는 예외적이었는가? 지중해권의 공증인 대장에 대해 연구해 본 사람이나 사소하기 짝이 없는 일로 극히 평범한 이들 사이에서 오가는 온갖 미미한 거래 및 계약 문서의 산더미와 맞닥뜨려 본 사람은 이 지역에서도 주민 대부분이 글로 쓰인 증서의 효력을 이해할 수 있었다고 생각하지 않을 수 없다. 법에 대해 주민들이 적어도 법률가들만큼이나 큰 신뢰를 갖는 경향도 보인다. 끝으로, 이 시대 사람들의 소송광적 면모는 익히 알려져 있으니 새삼 강조할 필요도 없다. 이들은 당시 존재하던 여러 법정에 업무 과중을 야기했고, 서로 중첩된 다양한 사법 심급이 때로 경쟁하기까지 하는 상황을 교묘하게 이용하는 일도 빈번했다.

이 모든 것은 일종의 민중적인 법률 문화가 존재했음을 함축한다. 한낱 재판 대상자가 직업 법률가와 똑같은 앎을 가지고 있던 것은 분명 아니다. 하지만 둘은 법의 힘과 주요 원칙에 대한 어떤 관념을 공유하고 있었다. 법률가가 이 사회에서 그만한 지위와 영예를 누릴 수 있었던 것은 오직 그가 배운 교과의 정당성과 효력에 대한 모종의 합의가 그를 뒷받침했기 때문이다. 군주, 도시, 수도회 등도 이 합의에 가담했다. 그들 모두는 흔히 큰 비용을 지불하면서 대소인procureur[46]이나 법률 조언자를 주위에 끌어 모으려 애썼다. 이런 이들의 도움은 "자유와 특권libertés et privilèges"을 지키는 데 불가결한 것으로 여겨졌고, 중세의 기관과 개인은 이 "자유와 특권"이 없다면 스스로가 법적 존재 근거를 상실하고 갖은 수탈과 폭력에 노출

되리라 믿었다.[47]

같은 논증을 지식 문화의 다른 영역(철학, 신학, 의학)에 대해 수행하기는 어려울 것이다. 여기서는 필시 엘리트의 지식과 대다수의 앎 사이에 더 큰 격차가 놓여 있었다. 정치적 함의를 차치한다면, 잔 다르크에 대한 재판은 독실하기는 하지만 한낱 민중 출신인 여자와 대학의 신학 교사 사이를 갈라놓는 몰이해의 유명한 사례라 할 만하다.

이 몰이해는 상호적인 것이었을까? 지식의 논리에, 지적 우월성의 확신에 갇힌 문사에게, 민중 문화도 역으로 뚫고 들어갈 수 없는 난관이 되었을까?

이 질문에 간단히 답할 수는 없다. 어쩌면 개개인의 경우만큼 다양한 답이 있을 것이며, 우리가 식자라는 명칭 아래 앎의 수준에서나 사회적 실천에서나 실상 매우 다양한 개인을 포괄했음을 떠올린다면 더욱 그렇다.

어쨌든 모두가 틀림없이 공유하는 영역이 하나 있었다. 기독교 신앙이 그것이다. 이 시대는 종교적 만장일치의 시대다. 모두의 종교 문화가 똑같았다는 말인가? 신학자의 경우는 떼어놓자. 이 집단은 매우 심도 높은 교육을 받았으나 이미 말했듯 수가 많지 않았다. 매일 수도원장의 강연collationes을 듣던 수도자의 경우도 떼어놓자. 중세 교회는 다른 이들, 즉 속인이나 심지어 평범한 재속 성직자를 위해 특별한 종교 교육을 마련해 놓지 않았다. 교회는 어린 시절부터 기초적인 것들, 특히 주요 기도문을 주입할 임무를 가족, 특히 여성에게 맡겼다. 교회 스스로는 나이와 성을 불문하고 신자들에게 전례, 도상

(교회의 장식), 그리고 무엇보다 속어 설교를 통해 다소간 이해 가능한 메시지를 제공했을 따름이다. 이런 가르침에서 "평민simples gens"보다 식자가 더 많은 것을 얻어냈나? 가능한 일이다. 어떤 이들은 신심의 특별한 흔적을 남기기도 했다. 속인 판사들을 비롯, 파리 고등법원 인사들의 장서에는 불가결한 법학 서적과 함께 여러 권의 영성 서적이 갖추어져 있었다.[48] 하지만 속인 신앙의 발전은 중세 말의 일반적인 현상으로, 문사뿐 아니라 빈약한 교양을 지닌 평범한 계층의 남녀도 포괄한다. 반면 숱한 식자층 사람들의 경우, 그들이 종교 영역에서 어떤 수준의 앎과 문화를 누렸는지 우리로서는 아무것도 모른다. 그들의 너무나 전문적인 글들은, 매양 신의 은총을 비는 서두의 문구 몇 가지를 제외하고 보면, 그 점에 대해 말해주는 바가 거의 없다. 더 폭넓게는 동시대인들의 구전 민중 문화—'민속folklorique'이라는 표현을 피한다면—에 대해 이들이 가졌을 법한 관심에 대해서도 이 글들은 역시 말해주는 바가 없다. 지나가는 문장으로 인용된 속담, 여기저기 스쳐 지나가는 개인적 성찰은 우리의 궁금증을 더할 뿐이다. 여러 연구자는 예화exempla(즉 교훈적 일화)를 중요시했는데, 걸출한 신학자들을 비롯한 설교자들이 설교문 속에 흩뿌려 놓은 예화는 더 쉽게 신자의 주의를 끌려는 목적으로 민중 문화에서 의도적으로 차용한 (그리고 정통 교리에 맞게 재해석된) 요소라 추측했기 때문이다.[49] 하지만 사실은 많은 예화가 지식 문화에서 기원한다. 게다가 그 점을 무시한들, 예화의 기법은 신학자가 갖고 있던 정보를 증명할 뿐이지, 꼭 그가 자신이 참조하는 민중

문화에 찬동함을 뜻하지는 않는다.

　많은 사법 문서, 특히 이단 심문 문서에 대해서도 똑같이 말할 수 있다. 이단이나 마법 사건, 즉 기성 질서와 공공연하게 단절하는 민중 문화의 저 극단적 표현에 대해 조사할 임무를 맡은 교회 법률가나 신학자는 으레 적대적일 뿐 아니라 상황을 제대로 파악하지도 못한 모습을 보인다. 이 몰이해는 그들이 취한 모순적 태도로 가늠해 볼 수 있는데, 이단자와 마법사를 "무식한 촌부들"로 취급하는 동시에 저들의 행태 아래서 오래전 교부들이 단죄했던 그릇된 교리(마니교, 아리우스파, 사벨리우스파 따위)가 다시 출현하고 있음을 밝히려 애쓰는 것이었다.

　이 질문은 특히 15세기 이후 유럽 도처에서 자행된 마법 재판에 대해 제기되었던 바 있다. 마녀를 심문하고 단죄한 판사들은 나름의 방식으로 (억압 정책의 실행자라는) 나름의 역할에 맞게 (17세기까지 지속될) 집단적 공포의 일반적 흐름에 참여하고 있었는가? "그들은 믿었을까", 모든 이들처럼, 마녀 집회나 한밤중의 행렬이 있다고? 아니면 이 악령학의 불꽃을 차라리 어떤 단절의 신호로 간주해야 할까? 이 단절의 한편에는 오랫동안 용인되다가 이제 배척당하는 민중 문화가 있을 것이고 다른 한편에는 지식 문화, 즉 법률가와 교회인의 문화가 있을 것이다. 후자는 그 자신에게 완전히 낯선 것이 되어버린 어떤 표현들을 이해할 수도, 하물며 용납할 수도 없었다.[50]

　내가 여기서 전문가들 사이의 토론에 결론을 짓겠다는 것은 아니다. 단지 다음 사항을 유념하고자 한다. 풍부한 텍스트상의 증언 덕분에 식자층 문화에 특유한 면모를 식별하기가 비교적 용이한 반면, 공부를 하고 학문을 깨쳤다는 이 사람들이 공식 언어, 전문 지식, 겉으로 내세운 포부의 장막 아래서 동시대 대중과 아직 무엇을 공유하고 있었는지 밝혀내기는 훨씬 더 어렵다. 당사자로서는 필경, 의식적이든 아니든 은폐하고 싶었을 그것을 우리에게 밝혀주는 일은 사회적이고 정치적인 분석의, 그리고 할 수만 있다면 행동 방식에 대한 연구의 몫이리라.

2장
학업

앞 장에서 한 이야기로부터 뚜렷이 귀결되는 사실 하나는 중세 말 식자 대부분이 흔히 오랜 시간을 들여 학교에서 공부했다는 것이다. 물론 독학자의 존재를 완전히 배제할 수는 없다. 그렇지만 사회·정치적 맥락도, 문화에 접근하는 데 필요한 물질적 조건도 그런 이에게 우호적이지 않았다. 근대적 독학은 인쇄술의 딸일 것이다.

다른 여느 시대처럼 중세에도, 학교에 다니는 모든 이에게 학교란 일단 지식을 익히는 장소였다. 바로 거기서 이 시대에 고유한 교습 원칙에 따라 앎과 함께 추론과 작업의 방법이 주입되었고, 그것들이 각자가 평생 지니고 살아갈 지적 장비의 핵심을 이루었다. 그런데 학교는 훨씬 더 많은 것을 의미하기도 했다. 물론 다른 몇몇 시대에 비한다면, 사회·도덕·종교 교육 전체를 떠맡겠다는 포부가 중세 학교에서 그리 큰 것은 아니었다. 그래도 학교는 사회성과 발견의 장소였다. 그곳에서는 몸가짐을 갖추는 법, 개성을 드러내는 법, 집단의 규율에 따르면서 남들과 겨루는 법 등을 배울 수 있었다. 지속적인 우정 관계를 맺을 수도 있었다. 모임이나 파벌에 섞여 들 수도 있었다. 지식 획득과 떼어놓을 수 없는 이런 실존적 경험은 중세 문사의 집단적 초상이 그려지는 데도 그만큼 크게 기여했다.

끝으로, 학업의 유용성이 인정된다는 바로 그 이유 때문에 학교는 정치적 관건이었다. 물론 교육 형태, 심지어 학교 형태가 순전히 가족적이거나 사적인 형태를 띠는 경우도 있기는 했다. 그러나 전체적으로 볼 때 학교를 창립하고 통제하는 데 정성을 쏟은 것은 교회의 다양한 심급(수도회, 주교, 교황), 도시, 군주였다. 정책의 관건은 우선 이데올로기적 차원에 있었다. 몇 가지 지식의 보존과 전파를 보장하면서 이들 지식이 정통 학설에 부합하는지 감시해야 했고, 합당치 않거나 위험하다고 판단되는 다른 지식들의 발전에 맞서야 했다. 그렇지만 더 중요한 것은 교양 있고 유능한 사람들을 육성하기에 유리한 조건을 확보하는 일이었다. 교회, 도시, 군주는 자신에게 직접 봉사할 사람이 필요해서든 사회의 조화로운 기능 작용을 위해서든 그런 이들이 필요하다고 여겼다.

중세 말 수 세기에 걸쳐 서구가 갖춘 학교 그물망은 빈틈없는 것도, 완벽히 일관된 것도 아니었다. 나라에 따라 밀도가 불균등했고 똑같은 규칙에 따라 기능하지도 않았으며 정확히 같은 교육 내용을 전파하지도 않았다. 그렇지만 전체적으로 보면 근대에서보다 더 동질적이었다. 따라서 몇 가지 지역·국가적 특성을 무시하지만 않는다면 상황을 너무 과장하지 않고서도 일반적 고찰을 해볼 수 있다.

어느 곳에서든 세 가지 단계의 교육기관이 구별된다.

먼저 기초 과정이라 일컬을 만한 것이 존재했다. 약간의 시대착오를 감수한다면 오늘날의 초등교육 과정에 상응하는 것으로, 어느 정도는 중등교육 과정도 포괄한다. 일반적으로 개인, 기껏해야 지역에 맡겨진 채 사회·정치적으로 제한된 관심밖에 받지 못한 이 과정은 가장 다양하고도 가장 비일관된 양상을 보였다. 문헌에 남은 흔적은 심하게 분산된 파편에 지나지 않는다. 어쨌든 현재 역사학의 수준에서 그것은 비할 수 없이 가장 잘 알려지지 않은 영역이다. 몇몇 지역의 사례만이 충분히 건실한 사례 연구의 대상이 되었는데 그런 연구의 결론을 서둘러 일반화할 수는 없다.

13세기 이래 중세 교육 체계의 주춧돌이자 중심 요소를 이룬 것은 대학, 당시의 명칭으로는 일반 학당studia generalia이다. 뒤에서 그 기능 방식을 더 자세히 연구할 것이다. 지금으로서는 대학이 제도적·경제적으로 비할 수 없이 가장 튼실한 하부구조를 소유한 교육 시설이었음을, 또한 가장 큰 사회적·지적 영예를 누리는 교육 시설이었음을(덧붙이자면, 이 점에 대해 오랫동안 이의가 없었음을), 더욱이 교회와 세속을 불문한 공적 권력의 관심과 호의, 때로는 후견자 노릇을 하려는 시도까지도 독점하다시피 했던 교육 시설이었음을 지적하는 것으로 그치자.

1200년 무렵 출현한 최초의 대학들은 12세기의 주요 학교들을 직접 계승했다. 1300년 무렵이 되면 서구 전역에 약 열다섯 개의 대학이 존재했으며 그 수는 두 세기 뒤에 네 배로 늘어난다. 이처럼 빠른 성장은 이 기관의 인기를 충분히 말해주는 것이지만, 그럼에도 분명한 사실은 중세 대학의 규모가 천차만별이었던 데다 어쨌든 소수의 엘리트 학생밖에는 받아들이지 않았으며, 졸업장을 받는 학위 취득자는 그보다 더 적은 수의 엘리트에 불과했다는 것이다. 이 책에서 이야기하는 식자층이 대학 학위 취득자 집단과 일치하는 것은 아니다. 하지만 이 집단은 식자층의 중핵이었고 다분히는 준거이자 모델이었다.

그럼에도 세월의 흐름에 따라 대학들, 그리고 대학 학위 취득자들은 온갖 형태의 비판을 피하지 못했다. 이런 비판은 공개적으로 표현되기보다 흔히 암시적이기는 했다. 그럼에도 그 결과로—우리가 고려해야 할 셋째 과정인데—대학 제도의 대안이 될 수 있다고 자처하는 몇 가지 교육 시설이 등장하게 되었다. 으레 아직 창설된 지 얼마 되지 않은 국지적이고 잡다한 기관들로, 성공 여부는 제각각이었다. 이 새로운 시설 중 많은 수가 범상한 수준이었던 반면, 다른 일부는 벌써 몇 가지 교육 내용을 두고 대학과 공공연히 경쟁하고 있었다. 요컨대 전조에 지나지 않았지만, 그로부터 "전 과정 학숙collège de plein exercice" 형태를 중심으로 근대 유럽 교육의 핵심 요소가 만들어질 것이며, 그때 대학은 빈번히 제2열로 밀려나기에 이를 것이다. 그러니 간혹 13세기나 14세기, 대부분은 15세기에 출현하는 이런 시설을 출현 시점부터 포착하는 것이 중요하다.

중세 말 수 세기 동안 거의 모든 서구 식자가 다소간 오랫동안 다녔던 이들 세 가지 유형의 교육기관을 이제 차례대로 연구해 보자.

1. 초급 학교

읽기와 쓰기로 시작되는 기초 수련은 다양한 틀 속에서 이루어질 수 있었다. 그것은 집에서 이루어질 수 있었는데, 가령, 퍽 드문 경우지만, 바로 어머니가 읽고 쓸 줄 알 때 그랬다. 가정교사가 교육을 맡기도 했다. 확실히 개인의 가정교사 채용은 중세 말 실제적으로 중요한 현상이 되어 도시 유지층의 유복한 집안에까지 퍼져나갔을 것이다. 그러나 문헌을 통해서 포착되는 사례는 최고위 귀족층이나 군주 집안 후손에게 국한되어 있다. 그런 사례에서조차 우리가 아는 것은 우선 본인의 집 혹은 궁정에서 제자의 군사교육과 사교 생활 교육을 맡은 기사의 이름이고, 반면 지적 수련을 떠맡은 무슨 성직자나 전속 사제는 으레 익명으로 남았다.[51] 드문 예외를 제외하면, 장래의 군주나 장차 군무를 맡게 될 젊은 귀족에게도 탄탄한 문예 교육이 이득이 된다고, 하물며 불가결하다고, 그런즉 이 분야에 특별한 정성을 들여야 한다고 생각하는 일은 15세기 전까지 거의 없었다.

아이가 어느 정도의 문예 교육을 받도록 해주고 싶지만 가정교사의 조력을 구하고 싶지는 않은, 혹 그럴 수 없는 이들 모두에게는 라틴어 소학교라는 해결책이 남아 있었다.

일단은 이 경우 도시 주민이 단연 유리했다고 짐작해 볼 만하다. 어느 정도 규모를 갖춘 도시치고 중세 말 문법학교를 하나 혹은 그 이상 보유하지 않은 경우는 없기 때문이다. 적어도 가장 큰 도시들에서는 이때부터 비교적 규모 있는 "학교 공급offre d'école"이 이루어졌으리라는 느낌을 받기도 한다. 파리와 그 교외의 경우, 1380년 한 문서는 성직자와 속인을 아울러 문법학교 담임교사 마흔한 명, 그리고 여자아이들을 가르치는 여교사 스물한 명의 이름을 밝힌다.[52] 이 목록은 완전하지 않을 것이다. 여기에는 노트르담 대성당 성가대장의 관할 아래 있는 이들만 기록되어 있는데, 파리의 다른 교회나 수도원도 분명 몇몇 학교를 후원하고 있었기 때문이다. 제노바에서 문법 교사 동료회 회원은 13세기 말 13명, 15세기 말 22명에 달했다. 그런데 이 모임에서는 교회학교 담임교사뿐만 아니라 정규 교사에 딸린 단순한 복습 교사나 부교사도 배제되었던 것으로 보인다.[53] 런던에서는 문법 교육이 더 많은 부분 교회의 손에 남아 있었다. 그런데 세인트폴 대성당이나 세인트마틴즈 르 그랜드, 세인트메리 르 보우 등 오래된 본당에 속한 유서 깊고 규모 있는 학교들에 더하여 중세 말에는 두세 곳의 또 다른 교회학교, 아마도 외부 청강생에게 개방되어 있었을 탁발 수도회 학당들, 정확히 수를 알 수 없는 순수 사립학교들이 등장했다.[54] 규모가 더 작은 도시에서야 흔히 두세 곳, 그마저 안 되면 지역 참사회와 연계된 한 곳의 학교밖에 없었다. 그렇지만 니콜라스 옴이 잉글랜드 남서부에 대해, 조반나 페티 발비가 제노바 주변 리구리아 지역에 대해 각각 훌륭하게 보여준 바와 같이,[55] 2급 도시조차 문법학교를 갖고 있지 못한 경우는 사실상 없었다.

확실히 그만한 혜택을 누리지는 못했다고 해도 농촌 주민, 적어도 그중 남자아이들에게 무지와 문맹이 어찌할 수 없는 팔자인 것은 아니었다. 물론 마을마다 학교가 있었다고 말하기엔 턱도 없다. 그래도 학교라는 것이 예외적이지는 않았고, 그 밖에 극히 기초적인 교육을 제공하는 신부들이 있기도 했음은 말할 것도 없다. 그리고 어느 정도 규모 있는 촌락에서라면 소학교 하나쯤 있는 것이 거의 당연한 일로 되어갔다. 물론 이들 소학교 중 안정적 재정이 없는 상당수는 간헐적으로만 기능했고, 수준도 그저 고만고만했을 것이다. 하지만 공부에 소질을 보이는 시골 아이는 묵을 곳만 찾으면 도시로 공부하러 갈 수 있었다. 중세 말까지 몇몇 도시 수도원은 학생들을 받아들여 숙식을 제공했던 듯하다. 제르송은 농부 집안 아들로 그의 이름은 그가 태어난 아르덴의 작은 마을에서 온 것인데, 전해지기로 어린 시절 그는 랭스의 생레미 수도원에서 공부를 시작했다고 한다.[56] 다른 곳에는 말 그대로 학숙이 있어, 특히 대성당 학교 학생 일부가 묵었다. 13세기 초 랭스의 학숙 2곳은 총 24명을 수용할 수 있었는데, 14세기 중반 랭스보다 훨씬 작은 이웃 도시 수아송은 총 100여 명이 묵을 수 있는 3곳의 학숙을 보유했다.[57] 끝으로, 사립학교 교사가 외지에서 온 학생 몇 명을 하숙시키는 일도 흔했다.

요컨대 14~15세기 문법학교 그물망이 얼마나 촘촘했는지 말하기는 어렵다. 대도시는 이미 보았듯 일반적으로 사정이 괜찮은 편이었다. 더 넓은 범위에서 보면 심각한 지역적 불평등이 관찰되는 듯하다. 중세 잉글랜드는 학교 체계가 비교적 잘 갖추어져 있었다고 여겨지며, 위에서 언급한 니콜라스 옴의 연구에 따르면 인구도 적고 도시화도 잘 되지 않은 잉글랜드 남서부 여섯 백작령에서조차 13~14세기 사이 한때나마 학교를 보유한 도시와 촌락이 약 45곳이나 되는 것을 확인할 수 있다(마찬가지로 학교를 갖추었지만 아마도 일단 내부용이었을 33곳의 각급·각종 수도원은 논외로 하더라도). 반대로 중세 샹파뉴에서는 마을 10곳 중 하나에나 학교가 있을까 말까 한 형편이었고,[58] 조반나 페티 발비가 연구한 리구리아에서는 연안 어촌도 산간 내륙 마을도 문법 교사들을 끌어모으지 못했던 것으로 보인다. 이와 같은 격차는 그러나 남은 문헌이나 현재의 연구 수준으로 인해 과장되었을 수 있다. 따라서 신중해야 한다.

도시나 촌락의 라틴어 소학교들은 각양각색의 제도적 체계에 속해 있었다. 가장 오래된 것은 교회학교들로, 중세 초기 이래 대성당이나 수도원, 일부 정규 참사회 수도원에 부속학교가 존재했다. 13세기부터는 새로 생긴 탁발 수도회 수도원 여러 곳에서 강사 한두 명이 강의하는 학당을 갖추었다. 탁발 수도회 학교는 우선 젊은 수사를 대상으로 했다. 하지만, 탁발 수도회를 어떤 이들처럼 "교육자 수도회ordres enseignants"라고 칭하는 것은 과도하다 해도, 그들의 학당이 외부 청강생에게 개방되어 있었을 가능성은 있다. 다만 안타깝게도 청강생의 비율은 알 수 없다.

교회학교들과 함께, 순수 사립학교들도 있었다. 주교의 면허는 있기도 하고 없기도 했으며, 학교를 연 담임교사의 자격은 으레 확실하지 않았다. 급여는 학생들의 가족이 지불했다. 이들 문법 교사는 간혹 가난한 사제로, 그들에게 교육은 보잘 것없는 성직록[59]이나 한미한 전속 사제직의 부실한 수입을 벌충하는 수단이 되었다. 하지만 문법 교사는 대부분 속인이었다. 이들은 그리 대단한 사회적 존중을 누리지 못했던 듯하다. 대개는 어느 정도 유랑 생활을 하며 몇 년마다 학교를 이리저리 옮겨 다녔다. 그들이 큰 재산을 모으지 못했던 것은 분명하다.

이런 사정은 중세 말 조금 바뀌었던 성싶다. 일반적 경제 위기로 인해서든 아니면, 더 사실임 직하게, 지배계급과 도시 엘리트가 기초 교육에 더 큰 관심을 기울이기 시작했기 때문이든, 14세기 중반부터 여러 지방에서 공적으로 혹은 자선의 형태로 세워진, 이제 확실한 재정을 갖춘 학교의 수가 늘어나는 모습이 보인다(반면 목적에 맞게 별도 건물을 갖춘 경우는 드물었다. 학교 교육은 여전히 교사의 집에서 이루어졌다).

잉글랜드에서는 신심 깊은 창립자들이 세운 챈트리chantries가 흔히 학교와 기념 예배당의 기능을 겸했고, 챈트리의 전임자는 교사이자 전속 사제였다. 다른 곳, 특히 지중해권에서는 대개 시 정부가 교사 모집을 맡으며 그들의 보수와 숙소도 전부 혹은 부분적으로 책임졌다. 이와 같은 학교의 세속화를 교회가 늘 호의적으로 바라보았던 것은 아니다. 엑상프로방스에서처럼 교회는 자주 시 행정관들이 선택한 문법 교사magister grammaticus를 추인할 권리나마 간직하고자 했다.[60] 이렇게 시 정부의 권한이 확대되기 시작하는 상황은 교육을 근대화하는 기회가 되기도 했는데, 일종의 선발을 거쳐 인문주의 성향을 띤 교사를 불러올 수 있었기 때문이다. 그렇지만 16세기 이전까지 이 "공공 강사들lecteurs publics"이 맡은 청중의 수준은 보잘것없었고, 이들의 보수를 위해 지출된 재정도 마찬가지였다. 따라서 초보거나 능력이 대단찮은 교사들 이상의 지원자를 끌어모을 수는 없었다.

제도적 체계보다도, 이들 학교의 인원수가 어느 정도였는지, 제공된 교육의 방법·내용·수준이 어떠했는지, 학생이 어떤 과정을 거쳤는지 등을 알 수 있다면 우리의 연구에 더 큰 도움이 될 것이다. 이 모든 사항에 대해 우리가 가진 정보는 안타깝게도 너무 빈약하다.

문법학교에 다닌 사람의 수에 대해, 문서들은 상당히 대조적인 숫자들을 보여준다. 도시의 문법학교 일부는 나이와 수준이 다양한 학생 수백 명을 받아들였을 것이다. 1469년, 뉘른베르크의 오래된 장트에지덴 수도원 학교에는 230명이나 되는 학생이 다녔다.[61] 이탈리아 도시 학교에서도 비슷한 수준의 숫자가 제시되고는 한다. 이런 숫자가 거의 필연적으로 함축하는 바는 인원이 여러 반으로 나뉘었다는 것, 담임교사가 복습 교사들의 보조를 받거나 나이 많은 학생들이 어린 학생들을 돕는 "상호 교육"(19세기까지도 간혹 존속할 교습 방식)에 의존했으리라는 것이다. 반면 다른 곳에서는 문법 교사grammaticus가 맡은 인원이 매우 단출했던 듯하다. 10명이나 넘겼을까, 그 정도라면 도제식 교육처럼 거의 개별적인 교육을 하는 것도 가능했다.

이 모든 학교에서 교육의 기초는 물론 문법, 즉 라틴어였다. 첫 단계의 수동적 습득 과정에서는 노래로 배우기도 했다. 이 과정에서 교사는 속어 사용을 피하지 않았을 것이다. 아이들은 텍스트를 암기했다. 주로 쓰이는 것은 시편집이나 그 밖의 전례서인데, 이런 책의 이점은 근처 교회에서 빌려 오기만 하면 되니 아무리 초라한 학교에서도 쉽게 손에 넣을 수 있었다는 것이다. 그다음 진정한 문법 학습 과정에서는 주제별로 짧은 예문을 익히거나 라틴어 작문을 연습할 수 있었다. 교습의 기본 도서는 도나투스Donatus의 오래된 교재였고, 간혹 빌디외의 알렉산데르Alexander de Villa Dei가 쓴 《교범Doctrinale》이나 베튄의 에브라르두스Ebrardus Bethuniensis 의 《그라이키스무스Graecismus》 같은 최근 저작이 보충 교재로 사용되었다. 이와 함께 간단하고 짧은 텍스트 모음집을 이용하기도 했다. 예를 들면 카토의 것으로 간주된 《이행시집Disticha》, 테오둘루스Theodulus의 《전원시Ecloga》, 《문서집Chartula》, 아이소포스의 《우화집》, 《플로레투스Floretus》 등, 아이가 속담, 우화, 그 밖의 짧은 시, 기초 교리문답, 교훈적 이야기, 식사 예절 따위를 접할 수 있는 텍스트들이었다.[62] 이처럼 사뭇 이질적인 교습 도구들은 때로 초기 중세에서, 때로 12세기에서 연원했다. 그 목록은 13~15세기 사이 별다른 변화를 겪지 않았고, 잉글랜드에서 이탈리아까지 서구의 모든 학교에서 놀랍도록 균일하게 채택되었다.

교육의 질은 교사의 학력 수준에 따라 달랐을 것이다. 이 점에 대한 별다른 통제는 없었던 것으로 보이는데, 주교 면허나 시 당국 주관 시험 제도가 있는 곳에서도 마찬가지였다. 문법 교사 중 대학 학위 취득자는 대개 학예 석사였고 그리 높은 비율을 차지하지 않았다. 니콜라스 옴의 추산에 따르면 중세 말 잉글랜드에서 약 25퍼센트였고, 앞서 인용한 1380년 파리의 목록에서 거명된 이들을 보면, 당대 가장 중요한 대학이 지근 거리에 있음에도 불구하고, 41명 중 9명, 즉 22퍼센트만이 학위 취득자였다.[63]

어쨌든 교사의 학력만큼이나 중요한 것은—어린 학생이 책과 접할 수 있는 가능성, 대부분 학교에서 매우 낮았거나 전무했을 이 가능성에 대한 질문을 논외로 한다면—문법학교에서 얼마나 시간을 보냈는지, 그리고 무엇보다도 학생 자신, 더 그럴 법하게는 학생의 가족이 무엇을 기대하느냐는 점이었다.

분명 여덟 살이나 열 살쯤 라틴어 소학교에 들어와 2~3년밖에 보내지 않은 이가 초보적 읽기(와 혹여 쓰기), 그리고 시 편집이나 그 외 교습용 책자를 통해서 배운 어렴풋한 종교·도덕 상식 이상의 무엇을 익히기를 바랄 수는 없었다. 반면 8년 혹은 10년 동안 연이어 학교에서 공부한 이라면 훨씬 더 높은 수준에 다다랐을 것이고, 교사가 기회를 제공하기만 한다면 라틴어 기초 문법 외의 다른 지식에도 입문할 수 있었을 것이다.

그런데 그것도 학생이 하고 싶어 할 때나 가능한 이야기다. 제노바의 사례가 의미심장하다. 위대한 인문주의자 에네아 실비오 피콜로미니Enea Silvio Piccolomini(장래의 교황 비오 2세Pius II, 1458~1464)는 제노바 주민이 공부에 별 흥미가 없다고 한탄했던 바 있는데("그들은 별달리 알고자 하는 욕심이 없고, 문법은 필요한 것만 공부하고, 다른 모든 종류의 공부를 하찮게 여긴다"[64]), 몇몇 입학 계약서는 아이가 "제노바 상인의 필요에 맞게 문법을grammatica ad usum mercatorum Ianue"[65] 공부하도록, 다시 말해 문법 입문을 마친 다음 곧바로 계약서 작성법이나 산술과 회계에 대한 약간의 기초 지식을 배우도록 규정했다. 후자의 교과는 흔히 별도의 교사, "주산 교사maître d'abaque"가 담당했고, 게다가 문법 교사보다 더 높은 보수를 받았다. 상인을 기르는 데 그것이면 됐지 추가적인 공부는 필요하지 않다고들 생각한 것이다.

그렇지만, 그와 같은 상업 대도시의 예외적 사례를 제한다면, 문법 교습에 더 자연스럽게 뒤따르는 것은 낡은 지식 분류에 따라 추려진 전통적 학교 교과들이다. 즉 문법학교 교육은 대학 교육의 단순화된 판본이었고 경우에 따라서는 대학 교육의 준비 단계가 되었다. 고로 문법 뒤에는 논리학, 다음은 고전 입문이 따랐다(15세기부터는 이탈리아 인문주의의 영향으로 이 부분의 교육이 단연 강화될 것이다). 사과 학문도 완전히 무시되지 않았다. 때로, 특히 대학 예비 과정으로서의 전통에 충실한 교회학교의 경우, 학생들, 적어도 장래 성직자가 될 이들에게 신학과 교회법 강의를 제공하기도 했다. 하지만 이들 교과에서는 대학 교육이 특권적 위치를 누리게 되었던바 다른 곳에서 배우는 것은 그 희미한 반영에 지나지 않았고, 이런 학교에서는 공부를 마치고 학위를 수여받는 것도 아닌 만큼 중요한 고려 대상이 되지 못했다. 오로지 탁발 수사들만이 대학과 대등한 수준의 체계적인 신학 교육 과정을 자신들의 학당에 개설할 수 있었다. 이 점은 뒤에서 다시 다룰 것이다.

결국 이 모든 사정에 따라 정말 재능이 있고 식자로서 인정받으려는 욕망도 있는 학생은 대학으로 향하게 되어 있던 셈이다.

그러나 중세 말 문법학교가 극히 일부의 주민에게 피상적인 문예 지식을 제공하는 한편 가장 훌륭한 혹은 가장 야심 찬 학생의 대학 입학을 준비시킨다는 두 가지 역할만 했다고 간주한다면 부당한 일일 것이다. 일부 학교, 특히 대학 소재지는 아니어도 오래된 대성당 학교와 건실한 교육 전통을 갖춘 대도시—앞서 예로 든 랭스와 런던처럼—의 학교는 수준이 상당했고, 이급 대학과 비교한다면 더욱 그랬다. 게다가 이와 같은 문법학교를 나온 학생 중 일부는 대학을 거치지 않고서도 진정한 문사가 될 수 있었는데, 다만 처음 학업에 이어진 수련 과정과 이후의 직업적 실무가 이들을 지적 활동의 영역에 붙들어 두어야 했다.

그것이 특히 여러 공증인, 법원 사무관, 상서국 서기의 경우였다. 재론하겠지만, 이들 계층에서 진정한 의미의 대학 학위 취득자는 여전히 드물었다. 필시 대부분은 문법학교에서 우선 좋은 성적을 거두었을 것이고, 다음에는 이미 자리 잡은 공증인 밑으로 들어가거나 어디 법정이나 서기과의 법조계 성직자가 되어 책임자나 선배 필경사들과 함께 일하면서 그들로부터 양식 사용법을, 한층 더 구체적으로는 좋은 필체로 글씨 쓰는 법을 배웠을 것이다. 이견이 없지 않았지만,[66] 청석판이나 밀랍 서판처럼 보존성이 낮은 도구를 주로 이용하던 학교가 필체를 체계적으로 가르친 예는 전혀 없는 듯하다.

2. 대학

중세의 교육기관들 가운데 대학의 위치는 독보적이다. (우리의 호기심을 모두 만족시키지는 못할지언정) 가장 풍요로운 문서고를 남겼다는 점에서 그렇고, 그에 대한 역사 연구가 가장 진척되어 있다는 점에서도 그렇다. 풍부할뿐더러 곧잘 기념사의 성격을 띠는 이 역사 서술은 어떻게 보면 이 기관의 영예가 끈질기게 이어지고 있음을 증명한다. 오래전부터 대학은 중세 서구 문명이 창조한 가장 독창적이고 가장 비옥한 산물 중 하나로 인정받았다. 우리의 목적은 수많은 기존 연구를 요약하는 것이 아니며, 게다가 종합적 개관으로서는 최근에 출간된 한 저작을 참조하는 것으로 충분하다.[67] 여기서는 다만 이 책의 연구 대상인 식자 집단과 관련하여 이 집단의 윤곽과 구성, 자기의식의 주형에 대학 기관이 13~15세기에 걸쳐 어떤 기여를 했는지 밝혀보고자 한다.

최초의 대학은 13세기 초 볼로냐, 파리, 몽펠리에, 옥스퍼드에서 나타났다. 기존 학교(반드시 대성당 학교는 아니다)로부터 유래한 초기 대학은 제도가 제각기 다양했지만 조합적 성격을 띤 자율적 조직체라는 공통점이 있었다. 자율적이라는 것, 그것은 인원 모집을 주관한다는 것, 자체의 규약을 지닐 수 있다는 것, 특정한 집단적 규율과 상호 협력 규칙을 준수하도록 구성원을 강제할 수 있다는 것, 교회·세속 양쪽 권력기관에 의해 법인으로 인정받는다는 것, 끝으로는 바로 대학 조합의 존재 이유라 할 수 있는 요소들—즉 교육 내용, 교육 과정, 학업 기간, 학업 성취 확인을 위한 시험 방식과 시험에 통과했을 때 주어지는 학위 수여 등─을 자유롭게 조직할 수 있다는 것이었다. 대학은 일종의 학교 연합체였다. 대학은 간혹 우리가 앞 장에서 규정한 당시 지식 문화의 상급 교과 중 하나만을 가르쳤는데, 그것이 볼로냐에서는 법학, 몽펠리에에서는 의학이었다. 아니면 반대로 하나의 대학이 다양한 교과의 학교들을 묶어 서로 다른 학부로 나눌 수도 있었다. 파리와 옥스퍼드가 그 경우로, 학예(즉 자유 학예)를 가르치는 예비 학부와 함께 의학, 법학,[68] 신학의 상급 학부를 두었다. 어쨌든 분명한 사실은 무슨 방식으로든 입문 교육(특히 문법 교육)을 미리 거치지 않고서는 대학 학부에, 학예부가 있다한들 그곳에조차 들어갈 수 없었다는 것이다. 역으로, 입문 교육만 충분하다면 그것만으로 "상급" 학부, 특히 법학부에 들어가는 경우도 있었다. 학예부 수준이 늘 변변찮았던 남부 지역에서 특히 그랬다.[69]

역사적 선례가 없었던 만큼, 초기 대학들은 경험에 의존하여 극히 다양한 얼개에 따라 형성되었다. 교황권은 처음부터 이 새로운 교육기관들의 발전을 지지했지만, 그것들을 일반 학당studium generale의 개념 아래 규합한 것은 고작 13세기 중반의 일이었다. 이 개념이 낳은 주요한 효과로, 대학은 기독교 세계의 공식 기관으로서 보편적 효력을 지닌 학위를 수여하게 되었고, 성좌聖座의 직접적 보호를, 동시에 직접적 통제를 받게 되었다.

대학 기관을 만들어낸 기저 원인에 대해 역사가들의 해석은 갈린다.[70] 확고히 대립한다기보다 상보적이라고 해야 할 두 가지 핵심 주장이 제기된 바 있다. 한편의 역사학자들은 아리스토텔레스 철학의 발견이 낳은 지식의 혁신 자체가, 그리고 이 새로움이 야기한 지적 열광이 교사들과 학생들로 하여금 이와 같은 자율적 기관을 세우게 했다고 본다. 이런 기관만이 그들이 필요로 하는 표현의 자유와 교육의 자유를 보장할 수 있었던 것이다. 다른 한편의 역사학자들은 최선의 조건에서 학력과 학위를 취득하고자 열망하는 사람들이 가했을 사회적 압력을 더 앞세운다. 교회 개혁에 의해, 그보다 더 중요하게는 국가의 부흥으로 인해 점점 더 폭넓게 열리던 직업 진로에서 그와 같은 자격이 그들에게 발판이 되어줄 것이었다. 어느 쪽이 되었든 한 가지는 분명하다. 초기 대학의 출현은 "자생적" 현상이 아니라는 것, 순전히 교사들과 학생들만으로 이루어낸 창조물이 아니라는 것이다. 이들 개인의 직접적 역할이 불가결했다고는 해도, 저항(파리에서는 주교 및 주교 상서, 볼로냐에서는 자치시commune 등, 주로 지역 권력의 저항)을 무찌르고 새로운 기관에 적법성과 사법적 지위를 부여할 수 있었던 것은 늘 어떤 정치적 의지가 그들을 지지하기 때문이었다. 이 정치적 의지는 (잉글랜드에서 눈에 띄게 두드러졌고 파리에서는 보다 조심스럽지만 실재했던) 군주의 의지인 동시에 (파리와 볼로냐에서 특히 적극적이었던) 교황의 의지였다.

물론 교회와 세속의 상급 권력이 초기 대학을 지지한 것은 순전히 무사무욕한 일이 아니었다. 그들은 자신의 정당성에 기초가 되는 교과의 발전에 대학이 기여해 줄 것을 기대했다. 로마법은 국가의 부흥에 필수적인 도구였다. 대학에서 가르치는 교회법과 신학은 교황이 가진 권력의 완전성plenitudo potestatis을 부각함으로써 교회권이 지역 교회의 저항, 이단의 반발, 세속 군주의 독립 의지에 맞서는 데 도움을 주었다. 더 하여, 대학이 길러내는 인재에게는 권력에 봉사함으로써 그런 이념들의 승리를 가져다줄 능력이 있었다. 결정적 시련—적어도 파리에서—이 닥친 것은 두 탁발 수도회(도미니코회와 프란치스코회)의 신학 학교를 받아들이도록 교황이 대학을 강제했을 때였다. 알다시피 당시 교회에서 두드러진 역할을 맡고 있었던 이 신참들은, 그러나 각 수도회의 고유 목적을 충실하게 따르고 교황에게 복종하는 일을 대학인들 사이의 연대보다 우선시했던 만큼, 대학으로부터 언제나 환영받지는 못했다. 하지만 1250~1259년 절정에 이른 위기의 끝에 대학은 교황의 의지 앞에 몸을 숙여야 했다.[71]

하지만 이 일화가 새로운 기관의 성공을 위태롭게 하지는 않았다. 13세기 초반에 아직 단출하고 유동적이던 대학 조직은 점차 고착되어 갔다. 상세한 규정이 작성되었고, 권력기관으로부터 새로운 특권들이 주어졌다. 13세기 대학에 다닌 사람의 수를 제시하기는 불가능하지만, 적어도 14세기 초까지 교사와 학생의 인원수가 끊임없이 늘어났으리라는 데는 거의 의심의 여지가 없다. 대학이 새로 생겨나기도 했다. 1300년에는 약 15곳의 일반 학당이 있었고, 1346년에는 20곳 이상이 되었다.

이 시점까지도 대학 현상이 다분히 지중해권의 현상으로 머물러 있었다는 점에 주목해야 한다.[72] 남부의 일반 학당은 거의 언제나 다소간 볼로냐 모델의 영향을 받았다. 제도적 관점에서 이는 대학 조직 및 운영 전체, 혹은 그 일부가 학생들의 몫이었음을 의미한다. 그러나 특히 문화적 관점에서 볼 때 그것은 이들 대학의 주도적 교과가 세속법과 교회법이었음을 뜻한다. 의학부도 나름의 자리를 차지했다(몽펠리에, 파도바, 볼로냐). 반면 이 대학들에서 학예 교육에 관심을 갖는 학생은 소수였고, 그조차 논리나 철학보다는 문법, 그것도 흔히 범상한 수준이었던 문법 교육이 주를 이루었다. 신학으로 말하자면 1360년대까지는 이들 남부 대학에서 아예 부재했다. 요컨대 남부의 대학들은 교회의 감독을 받으면서도 교육의 내용에서나 대학을 통해 준비하는 진로 유형에서나 짙은 세속적 색채를 띠었다.

　유럽의 다른 절반, 북부에서는 당연히 상황이 전혀 달랐다. 일반 학당의 수가 그리 많지 않았고, 옥스퍼드와 케임브리지에서 충실하게 모방한 바 있는 파리 모델에 맞설 경쟁자는 없었다.[73] 그 모델은 "교사들의 조합université des maîtres",[74] 즉 학교 연합체 모델이었다. 각 교수가 자기 학생에 대해 전권을 지녔고, 대학의 모든 지휘 조직은 동료들에 의해 선출된 교사들의 손안에 있었다. 그러나 핵심적인 것은 그보다도 지적 노선의 차이였을 것이다. 파리와 잉글랜드의 학교에서 법학 교육이 차지하는 자리는 제한되어 있었고, 그것도 우선은 교회법에 해당되었다. 이미 보았듯 로마법은 1219년 이래 파리에서 금지되어 있었고, 일찍부터 **보통법**, 즉 통합된 관습법이 존재했던 잉글랜드에서도 적잖은 영예와 위신을 빼앗겼다. 따라서 뚜렷한 교회의 색채를 간직한 이들 대학의 중심은 신학이었다. 신학 자체는 자유 학예를 토대로 삼았는데, 언제고 가장 많은 인원이 모이는 곳이 바로 자유 학예를 담당하는 예비 과정 학부였다. 그런데 벌써 13세기 초, 대대적으로 전파된 아리스토텔레스주의의 영향을 받은 학예부는 일종의 예비 교육으로서 문법이나 논리학을 가르치는 데서 주된 소명을 찾는 대신, 진정한 철학부의 수준에 올라선다. 대학 예비 소학교에서 입문 교육을 받은 학생들에게 학예부는 아리스토텔레스의 텍스트와 아베로에스의 주해에 기초하여 자연학, 형이상학, 영혼론, 도덕학 등을 가르쳤던 것이다. 이런 확장—사과의 과학 교과에 별 이득이 되지는 못했지만—의 당연한 여파로 특히 파리에서는 학예부 전임 교사들이 지적·직업적 자율성을 요구하게 되었다. 이들은 때로 검열에까지 이르는 신학자들의 통제를 벗어나 자신들이 알고 있는 철학 텍스트 전체를 자유롭게 주해할 수 있기를 바랐다. 그중 가장 결연한 대표자들에게 "아베로에스주의자"라는 경멸적이며 필시 과도한 호칭을 안겨준 이 경향은 1260년대 파리 학예부에서 실제적 중요성을, 어쩌면 다수파의 위치를 점했던 듯하다. 이를 통해 직업적 지식인의 새로운 사회적 형상이 소묘되기도 한다. 물론 반反기독교도라고는 할 수 없지만 어떤 의미로 더 세속적 성격을 띠게 된 이 지식인을 정의하는 것은 사유가이자 교사로서 자신의 소명을 무사무욕하게 추구하는 태도다. 그는 이 소명을 실천하면서 일종의 지상적 지복, 그리고 덕을 향하는 자연적 적성에 대한 우월한 확신을 길어내었다. 처음에는 어느 정도 관용을 누리던 "라틴 아베로에스주의"는 곧 신학자들의 논쟁적 반응을 야기했고(1270년, 토마스 아퀴나스Thomas Aquinas의 《아베로에스주의자들에 반박하는 지성단일성론*De unitate intellectus contra Averroistas*》),[75] 뒤이어 파리 주교와 캔터베리 대주교의 주도 아래 교회로부터 단죄당하는 시기를 맞았다.[76] 그로 인해 아베로에스주의의 흐름이 끊겼다고는 할 수 없어도 장기적으로 약화된 것은 분명하다. 그러나 신학과 철학의 관계는 여전히 문제로 남았고, 사회적 층위에서 학예부 교사와 상급 학부 교사(신학자와 교회 법률가) 사이의 관계도 마찬가지였다. 학예부 교사가 상급 학부 교사의 권위를 늘 저항 없이 받아들이진 않았다. 학예부 교사나 그 제자가 상위 학부에서 공부를 계속하는 것이 기실 꼭 정해진 행로도 아니었던 만큼 더욱 그랬다.

오랫동안 역사 서술은 인문주의자들이 16세기부터 쌓아 온 불만을 제 것으로 삼아 13세기 대학들의 창조적 역동성— 방금 거론한 내부의 여러 갈등이야말로 그 표시이리라—을 14~15세기에 이르러 이 대학들이 겪었을 쇠퇴와 대비시켜 왔다. 이 쇠퇴는 교육 내용(학설의 고갈과 스콜라 방법론의 경화)만큼이나 제도적 기능 체계에도 영향을 미쳤을 것이다. 본디 대학의 힘이 된 것은 높은 자율성에 기반한 기독교 보편주의인데, 이제는 옛 보편주의를 누르고 지리·사회적으로 폐쇄적인 인원 모집(지역화와 귀족화), 무질서한 교육 과정, 후견자 군주의 간섭 같은 현상이 대두했을 것이다.

최근의 연구는 이런 평가를 상당 부분 의문에 부친다.

우선 14세기와 15세기 사이를 명확히 구분해야 할 것이다. 14세기는 많은 점에서 13세기의 연장이었다. 특히 파리와 옥스퍼드에서 그랬다. 지적 영향력으로 보든 인원수나 자율성, 심지어는 학설·정치·도덕 측면에서의 권위로 보든, 14세기는 중세 대학의 절정기를 이루었던 듯하다. 반면 15세기에는 대학 기관이 근대 국가 수립에 따르는 여러 변동에 맞닥뜨리면서 점점 더 많은 어려움을 겪었던 것이 사실이다.

다음으로, 극히 드문 예외적 경우를 제외하면 동시대인들은 대학에 대해 긍정적 이미지를 간직했다. 이 이미지를 역사학자들의 부정적 평가에 맞세워 볼 만하다.

어떤 이들이 스콜라 교육의 중압을 예민하게 느꼈던 것은 사실이다. 권위들의 무더기는 거의 고착 상태가 되었다. 교습법은 구술과 반복을 핵심으로 삼았다. 오로지 라틴어만을 사용할 수 있었다. 교육 기간이 무척 길었다(학예 3~4년, 의학 6년, 법학 8~12년, 신학 최대 15년). 학위 취득 비용이 점점 높아졌다. 특히 상급 학부에서 법학이나 의학 박사 학위를 따려면 상당한 재산을 들여야 했으니, 지원자의 기를 꺾는 것은 매우 의례적이었을 시험보다도 바로 이 점이었을 것이다. 이 모든 요인으로 인해 어떤 이는 중도에 포기하고, 다른 이는 탐나는 학위에 가장 빨리, 가장 싼값에 도달하기 위해 면제나 부정행위의 가능성을 궁리한다. 교육 과정이 무질서해지고 교수가 자리를 비우고 특정 유형의 교육 방식(예컨대 토론 수업)이 서서히 방기되는 것 등은 특히 15세기에는 부인할 수 없는 현실이었다.[77]

그럼에도 가려지지 말아야 할 사실은 적어도 15세기 초까지, 어쨌거나 중요한 대학들에서 실제적인 학설의 쇄신이 이루어졌다는 것이다. 앞 장에서 이미 언급한 이 문제를 자세히 살펴보는 것은 우리의 주제가 아니다. 철학과 신학에서 아리스토텔레스주의와 토마스주의를 비판하는 전반적 움직임이 있었음을 환기하는 것으로 충분할 텐데, 과도한 이름이지만 편의상 "유명론nominalisme"이라 지칭되곤 하는 움직임이 그것이다. 다른 학부들에서도 14세기 내내 유사한 역동성이 발현된다. 의학에서는 몽펠리에와 파도바 박사들의 작품이 있었다. 법학에서는 공법과 사법을 불문하고 이탈리아(요한네스 안드레아이, 바르톨루스, 발두스)와 툴루즈 주해가들의 작품이 지속적으로 상당한 성공을 거두었다. 이들 작품을 유럽의 모든 장서에서 찾아볼 수 있었다는 사실은 대학 교육의 풍요로움이 전혀 고갈되지 않았음을 보여준다. 그보다도 대학이 인문주의의 시작을 놓쳤다는 것, 즉 고전으로의 복귀나 그리스어와 플라톤의 재발견, 수사학의 부흥과 같은, 또한 종교 영역에서는 성경 원 텍스트에 기반한 어떤 복음주의의 각성과 같은 일련의 단초를 놓쳤다는 것은 사실이다. 15세기를 거치면서 대학이 견지하는 중세 문화의 전통과 어떤 새로운 열망들 사이에 점점 격차가 벌어지기 시작했다는 것을 여기저기서, 특히 이탈리아 학예부들에서 맺어진 몇몇 관계로 감출 수는 없다. 그러나 주의할 점은, 비록 이런 변화에 따라 프란체스코 페트라르카1304~1374나 로렌초 발라Lorenzo Valla, 1407~1457의 시대 이래 스콜라학에 때때로 가차 없는 비판이 가해졌고 다른 한편으로는 (뒤에서 재론하게 될) 몇몇 새로운 유형의 교육 시설의 설립이 촉진되었다 해도, 그 변화가 1500년 이전, 아니 그 이후조차, 옛 대학들의 신용을 심각하게 실추시키고 대학 학위의 가치를 격하하는 사태를 낳지는 않았다는 것이다.

오히려 당시 문헌을 훑어보기만 하면 대학 학위 소지자들이 자신들과 관련된 모든 문서에 점점 더 체계적으로 정확하게 학위를 기재하는 경향을 확인할 수 있다. 중세 말 서구 사회에서 대학과 대학 출신자들이 점점 더 큰 사회·정치적 중요성을 인정받았음을 보여주는 다수의 지표가 있다. 가장 명백한 첫째 지표는 14세기 중엽 이래 대학 설립이 증가했다는 것이다. 1340년에서 교회 대분열의 발단(1378년) 사이 10곳,[78] 대분열 동안(1378~1417년) 10곳,[79] 1417년에서 1500년 사이에는 약 30곳[80]의 대학이 세워졌다. 다소간 빠르게 좌초되고 만 신설 대학(실패가 없지 않았기 때문인데, 실패도 언제나 의미심장하기는 하다)이나 대학으로서의 성격에 논쟁의 여지가 있는 경우가 있음을 고려한다면, 1500년 유럽에서 63곳 혹은 64곳의 일반 학당이 실제로 운영 중이었다고 판단된다.

15세기 말의 대학 지도는 그러므로 14세기 초에 비해 훨씬 더 촘촘해진 그물망을 보여준다. 물론 이것이 동질적인 그물망이라는 뜻은 아니다. 상이한 대학이 매우 다양한 제도적·문화적 모델(남부에서는 주로 볼로냐 모델, 북부에서는 주로 파리 모델)을 따랐을 뿐만 아니라, 대학의 위상도 결코 균등하지 않았다. 가장 오래된 대학들(파리, 옥스퍼드, 볼로냐, 살라망카)은, 약간 수그러들었다고는 해도, 영예의 크기, 영향력의 폭,

(수천 명 선에 이르는) 인원수의 규모에서 여전히 월등한 위치를 고수했다. 반면 신설 대학 중에는 그 지방 영역을 넘어서지 못한 채 수백 명, 심지어 수십 명의 구성원으로 근근이 명맥을 유지하는 경우도 있었으니 비교가 무색하다. 신설 대학 가운데 훌륭한 성공 사례도 있었지만(프라하, 크라쿠프, 루뱅, 쾰른, 캉) 다른 여럿, 특히 이베리아반도의 대학들은 교육 수준에서나 인원수에서나 범상한 수준에 머물렀다. 신성로마제국의 대학 중 일부는 사실상 학예부로 수렴되었고, 상급 학부들은 뼈대나 겨우 남아 있는 경우가 잦았다.

이상의 유보 사항에도 불구하고, 14~15세기에 생겨난 대학들은 유럽 문사 엘리트의 교육 조건에 상당한 영향을 끼쳤다. 파리와 옥스퍼드를 제외하면 본질적으로 남부 유럽의 것이던 제도가 서구 전체에 일반화된 것이다. 지중해권, 예컨대 프랑스 남부나 스페인에 새로 설립된 일반 학당도 물론 있었지만, 새로운 물결을 타고 세워진 기관들의 주요 수혜자는 게르만권이었다. 그때까지 이 지역은 대학 제도를 전혀 모르고(혹은 거부하고) 있었고, 학업 지망생들은 프랑스나 이탈리아로 먼 여행을 떠나야 했다. 또한 비교적 변방에 자리한 여러 왕국들(스코틀랜드, 스칸디나비아반도, 폴란드, 보헤미아, 헝가리)이 대학 지도에 등장했다는 사실을 짚어두자. 이는 그 지역들이 서구 문화권에 더 깊이 통합되었음을 보여준다.

신설 대학들이 제공하는 교육의 폭은 일반적으로, 적어도 서류상으로는, 거의 완전한 것이었다. 같은 시기, 기존 대학 몇몇이 신규 학부(특히 신학부)의 창설을 통해 보완되기도 했다.

그렇지만 신설 대학에서 의학부는 대개 존재하지 않는 것이나 같았고, 신학은 다소간 수도회들이 독점했다. 그러니 가장 중요한 학부는 적어도 유럽 북부 지역에서는 학예부, 또 어느 곳에서나 법학부였다. 그 결과로 앞 장에서 정의한바 문학·철학 교양이—파리의 모태alma mater[81]와는 비할 수 없는 수준이라고 해도—더욱 널리 퍼져나갔으며, 동시에 교회 법률가와 세속 법률가를 막론하고 로마법의 감화를 받았다 할 만한 학인 법률가들의 수도 늘어났다. 더욱이 거의 모든 신설 대학 운영에서 중심 역할을 맡은 것은 동료회 형태로 집결한 법학 전임 교사들이었다.

이처럼 법학에 특혜가 주어졌다는 사실은 당시의 움직임에 정치적 측면이 있었음을 감지하게 해준다. 중세 동안 모든 대학의 탄생과 발전에 외부 권력의 지원이 불가결했다고 한다면, 14~15세기에는 외부 권력이 흔히 기획의 발의권을 가졌다. 여기 덧붙여야 할 사항으로, 이런 역할을 하는 권력은 이제 주로 군주나 도시의 권력이었다. 교황권으로 말하자면, 그 개입은 세속 권력의 요청에 따라 흔히 사후적으로 대학의 신설을 추인하며 일반 학당의 고전적 지위를 보장해 주는 선에 그쳤다. 물론 실패의 사례 혹은 제대로 시작도 못 해본 사례가 어느 정도 존재하는 데서 알 수 있듯 정치적 의지만으로는 충분하지 않았다. 유리한 조건, 즉 선행하는 학교 전통이나 충분히 강력한 사회적 요구가 함께 필요했던 것이다.

그렇지만 현대적 국가와 군주령이라면 그 나라가 필요로 하는 종교 엘리트와 특히 행정 엘리트를 양성하기 위해 이들을 외국 대학으로 보낼 필요가 없도록 마땅히 자체의 대학을 보유해야 한다는 생각이 점점 더 확고해져 갔다. 1427년 툴루즈에서 쓰인 한 텍스트가 그 점을 선언한다. "모든 군주는 자기국가 안에 대학을 가져야 한다."[82] 왕세자 루이(장래의 프랑스왕 루이 11세Louis IX)는 도피네 지방 발랑스 대학의 창립을 알리는 편지에서 같은 내용을 분명히 말한다. "우리에게 속한 나라나 땅에 대학을 창립하는 것은 더없이 적절하고 불가결하고 당연한 일이라 여겨진다. (…) 실상 자기 영토에 대학이 세워지지 않은 군주가 드문데 우리 영토에는 대학이 하나도 없었다."[83] 군주가 세운 이들 대학은 대개 국가나 군주령의 수도에, 적어도 군주와 특별한 관련이 있는 도시에 자리 잡았다. 설립과 동시에 주어진 규정은 대학에 자율적 제도를 마련해 주면서도 외부 권력과 그 대표자가 통제하고 개입할 수 있는 폭넓은 여지를 남겨두었다. 의도가 가장 뚜렷한 조치는 흔히 교수들이 (혹은 적어도 그중 일부가) 이제 군주로부터 보수를 받으며 그 대신 군주는 교수 임명에 감시권을 행사하는 것이었다. 이탈리아의 경우 흔히 학관savi 혹은 학당 개혁관Riformatori dello Studio이라는 관리가 따로 지명되어 대학 사무를 관장하고는 했다.

얼마간 저항은 있었지만, 기존 대학들 역시 이 흐름을 피할 수 없었다. 프랑스의 경우만 살펴보자면, 왕권 강화가 유난히 일렀던 이 나라에서는 15세기 동안 기존 대학(파리, 오를레앙, 툴루즈)이 왕의 후견 아래 혹은 왕에게 속한 고등법원이나 관리의 후견 아래로 넘어간다. 갖가지 개혁이 강압적으로 부과되었고, 교사와 학생의 사안 일체가 왕국 법정의 손에 들어갔으며, 오래된 특권을 손쉽게 남용하는 행태가 엄정하게 단속되었고, 얼마 안 가 파업권마저 문제시되었다.[84] 이상의 구속에 이런저런 특혜가 수반되지 않은 것은 아니었다. "진정한 학생"은 여전히 특권(무엇보다 조세의 특권)을 누렸고, 샤를 5세 이래 프랑스 왕은 대학을 그의 "장녀"라 부르고는 했다. 이는 곧 대학의 요구에 따라 그 영예를, 지적·도덕적·정치적 권위를 인정해 준다는 뜻이었다. 1405년 상서 제르송의 입[85]으로 다시금 주장될 이 특혜에는 그러나 한 가지 조건이 있었다. 대학의 권위가 이제는, 본래 교황이 내려준 특권에 따라 대학의 마땅한 자리로 간주되던 보편주의적 수준에서가 아니라, 국가제도와 군주에 대한 충성의 틀 안에서 발휘되어야 한다는 것이었다.

중세 말 대학 제도가 쇠퇴했다고 말하기 어렵다는 사실은 학생 인구에 대한 통계적·사회적 분석으로도 확인된다. 여전히 불완전한 문헌(바티칸 교황청 문서 대장에 보존된 대학 청원서rôles de suppliques, 신성로마제국 내 대학의 것밖에 거의 남아 있지 않은 명부matricules)을 바탕으로 몇 가지 가설적 수치를 제시해 볼 수 있다.[86] 15세기 초, 다양한 위기 요인(전쟁, 페스트, 교회 대분열)이 일부 외국인 학생들을 도망치게 했을 터임에도 불구하고, 파리 대학은 아직 4000여 명의 학생을 모을 수 있었고 그중 4분의 3은 학예부에 속했다.[87] 법학이 우세한 주요 지방 대학들(앙제, 오를레앙, 툴루즈, 몽펠리에, 아비뇽)은 다섯 모두를 합쳐 그 정도의 수를, 즉 경우에 따라 각각 500에서 1000명쯤을 모을 수 있었다.[88] 잉글랜드에서는 1348년 대규모 페스트가 지나가자 옥스퍼드 대학이 빠르게 이전의 인원수를 회복했고,[89] 심지어 성장을 계속하여 15세기 중 약 1700명에 이르는 학생을 보유하게 되었다. 그동안 케임브리지의 학생 수는 수 세기에 걸친 지연을 조금씩 만회하여 1300명에 이르렀다.[90] 지중해권에 대해서는 정확한 수치가 남아 있지 않으나, 볼로냐는 2000~3000명의 학생을 헤아렸을 것이고, 파도바의 경우 15세기 한창 약진할 때 1000명에 근접했다.[91] 전반적 추산을 시도해 볼 수 있었던 유일한 나라는 독일이다. 라이너 크리스토프 슈빙게스의 조사는 인상적인 결과를 제시한다.[92] 14세기 말에야 대학 제도를 도입한 이 나라는 이후 100년이 넘도록, 비록 경제활동의 변동과 이어져 있을 주기적 리듬의 영향을 받기는 했지만, 거의 끊이지 않는 성장세를 보인다. 1385년부터 16세기 초까지 도합 25만 명에 가까운 학생이 신성로마제국에 있는 대학들에 등록했다. 전체 인구는 1450년 무렵까지 줄어들었다가 침체기를 겪은 뒤 16세기에야 성장을 재개하는 반면, 연간 평균 등록 건수는 한 세기가 조금 더 지나는 동안 (300에서 3000으로) 열 배가 된 것이다. 그러니 설령 이들 학생 중 절대다수가 학예부 단계를 넘어서지 못했고 학위조차 따지 않은 이들이 많았다고는 해도, 독일 사회 안에서 식자 수가 늘어났다는 점은 확실하다(더욱이 같은 시기, 독일의 젊은 학생들 중 가장 야심 차고 유복한 이들은 여전히 이탈리아 대학에, 혹 그보다 드물게는 프랑스 대학에 다녔다).

그러므로 종합하면, 비록 기존 대학이 신설 대학과의 경쟁을 불평하고는 했지만(파리는 캉과 부르주처럼 너무 가까운 곳에 대학이 세워지는 것을 특히 힘주어 규탄할 것이었다), 시대의 불행과 일반적 인구 위기에도 불구하고 중세 말에 학생 수가 전체적으로 크게 증가했다는 추정은 십중팔구 타당하다. 가장 유서 깊은 일반 학당의 인원수가 정체되었다 한들 이미 높은 수준이었고, 게다가 그 정체는 신설 대학의 증가로 상쇄하고도 남는다. 신설 대학 중 다수가 기껏해야 수백 명의 청중밖에 끌어들이지 못했다고 해도 그렇다.

　따라서 그와 비슷한 비율로, 대학을 나온 학위 취득자의 수 역시—특히 학예부에서, 또 우리의 논의에 더 중요한 법학에서—증가했을 것이다. 물론, 설령 학업 기간이 점점 짧아지는 추세를 보이기는 했어도, 학업이 뚜렷한 선별적 성격을 유지했다는 점은 거의 확실하다. 게르만권 학예부에서는 절반 이상의 학생이 아무 학위도 얻지 못하고 대학을 떠났다. 법학·의학의 상위 학부 또한—적어도 계산이 시도된바 있는 독일과 프랑스 남부에서는—같은 수준의 탈락률을 보인다. 학생 중 3분의 1만이 준교사에, 10퍼센트 이하가 학사에, 말할 것도 없이 그보다 더 적은 수가 박사에 이르렀다.

　14~15세기를 거쳐 유럽 대학 인구가 전체적으로 증가하는 동안 그 구성도 바뀌었을까? 딱 잘라 결론을 내릴 수는 없지만, 최근 연구의 성과에 따른다면 적어도 지역화와 사회적 폐쇄성의 두 가지 경향이 있었다는 전통적 진단을 상당 부분 교정하게 된다.

당시 신설 대학의 영향권은 일반적으로 해당 지역, 기껏해야 해당 국가에 머물렀다. 게다가 군주가 신민에게 자국 바깥의 다른 대학에 다니는 것을 금지하기도 했다(1444년 베네치아 정부의 조치가 그랬다. 파도바가 베네치아 육지 영토에 편입된 이래 그 신민들은 파도바 대학에 다녀야 했다). 반면 기존 대학은, 먼 곳에서 온 학생 비율이 낮아졌을 수는 있지만, 여전히 활발한 학업 순례 peregrinatio academica의 교차로였다. 이전에도 그랬듯 가장 이동이 잦은 것은 독일 학생들(다음으로는 슬라브권과 스칸디나비아반도 출신의 학생들)이었고, 각광받은 주요 거점은 한편으로 파리(세속법 분야에서는 오를레앙의 협조를 받았다), 다른 한편으로 이탈리아 대학들(물론 볼로냐가 우선이지만 파도바, 파비아, 시에나, 피사, 페루자 등도 있고, 이들은 점점 더 중요해진다)이었다. 특히 1440년대 이후 여행에 더 알맞은 시국이 돌아오고 이탈리아 인문주의의 인력이 강해지면서 "이탈리아 여행"이 이례적인 인기를 얻기도 했다. 전통적으로 이탈리아반도를 오가던 게르만권 학생들의 행렬에 이제는 점점 더 많은 프랑스, 잉글랜드, 이베리아 출신이 합류했다.[93]

　우리의 화제와 관련하여 그것이 뜻하는 바는 다음과 같다. 비록 현지에서 더 적은 비용으로 교육받게 된 식자층 대다수의 지리적 지평이나 대인 관계 경험이 적잖이 제한되었다고는 해도, 언제든 적어도 엘리트층에 속한 일부 개인은 젊은 시절부터 장기간 유학을 다니면서 열린 정신을 기르고 면식을 쌓고 인맥을 넓혔다. 그로써 중세 말부터 적어도 맹아적인 형태의 "문예 공화국république des lettres"이 있었다고 말할 수 있다. 이렇게 서구 전체를 가로질러 맺어진 끈은 이후 학문적 서신 교환이나 외교적 임무를 통해 유지되었다. 프랑스에서 샤를 6세 시대에 왕의 공증인 겸 서기로 일하던 인문주의자 집단은 피렌체나 나폴리의 동료들과 지속적인 관계를 맺었다. 중부 유럽의 경우, 프라하에서 카를 4세Karl IV, 1346~1378가, 빈에서 합스부르크의 프리드리히 3세Friedrich III von Habsbourg, 1440~1493가, 부다페스트에서 후녀디 마차시Hunyadi Mátyás, 1458~1490가, 크라쿠프에서 카지미에시 4세 야기엘로치크Kazimierz IV Jagiellończyk, 1447~1492가 연 세계주의적 궁정에서는 이탈리아 인문주의자들이 한때 볼로냐나 파도바에서 수학한 현지 학자들과 해후하고는 했다. 이들 사례는 대학 그물망 덕분에 대학 출신자가 이후 경력에서도 보편주의적 개방성을 간직할 수 있었음을 보여준다.[94]

대학 수학은 사회적 상승에 유리한 조건이 되었는가, 아니면 오히려 소수 식자층이 세습 카스트를 형성하는 경향을 재촉했는가? 이 점에 대해 사료는 단편적 정보를 제공할 뿐이며, 더욱이 대학마다 상황이 달랐음을 보여주는 듯하다. 예를 들어 1400~1530년 사이 볼로냐 대학에 다닌 독일 학생 중 귀족의 비율은 약 18퍼센트에 달한다. 하지만 1400년 무렵 프랑스 남부 대학들에서 그 비율은 5퍼센트에도 미치지 못한다. 거꾸로 신성로마제국 소속 지역들의 대학 명부에서 "가난한" 학생들—여기에는 진짜 민중 출신의 학생들 외에 대학 등록금 납부에 일시적 곤란을 겪던 학생들도 포함될 테지만—은 평균

15퍼센트를 점했고, 이 수치는 쾰른, 라이프치히, 하이델베르크, 로스토크에서 25퍼센트까지 오르지만, 지중해권에서 이들은 매우 드물었던 듯하다.[95]

수많은 개별 사례를 들어 상황이 무척 다양했음을 보여주기란 사실 손쉬운 일이다. 요컨대 대학의 인원 모집은 사회적으로 열려 있었는데, 다만 각 집단의 정확한 비율을 규명할 수는, 혹은 장기적으로 인원 모집의 양상이 현저히 바뀌었는지를 말할 수는 없다. 보잘것없는 출신, 가령 시골 출신 젊은이가 학업과 학위를 통해 훌륭한 경력을 쌓을 수 있는 가능성은 중세 말까지도 확실히 남아 있었다. 장 제르송을 생각해 보면 된다. 그러나 마찬가지로 분명한 것은 일부 집안, 특히 의사나 관리 집안에서는 아들이 아버지의 뒤를 이어 가족의 소명을 영속시키기 위해 학업을 거치는 것이 당연한 관례로 자리 잡았다는 사실이다. 끝으로, 일부 구舊 엘리트층(간혹 위기의 우여곡절을 겪게 된 구귀족이나 상인 가문)이 일종의 직종 변환을 통해 후손을 한창 부상하는 식자층 집단에 편입시킴으로써 그들의 사회적 지위를 물려주는 일도 필시 있었을 법하다.

어쨌거나 분명한 것은, 사회적 출신을 불문하고 거의 모든 학생이 특정한 위험들을 피하게 해줄 안정적인 처지를 추구했다는 점이다. 이를 위해 그들은 정치권력 기관의 직간접적 세력권 안에 들어가고자 했다. 학생들 가운데 몇몇 주변인이나 낙오자가 있기는 했지만(대표적인 인물로 프랑수아 비용François Villon을 떠올릴 수 있는데, 그조차 주기적으로 이런저런 군주의 후원 아래 자신을 건사해 보려 했다), 전체적으로 중세 말의 학생이란 기성 질서를 존중하면서 그 안에서 자기 자리를 찾아 지키는 데 주로 관심을 둔, 사회적으로 순응주의적인 인구 집단을 표상했다. 대학 도시 연대기에서 학생과 도시주민 사이 혹은 학생과 국왕 순찰대 사이의 마찰은 중세 말 동안 비교적 드물어져 간다. 대개 학생의 젊은 혈기나 권력의 공공질서 강화 의지 탓으로 돌릴 수 있는 이런 마찰은 흔히 법정에서 타협책으로 마무리되었고, 마찰이 있다고 해서 대학이 기성 제도 질서에 속한다는 사실이 문제가 되지는 않았다. 그질서가 어느 정도 경직되어 가고 있다는 점 외에, 기껏해야 그안에서 잠재적 경쟁 집단에 맞서 스스로의 특유성과 위상을 인정받으려는 대학인들의 의지를 드러낼 뿐이다. 실제로 파리나 툴루즈의 고등법원 판사들은 왕권 의지의 대변자로서, 하지만 동시에 (그들 자신이 대학 학위 소지자인지라) 자기네 카스트의 이해를 옹호하고자 대학을 후견 아래 두려고 애쓰기도했다. 몽펠리에에서는 유서 깊은 상인 가문이 법률가들을 시정부에서 떼어놓으려 애썼다. 바르셀로나 유지층은 1450년까지 아라곤 왕가의 대학 설립 의지에 반대했다. 대학이 설립될경우 군주와 교회를 섬기며 출세한, 도시의 전통적 자유권에는 별 애착이 없는 성직자와 관리 집단의 약진이 수월해질까봐 우려했기 때문이다.[96]

사회의 지도적 집단 안에 포함되려는 의지를 실현함에 있어서 실제 대학 학업의 역할은 분명 매우 중요했다.

우선은 앞 장에서 보았듯 대학에서 배우는 교과들 자체가하나같이 적법한 지식 질서에 속했고 이 질서는 사회·정치적 지배 질서와 온전히 조응했기 때문이다.

다음으로는 학생과 교사가 그들의 사법적 지위 덕분에 애초부터 특권층이었기 때문이다. 위계 사회가 점점 더 복잡하고 완고한 모습으로 자리 잡아가던 시대에 특권을 갖는다는 것은 매우 값어치 있는 일이었다. 중세 말, 학생이 된다는 것은 각자의 이전 지위가 무엇이든 이제 특권적 신분에 진입하게 됨을 의미했다. 그것은 조세를 그리고 일반 사법의 가장 혹독한 형태를 회피할 수 있다는 것이고, 특정 유형의 수입(현지 부임 의무 없는 성직록 수입)을 요구할 수 있다는 것이고, 대학 담당 "특권 관리관conservateur des privilèges"을 통해 개입하는 세속 혹은 교회 최고 권력기관의 직접 보호 아래 자리 잡을 수 있다는 것이다. 학위 취득에 성공하기도 전에, 단지 대학에 등록했다는 것이 이미 나름의 사회적 신분 상승이었다.

특권을 수련하는 기간으로서 대학 생활은 책임을 수련하는 기간이기도 했다. 대학은 분명 중세 말 정치적 개인주의의 발전을 촉진했다. "학업을 위해" 집을 떠난다는 결정은 근본적으로 개인적인(기껏해야 가족적인) 결정이었으며, 장래에 신분 상승을 약속받는다고는 해도 일단은 어느 정도의 위험과 낯선 생활을 대가로 치러야 했다. 학업에서도 좋은 결과를 거두려면 수동적으로 수강한 교사의 강의를 보충하기 위해 집이나 대학에서 어느 정도 스스로 공부를 해야 했다. 준교사bacheliers로서 강해lecture를 맡거나 토론 수업에 참여하면서 학생은 공적으로 의사를 표현하고 입장을 취하는 데, 경우에 따라 적수들과 논변으로 맞서고 가능하다면 그들을 무찌르는 데 익숙해졌다. 게다가 대부분 대학에서 학생과 젊은 학예 석사는 갖은 회합과 자문회 논의에서 발언권을 가질 수 있었고, 선출직을 수행할 수 있었고, 외부 권력기관에 대해 대학을 대표할 수 있었다. 끝으로 시험은 언제나 구두로 치러졌는데, 준교사 자격 시험은 비교적 간단했고 학사와 박사 시험은 훨씬 더 형식화되어 엄숙한 모습을 띠었다. 이들 시험은 어느 정도 개인의 능력을 과시하게끔 고안되었다. 각자는 학식뿐만 아니라 기억력, 대응력, 성격에서 자질을 펼쳐야 했고, 하물며 시험 뒤 기쁨의 순간에는 후하게 베풀 줄도 알아야 했다. 이런 모든 활동에 부여한 중요성을 감안해 볼 때, 대학은 확실히 특정한 지식장비뿐만 아니라 사회·정치적으로 쓸모 있는 요령과 능란함을 갖추어 줌으로써 식자 양성에 기여했다.

하지만 개인주의가 대학에서 얻을 수 있는 인간 경험의 마지막 도달점이었던 것은 아니다. 이 경험은 사회성의 경험, 즉 중세 말 사회 전체를 그토록 강력하게 구조화했던 인척·우애·파벌 관계의 그물망 속에 더 깊이 포섭되어 가는 경험이기도 했다. 대학의 사회성은 우선 학인scolares 공동체에 속한다는 사실, 동일한 특권을 공동으로 향유한다는 (그리고 때에 따라 그것을 파업이나 다른 수단을 이용하여 집단적으로 수호한다는) 사실에 기반을 두었다. 하지만 이 사회성은 아마도 더 낮은 수준의 단위에서 더 온전히 표현되었을 것이다. 학교는 교사와 학생으로 구성된 연합societas으로 여겨지기도 했던바 이런 단위 중 한 가지가 될 수 있었다. 더 중요한 역할을 한 것은 같은 교과를 배우는 학생들이 모인 학부였고, 그보다 중요한 것이 동향인끼리 모여 만든 "지역반nation"이었다. 지역반은 신입생을 행정적으로 책임졌을 뿐 아니라 공동 여가, 종교 생활 통제, 자선을 통한 상호 부조를 도맡았다. 가장 뛰어나거나 가장 부유한 학생은 그 안에서 친구들이나 자기에게 신세 진 이들을 모아 작은 패거리를 꾸릴 수 있었고, 이들은 앞으로의 이력 내내 그에게 충실했다.

그렇지만 중세 말 대부분의 대학에서 대학의 사회성을 단연 탁월하게 표현하는 장소로 자리 잡은 것은 학숙collège이었다. 학숙은 늘 소수의 학생만 받아들였지만(1450년 무렵에는 파리나 옥스퍼드에서 10명 중 1명, 케임브리지에서 6명 중 1명, 툴루즈에서 4명 중 1명꼴이었다) 그 중요성은 강조되어야 마땅하다. 최초의 진정한 학숙은 13세기 중반 파리와 옥스퍼드에서 나타났다. 이후 14~15세기 동안 그 수가 늘어났는데, 창립자는 흔히 고위 성직자나 군주, 왕국의 고위 관리였다. 수도자들의 거처를 제외하고 보면, 14세기 파리에 세워진 재속 성직자 학숙의 수는 37곳으로 추산되며, 반면 옥스퍼드는 5곳, 케임브리지는 7곳이었다. 15세기에 흐름이 잦아든 것(파리 12곳, 옥스퍼드 3곳, 케임브리지 5곳)은 제도가 퇴조했기 때문이라기보다 포화 상태에 이르렀기 때문이다. 독일과 중부 유럽 신설 대학들의 경우, 학숙 제도가 알려지지 않은 것은 아니지만 그만큼 대대적으로 도입되지는 않았다. 지중해권에서는 학숙 제도가 어느 정도 성공을 거두었다. 15세기 말에는 툴루즈에 14곳, 몽펠리에에 3곳, 아비뇽에 3곳, 볼로냐에 3곳의 학숙이 있었다. 이베리아반도에서도 몇 곳을 꼽을 수 있는데, 이들 학숙의 미래는 창대할 것이었다.

　원론상 가난한 학생들을 위한 기숙 시설이었지만 대체로는 창립자의 친지나 동향인에게 할애되었던 중세 학숙이 학부와 직접 경쟁하는 교육 시설이 된 것은 매우 점진적인 과정이었다. 15세기 말까지도 모든 학숙이 그렇지는 않았다. 하지만 자체 강의와 별도의 담당 교사 조직이 마련되지 않은 경우에조차 모든 구성원이 상당히 엄격한 규율에 따른 공동 기숙 생활을 영위하기 때문에, 다소간은 장학생들 스스로에 의해 집단적으로 운영되었기 때문에, 그리고 친구 사이의 교류나 지적 교류, 공동 작업 등의 숱한 기회가 제공되었기 때문에(여러 학숙이 일찍부터 도서관을 갖추었다), 학숙은 운 좋게 받아들여진(그리고 흔히 여러 해 동안 머무른) 구성원들 사이에 강력한 단결심을 불어넣었다. 학숙에서 맺어진 연대 관계는 매우 오래 지속되었고, 이런저런 학숙 "출신자anciens"들은 이후 경력 동안 같은 학숙을 나온 이들을 우대하고는 했다. 가장 확연한, 16세기 절정에 달할 사례는 살라망카·바야돌리드·알칼라데에나레스의 대학숙colegios mayores(하나를 더한다면 스페인 학숙이라고도 불리던 볼로냐의 산클레멘테 학숙이 있다)이다. 이들 학숙은 근대 스페인 왕정을 위한 행정 엘리트 양성소의 기능을 거의 독점하게 되었다. 옥스퍼드나 케임브리지, 파리에서도 유사한 경향이 관찰된다. 파리 대학의 경우, 뛰어난 재속 신학자의 산실이었던 소르본 학숙이 우선은 강력한 지적 생활의 현장으로서 훌륭한 도서관을 자랑하는 한편으로 당대의 정치적 부침에서는 애써 어느 정도 거리를 두었던 반면, 나바르 학숙(1305년 프랑스 왕비 잔 드 나바르Jeanne de Navarre가 창설)이나 도르망-보베 학숙(1370년 보베의 추기경 장 드 도르망Jean de Dormans이 창설)은 왕정과 그에 속한 주요 행정 부서, 즉 상서국 및 고등법원과 긴밀한 관계를 유지했다. 샤를 6세 시대 정치와 지식 양쪽의 엘리트 중 상당수가 이들 학숙을 나왔다(가령 피에르 다이Pierre d'Ailly, 장 드 몽트뢰유, 니콜라 드 클라망주, 장 제르송 같은 "초기 프랑스 인문주의자들").[97] 수십 년 뒤에는 루뱅의 "교습소pédagogies" 4곳이 네덜란드에서 비슷한 역할을 맡았다.

그러나 학숙이 대학 인구 중 엘리트층을 점점 더 끌어당기는 추세를 띠었다면, 그것은 동시에 중세 대학 교수법 정신의 근간이 되는 원칙 몇 가지를 문제시하기도 했다. 학숙은 엄격한 규율을 강제하고 교육 과정을 일정하게 통제함으로써 학생의 자유를 제약했다. 각 학숙의 인원 모집과 기능 방식을 주재하는 특수한 원칙들은 대학의 기존 보편주의와 대립했다. 대학에 대해서는 외부인이지만 학숙 제도의 원활한 운영을 책임지던 창립자, 사감, 감사관의 개입에 학숙은 문을 활짝 열었다. 이 점에서 학숙은 비록 대학의 품 안에 남아 있었다지만 오히려 중세 말 서구에서 융성하기 시작한 다른 유형의 비대학 교육 시설들과 친연성親緣性을 띠었다. 전통적 대학 학업의 중압과 부실함에 질린 학인들을 위해 새로운 장소들이 나타난 것이다.

3. 새로운 기관들

지금 관건은 현실에서 지역적이고 분산되어 있던 기획들을 빠짐없이 망라하여 목록을 만드는 것이 아니다. 단지 새로 창립된 이들 기관의 예를 몇 가지 제시해 볼 텐데, 그 기관들의 공통점이란 대학 곁에서, 꼭 대학의 모든 유산을 배척하는 것도 아니면서, 새로운 교과에 개방된 교육 형식을, 학생의 기대와 역량에 더 적합하다고 여겨진 교습 방법을 제안했다는 데 있다.

이 분야에서 탁발 수도회들이 선구적 역할을 했을 수 있다. 이들 수도회는—도미니코회는 1220~1230년대부터, 프란치스코회는 조금 더 늦게, 카르멜회와 성 아우구스티누스 은수자회는 13세기 말부터—학업에 진정한 적성을 보이는 젊은 구성원들을 위해 특별히 세워진(외부 청강생 몇 명쯤은 들어갈 수 있었지만) 수도원 학당의 일관된 그물망을 갖추었다. 학당들은 각 관구마다 위계 지어진 집합체를 이루고, 학생은 개인의 진도에 따라 그 안을 옮겨 다닌다. 먼저 문법학교에 다닌 다음에는 상급자에 의해 학예(즉 논리학), 자연철학, 성서, 신학을 가르치는 학당들로 보내졌다. 그중 해당 수도회의 일반 학당이라 칭해지는 가장 중요한 학당들은 파리와 옥스퍼드 같은 대학 도시에 세워져 현지 신학부에 통합되어 있었다. 이곳에서는 수도회의 모든 관구에서 온 학생들을 받아들여 수도원 내부용 "강사lecteur" 자격뿐 아니라 신학 학사·석사라는 진짜 대학 학위를 수여할 수 있었다. 그럼에도 탁발 수사들의 학교 그물망은 근본적으로 자율적이어서, 대학의 그것과는 구별되었다. 하지만 이들 학당에서 제공되는 교육은, 문법·학예 입문 교육에서나 이후의 신학 교육에서나, 매우 빠르게 대학 교육의 유형을 본받아 그만큼의 깊이와 그만큼의 현대성을 띠었던 듯하다.

바로 이 탁발 수도회 학당을 본뜬 것이었을까? 어쨌든 서구 여기저기서 14세기 말 수십 년 동안 몇 가지 대형 학숙이 출현했다. 이들 기관은 학생들을 기숙사에 거주시키면서 문법·학예·철학을 우선적으로 지도했다. 목적은 뚜렷하다. 전통적 문법학교는 너무나 빈번히 부실하고 대학 학예부의 수는 적은 상황에 대처하려는 것이었다. 그렇게 1363~1373년간, 교황 우르바노 5세Urbanus V, 1362~1370와 그레고리오 11세Gregorius XI, 1370~1378는 프로방스와 바랑그도크 지방, 트레즈, 생제르맹드칼베르트, 생로망드레기유, 지장, 아비뇽, 카르팡트라스에 대규모의 학숙을 세웠다(그중 일부는 최대 200명의 기숙생을 수용할 수 있었다). 이들 학숙은 교황 궁무처의 재정 지원을 받아 아비뇽과 몽펠리에 대학(십중팔구 법학부)에 진학할 장래 학생에게 학예와 문법을 가르쳤다.[98] 처음에는 부인할 수 없는 성공을 거두었지만, 이 시설들은 높은 비용과 기숙사 내에서 기승을 부린 전염병의 희생양이 되어 곧 문을 닫아야 했다.

왕국 상서이기도 했던 위컴 주교 윌리엄William of Wykeham이 1382년 잉글랜드 윈체스터에 세운 학숙은 유사한 발상에서 출발했지만 비할 수 없이 더 지속적인 행운을 누리게 될 터였다. 이미 1379년 중세 옥스퍼드에서 가장 규모가 큰 학숙인 뉴 컬리지(수용 인원 70명)를 세운 이 권세가의 생각은 곧이어

바로 이 대학 학숙의 장래 입사생들fellows이 자기 주교관 구역 안에 세워진 학숙에서 좋은 조건의 예비 교육을 보장받을 수 있으리라는 데까지 미친 것이다. 이후 모든 잉글랜드 퍼블릭 스쿨public schools의 조상이 될 이 학숙을 모방하여 수십 년 뒤인 1440년 국왕 헨리 6세Henry VI는 이튼Eton 컬리지를 세웠다.

파리에서는 같은 유의 기관이 창설되지 않았다. 그 대신 대학에 직접 포함되지는 않되 그 권역에 있던 소규모 문법학교가 출현했다. 8~16세의 아이들이 여기서 라틴어의 기초를 공부한 다음 엄밀한 의미에서의 학예부에 진학했다. 그중 가장 상세한 기록을 남긴 사례로 1336년 고등법원 조사실장인 장 드 위방Jean de Huban이 세운 아베마리아 학숙이 있다.[99]

하지만 근대식 "전 과정" 학숙collège "de plein exercice"의 진정한 전조를 여기서 찾지는 말아야 한다. 거기에는 두 가지 기원이 있는 듯하다.

먼저 14세기 마지막 몇 해부터 공동생활 형제회Frères de la Vie commune와 빈데샤임 참사회가 네덜란드에 세운 학교들이 있었다. 서로 긴밀했던 두 수도 조직은 1380년대 생겨난 이래 소박한 신비주의에 매료된 신심 깊은 정신들을 모아들였다. 이들은 중세 말 북유럽에 특징적인, 흔히 현대적 신앙devotio moderna이라 불리는 종교적 흐름을 표현했다. 형제회와 참사회는 당시 온갖 불행(교회 대분열의 위기가 한창일 때다)에 책임이 있는 대학 박사들의 오만과 성직자층의 비행을 나란히 규탄하는 한편, 활동적 삶과 관조적 삶이 결합된 공동체들을 세웠다. 활동적 삶의 일환으로 선택된 소명들 가운데서도 그들은 곧 아이들을 위해 학교를 여는 일에 매진했다. 엄격한 규율과 주의 깊은 종교적 감독 아래, 아이들은 성경 읽기와 기도 생활에서 직접 자양을 얻으며 보다 개인적인 종교 생활의 훈련을 받고, 문법과 논리의 기본을 익힐 것이었다. 공동생활 형제회가 최초로 규모 있는 학교를 세운 곳은 데벤테르와 즈볼러였다. 곧 부르고뉴 공작령에 걸쳐 학교의 수가 늘어났고, 형제회는 루뱅, 심지어는 파리 같은 대학 도시에도 자리 잡았다. 형제회의 학생 중에는 알다시피 에라스무스Desiderius Erasmus, 1466?~1536를 비롯해 장래 유럽 북부 인문주의를 대표할 인사들이 여럿 있었다. 그들의 교육은 사뭇 전통적이었고 아이들에게 때로는 지나치게 엄격한 규율이 부과되기도 했다. 그렇지만 몇 가지 교습법의 혁신은 공동생활 형제회의 공로로 돌릴 만한데, 가장 주목할 만한 점은 진정한 의미의 수준별 학급을 만들었다는 것이리라. 반복을 핵심으로 하는 구식 교육 과정이 체계적 진도로 대체되어, 아이는 나이를 먹고 교과에 숙달됨에 따라 점점 더 어려운 텍스트와 과제를 접했다. 이 방안은 16세기에 일반화될 것이었다.

근대 학숙의 또 다른 요람은 이탈리아 북부 인문주의였다. 베로나의 과리노 과리니Guarino Guarini, 1374~1460가 가장 잘 알려진 경우일 텐데, 그를 위시한 몇몇 교육자에 의해 인문주의적 합숙contubernium 방안이 정립된 곳이 바로 그 지역이었다. 비非대학 기숙사인 데다 유료인(게다가 비싸서 귀족층 위주의 인원 모집이 보장되었던) 인문주의적 합숙이 학생들에게 제공하는 교육은 구식 문법학교 교육에서 파생되었으되 새로운 요소를 더해 풍부해진 것이었다. 이곳에서는 수사가, 시인, 역사가를 포함한 고전 작가들을 대상으로 삼아 오랜 시간 동안 공부했다. 과리노가 완벽히 숙달하고 있던(그는 젊은 시절 콘스탄티노플에서 공부했었다) 그리스어도 소홀히 다루어지지 않았다. 다른 한편으로는 학생의 개성을 개화시키는 데 역점을 두었다. 신체적 훈련과 종교적 훈련이 번갈아 실시되고, 교사는 학생들 한 명 한 명에게 관심을 기울이며 신체적·정신적 균형을 살폈다.[100] 과리노에게는 수많은 모방자가 있었는데, 특히 비토리노 다 펠트레Vittorino da Feltre, 1378~1446가 만토바에 세운 기쁨의 집Casa giocosa은 인문주의적 합숙의 또 다른 좋은 예였다.

조금 다르기는 하지만, 15세기 베네치아에서 나타난 새로운 학교들을 이와 비교해 볼 만하다. 1400년이 지나고 얼마 되지 않아 열린 리알토 학교는 처음 파도바 학예부 및 그곳에서 가르치던 "아베로에스주의자" 철학자들의 권역에 있었다. 하지만 1441년 이래, 베네치아의 가장 큰 가문 중 한 곳 출신인 도메니코 브라가디노Domenico Bragadino의 지휘 아래서 국가의 지원을 받으면서 이 학교는 베네치아 유지층을 위한 인문주의 학업의 산실이 되었다. 같은 때 생겨난 산마르코 학교(1446년)는 장차 상서국에서 일할 젊은이들에게 문법·수사학 교과를 훈련시켰다.[101] 새로운 교과에 역점을 두고 지역 유지의 기대와 문화적 필요에 부응하며 공민적 목적을 분명히 하는 등, 베네치아의 새로운 학교들은 육지 영토 합숙들과 문화·정치적으로 뚜렷이 같은 노선에 속했다.

당연히 이들 이탈리아 기관의 지향은 공동생활 형제회 학교의 그것보다 (속되다고까지는 안 해도) 훨씬 더 세속적이었다. 그러나 적어도 전자와 후자는 원전—한쪽은 성경, 다른 쪽은 고전—으로의 귀환을 시도하는 데서, 또 유년기와 청년기에 고유한 적성을 고려하는 데서 공통점을 띠었다.

공동생활 형제회와 이탈리아 인문주의자들이 노골적으로 대학과 단절한 것은 아니었다. 그들은 간혹 대학에 포섭되기도 했다. 15세기 말 현대적 신앙의 주요 교육가였던 메헬런의 얀 스탄돈크Jan Standonck, 1453~1504는 파리에서 오래된 몽테귀 학숙을 개혁했고, 그 뒤 루뱅에 빈자의 집domus pauperum을 설립하는데, 이것은 이후 그의 이름을 따서 불리게 되었다(스탄돈크 학숙). 이탈리아의 경우, 페라라에 세운 과리노의 마지막 합숙이 1442년, 다시 열린 지 얼마 되지 않은 이 도시 대학의 학예부에 흡수되고 말았음을 예로 들 수 있다. 하지만 두 경우 어느 쪽에서도 교습 방식의 새로움이 덜해진 것은 아니다. 게다가 이 방식은 공표된 사회적 야심(전자는 종교적 훈련을, 후자는 문학·도덕·공민적 훈련을 강화함으로써 장래의 사회 엘리트를 양성한다는 것)으로나 교육 수준으로나 식자 집단의 형성과 갱신에 나름 기여하려 했다.

끝으로 상기해야 할 것은 중세 말에 전통적 도제식 교육 체계에서 뚜렷이 떨어져 나온 몇몇 직업 교육이 맹아적이랄까, 어쨌든 매우 분산된 형태로나마 등장했고, 아직 턱없이 멀기는 해도 조금씩 대학 교육의 실천 방식과 그 수준에 근접해 갔다는 것이다.

피사의 천재 계산가 레오나르도 피보나치Leonardo Fibonacci, 1170?~1240?의 시대 이래, 이탈리아 상업 도시의 주산 교사들은 장래의 상인들에게 상업 산술을 가르쳐 성공을 거두는 것만으로 반드시 만족하지는 않았다. 그들 일부는 이미 산술과 대수에서라면 대학 사과 교사 중에서도 필적할 상대가 없는 높은 수준의 학자였다.

일부 의학부 권역에서 최초의 진정한 외과 학교가 만들어진 것 역시 일단 이탈리아에서였음이 분명하다. 이 나라에는 공증인 양성을 위한 정식 학교도 있었을 것이다(반면 프랑스에서 공증인 양성은 여전히 도제식 교육으로 이루어졌던 듯하다).

전혀 다른 영역, 전혀 다른 지리적 공간에서지만 어느 정도 같은 경향에 속하는 현상으로 앞 장에서 언급한 잉글랜드 법원장Inns of Court이 15세기 전반 출현한 사실을 들 수 있다.[102] 이 이름(본디 여관에 자리를 잡았던 탓에 붙은 이름)이 가리키는 4곳의 법률 학교는 옥스퍼드나 케임브리지가 아니라 런던, 즉 왕국 수도 내의 왕국 재판소 인근에서 나타났다. 법원장과 나란히 상서장Inns of Chancery이 10여 곳 존재하기도 했는데 규모는 그만 못했다. 이들 각종 학교에서 장래의 판사나 변호사는 보통법(즉 잉글랜드 법정 전반에 적용되는 통합 관습법)에 입문하기 위해 법조 실무자들의 강의를 듣고 이들을 따라 재판 현장에 참석했다. 15세기 후반, 런던의 법원장들에 모이는 수강생은 200~300명에 이르렀던 듯하다. 이들 학교는 상당수의 왕국 법률가를 배출하여 로마법을 강의하는 대학 학부 출신과 대등한, 혹은 그 이상의 비율을 점했다. 이 시기가 되면 처음엔 다소 형태가 잡히지 않았던 교육 방식도 (수여할 학위가 없다는 점만 빼면) 엄격하게 조직되었고, 청중은 주로 직업훈련을 받으려는, 아니면 수도의 궁정과 관청 인사들과 어떻게든 쓸모 있는 관계라도 맺어두려는 젠트리gentry 계층의 기사나 시종의 아들들이었다.

목록을 더 연장할 수도 있겠지만, 이상의 몇 가지 예만으로도 15세기 들어—비록 전통적 대학 모델이 어디서든 상당한 영향력을 유지하고 있었지만—장래의 식자들에게 주어진 교육의 가능성이 눈에 띄게 다양해지고 있었음을 볼 수 있다. 이 다양성의 정도는 아마 이들 식자로 구성된 집단 자체가, 또 이들에게 할당된 사회적 기능이 끊임없이 중요성과 복잡성을 더해가는 정도에 비례했을 것이다.

3장
책

이 저작의 처음 두 장에서 이야기한 모든 내용의 분명한 결론
은 중세 말 서구 사회에서 식자란 책의 인간, 더 폭넓게는 글의
인간이라는 것이다.

물론 그런 면만 있지는 않았다. 식자는 말을 사용할 줄도 알
았다. 문법을 배운 덕에 라틴어나 현지어를 가리지 않고 의사
를 표현할 수 있었다. 논리학과 수사학 공부를 통해서는 올바
른 추론과 설득력 있는 증명의 기예를 익혔다. 오랫동안 기억
을 수련했기에 필기한 노트를 참고하지 않고서도 자기 지식의
기초가 되는 "권위들autorités"의 숱한 인용구를 내세울 수도 있
었다.

학생으로서는 펜의 도움 없이도 교사의 강의를 따라가거
나 토론에 개입하는 법을 배웠다. 교수로서의 교육 활동은, 대
학의 의무 조항 규정에 따라 적어도 이론상으로는, 미리 작성
한 텍스트를 낭독하는 것에 그치지 말아야 했다. 성직자로서
는 설교의 습관, 변호사로서는 변론의 습관을 들였다. 조언자
나 사절, 신분 간 회의의 구성원으로서는 군주나 군중에게 일
장 연설을 펼칠 수 있어야 했고, 소란 속에서 자기 뜻을 전하거

나 권세가들의 귀에 결정적인 몇 마디를 흘려 넣을 수 있어야 했다.

그래도 식자는 근본적으로, 일단 동시대인들의 눈에는 책과 글의 인간이었으며, 바로 그것이 다른 모든 사회 집단과 비교해 볼 때 식자들의 가장 뚜렷한 특유성 중 하나였다. 따져 보자면 결국 그들이 지식을, 그리하여 자신들의 사회적 역할 자체에 대한 정당화를 끌어낼 수 있었던 것은 바로 책으로부터였다. 그들만이 책을 읽을 수 있다고까지는 말하지 않더라도, 그들은 책을 능숙하게 다룰 수 있는 거의 유일한 집단이었다. 그들의 결정과 의견을 기록하고 보존한 책이나 문서고도 그들의 손안에 있었다. 평민들은 이 점을 놓치지 않았기에 자크리jacqueries[103]나 도시 봉기가 벌어질 때마다 인민이 처단하려는 첫째 표적 중에는 빈번히 장서, 책, 문서대장, 종이가 있었다.

그렇기에 식자의 삶에서 책이 점하는 자리를 가늠해 보는 것은 우리 연구에서 매우 중요하다.

1. 책에 접근하기

중세 책의 역사 전체를 되새기려는 건 아니지만, 일단 제작 및 유통 과정의 여러 장애로 인해 책에 접근하기란 늘 어려웠다는 점을 상기해야 한다.

첫 번째 장애이자 주된 장애는 경제적인 차원의 것이었다. 책은 비쌌다. 일단 소재에 드는 비용 때문이었다. 책 한 권에는 엄청난 양의 양피지가 들었는데(가죽 한 장에서 판형에 따라 2~16장이 나왔다) 양피지는 값나가는 재료였다. 넝마로 만든 종이papier de chiffon가 전파되면서 비용을 낮출 수 있었는데, 이 재료는 스페인에서 12세기, 프랑스에서 13세기부터 확인된다. 하지만 수고본 책의 영역에 종이 사용이 널리 퍼진 것은 고작 14세기, 특히 15세기부터의 일이다. 프랑스 문헌으로부터 계산한 바에 따르면 14세기에 벌써 종이값은 같은 면적의 양피지에 비해 5분의 1밖에 되지 않았다. 종이 제작 기술이 발전하고 제지용 물레방아의 수가 늘어난 15세기에 그 비율은 13분의 1까지 내려갔다. 다른 지역, 가령 독일에서는 그 격차가 그만큼 크지 않았을 수도 있다.

어쨌든 책 제작에 드는 전체 비용을 고려했을 때 종이 사용의 이득은 비교적 제한되어 있어서, 양피지 작업물보다 고작 10~20퍼센트 정도 값을 낮출 수 있을 뿐이었다. 종이의 이득이 이처럼 보잘것없었기에 양피지 책은 꽤 탄탄한 입지를 지킬 수 있었다. 많은 문사들은 더욱이 종이책에 대해 부정적 선입견을 가졌던 듯하다. 품격도 견고함도 떨어지는 종이책은 특히 중요한 텍스트나 소유자가 애지중지하며 후손에게 물려주고자 하는 저작을 담기에는 마땅치 않다고 여겨졌다.

사실 중세 책의 가격을 높인 주요 요인은 필사 비용이었다. 좋은 필사가는 드물었다. 중세 말이 되면 수도원 필경실scriptoria은 위세를 크게 잃었고, 대부분의 필경사는 바야흐로 직업 장인이 되었다. 이들을 만날 수 있는 곳은 주로 대도시, 그중에서도 두터운 고객층을 품은 대도시로, 말하자면 군주의 수도나 대학 도시였다. 삽화로 장식된 호화본이야 주로 고위 성직자, 대영주, 왕을 위해 만들어진 진짜 예술 작품이나 마찬가지니 별도로 치더라도, 책을 제작하는 데는 시간이 들었다. 좋은 필사가는 천천히 작업해서 하루에 평균 2장 반을 썼다. 달리 말하면 좋은 필사가 한 명의 한 해 생산량은 200장의 책 5권에 지나지 않았다. 표현을 바꾸어 본다면, 한 해에 같은 책 1000권을 공급하기 위해서는 전일제로 일하는 필사가가 최소 200명은 있어야 했다. 대학 도시에서는 교사들과 학생들이 많은 책을 필요로 하지만 재정적 자원은 충분치 못했던 탓에, 책의 원가를 최소화하는 방법이 모색되었다. 작은 판형, 촘촘한 행간, 더 흘려 쓴 글씨, 약어의 증가 등으로 양피지나 종이를 절약하는 한편 필사 시간을 조금 줄일 수 있었다. 절지pecia 체계의 도입은 필사할 사본의 순환 속도를 높여 필경사의 생산성을 증진하면서도 유통되는 텍스트의 질을 유지하게 했다.[104]

이상의 조건을 보면 이들이 그보다 값이 훨씬 적게 드는—하지만 전사된 텍스트의 정확성을 보장하지 못하는—해결책으로 만족할 수밖에 없었으리라 짐작할 수 있다. 이 해결책이란 "아마추어" 필사가—예를 들면 돈이 궁한 전속 사제나 가난한 학생—에게 도움을 청하는 것, 그도 아니면 원하는 책을 스스로 필사하는 것이었다.

중세 책의 실제 가격이라는 문제는 연구자들의 진짜 골칫거리다. 서로 다른 나라의 경우를 비교하거나 장기간의 추이를 조사라도 하려면 기준 계산 단위를 채택하든지 모든 가격을 귀금속 무게로 환산해야 한다. 더군다나 재산 목록상의 "추정" 가격이 실제 판매·구매 가격과 일치한다고 간주해서도 안 된다. 끝으로 무엇보다 중요한 것은 책자의 물적 상태를 감안할 수 있어야 한다는 점이다. 우리로서는 대개 알 도리가 없는 이 요인이 상당한 비율의 가격 변동을 야기했을 것이 분명하다. 양피지인지 종이인지, 무슨 서체를 썼는지, 매수는 얼마나 되는지, 판형이 어떠한지, 삽화가 있는지, 장정은 어떠한지 등등. 하나의 같은 작품을 담은 두 수고본이라도 완전히 똑 닮을 수는 없었다.

그럼에도 비교적 확실한 몇 가지 결론이 도출되기는 한다 (반복하거니와, 군주 소유 장서의 호화본들은 논외다).

우선, 책 가격은 극도로 가변적이었다. 가장 비싼 책—흔히 대형판 성경, 아니면 《세속법전》이나 《교회법전》 주석판—은 (프랑스의 계산 단위를 따르자면) 수십 투르 리브르livres tournois[105]에 이르렀다. 하지만 그밖에도 여러 작은 판형이 있었다. 때로는 제본되지 않은 형태의 낱권 절지 속에 수업 "필기reportations", 토론 수업 문제 단편 몇 개, 설교문, 짧은 실용적 논고가 뒤섞여 있기도 했는데, 이런 물건은 고작 몇 드니에에 팔렸다.

다음으로, 새 책인지 헌책인지에 따라 책 가격은 두 배꼴로 차이가 났던 듯하다. 헌책 시장은 실제로 매우 활발했다. 특히 대학 도시에서는 처지가 궁하거나 대학을 떠나는 학생, 담보 대출업자, 복본을 정리하는 학숙, 신부나 참사원이었던 어느 삼촌의 장서를 처분하는 상속자 등이 팔아넘긴 물건이 헌책 시장에 모여들었다.

이런 조건에서 중세 책의 "평균 가격"을 구할 수 있을까? 14~15세기의 풍부한 문헌에 근거하여 카를라 보촐로와 에지오 오르나토는 프랑스 북부에 대해 파리 화폐 기준으로 14세기에 5리브르 10수, 15세기에 2리브르 16수라는 수치를 제시했다.[106] 두 시기 사이 가격 인하는 앞서 언급한 종이의 발전 외에도 일반적인 경기 침체에 기인했다. 당연하게도 이 수치는 순전히 허구적인 것이어서 어지간히 많은 책을 획득했든지 원래부터 소유하고 있던 개인의 경우에만 의미가 있다. 그럼에도 지적해 둘 만한 흥미로운 사실은 1400년 무렵 파리에서 책 1권의 "평균 가격"이 대략 왕의 공증인 겸 서기가 받는 "봉급과 수당gages et bourses" 7일치에 상당했다는 점이다. 이런 조건에서 따져보면 이에 해당하는 한 개인(재론하겠지만, 중세 말의 파리에서 왕의 공증인 겸 서기는 고등법원 판사나 대학 교수와 함께 주요 개인 장서 소유자였다)이 소득의 4분의 1을 책 구입에 쏟아붓는다고 한들―물론 굉장히 낙관적인 가정인데―20년 경력 동안 250권 이상을 획득하는 것이 불가능했으리라는 점을 알 수 있다. 사실 우리에게 내역이 알려진 당시 파리 개인 장서 중 가장 규모가 큰 것은 고등법원 사무관인 니콜라 드 베이Nicolas de Baye, 1364?~1419의 1419년 장서인데, 그조차 198권에 지나지 않아 저 이론적 수치에 현저히 미달하며, 그중 일부는 증여나 유산으로 받은 것일 수도 있다.

연구자들은 남아 있는 수고본을 검토하거나 재산 목록과 유언장을 분석함으로써 중세 말 개인 장서의 사례 상당수를 재

구성해 볼 수 있었다.

프랑스의 경우, 이와 같은 연구는 우선 15세기 말까지 어느 정도 규모의 장서를 소유한 것은 —왕, 왕가 제후, 대영주 등을 제외하면—거의 식자층밖에 없었다는 사실을 보여준다. 그 바깥으로 나가면 문자를 깨친 개인들이 없을 리 없는 계층 (중소 귀족, 상인, 하층 성직자)에서조차 책은 사실상 부재한다. 여기에 연대기 단편 하나, 저기에 시도서livre d'heures[107]나 성인전 하나, 또 저기에 교구회의 법령집 하나가 있다고 해서 장서를 운운할 수는 없는 노릇이다.

식자층 가운데서조차 소장 도서 규모는 제각각이었다. 아무리 유복한들 학생의 장서는 일반적으로 채 열두 권 정도를 넘지 않았다. 한편에는 기초 학습서들, 다른 한편에는 종교 텍스트 모음집 한두 권이 있기 마련이었다. 수업 준비에 소소한 개인 장서가 필요했던 교수는 조금 더 처지가 나아서, 기초 "권위들" 외에 근래의 주해서와 논고 몇 종을 소유하고 있었다. 그 수는 적어도 30권이었고, 더 부유하거나 더 호기심이 강한 교사의 장서라면 100여 권이나 그 이상에 이르기도 했다.[108] 아래에서 이야기하겠지만 1400년 무렵 파리 고등법원 인사들의 장서 수도 마찬가지로 평균 100여 권에 달했다. 이 수를 현저히 넘어서는 경우는 예외적인데, 예컨대 이미 언급한 사무관 니콜라 드 베이나, 그보다 50년 뒤에 왕의 공증인 겸 서기를 지냈다가 클레르몽 참사원이 되어 1470년 개인적으로 소장한 책 257권의 체계적 카탈로그를 자랑스레 작성했던 로제 브누아통Roger Benoîton 같은 애서가들이 그렇다. 전직 법학 교수나 주교·추기경이 된 교황청 고관처럼 높은 직분의 인사들도 있다. 가령 전직 교황 재무관으로 마글론 주교가 된 고셸므 드 되Gaucelme de Deux는 1373년 사망 당시 435권이나 되는 책을 소유하고 있었고, 전직 항소원 심의관인 추기경 피에로 코르시니Piero Corsini는 1405년 320권을 남길 것이었다.[109]

14세기에서 15세기로 넘어오면서 장서의 평균 규모가 더 커졌을까? 아주 뚜렷한 결론은 없어도 최근 연구는 어쨌든 그 방향의 추세를 시사하는 듯하다. 물론 이미 언급한 연구에서 카를라 보촐로와 에지오 오르나토가 추측하는바 1350~1450년 프랑스에서는 당시의 전반적인 경제 위기로 인해 새 책 생산이 현저히 줄어들었고, 그것이 서유럽 전체에 공통된 경향이었다고 생각할 수 있다. 그러나 장서에는 새 책만 있는 것이 아니다. 활발한 헌책 시장이 존재하고 옛 수고본이 정성스레 보존되는—중세 책, 특히 가장 유용하고 가장 비싼 책의 기대 수명은 확실히 100년을 훌쩍 뛰어넘었다—상황에 서라면 단순한 누적 효과 때문에라도 소장 도서가 늘어나기 마련이다. 그렇지만 증가가 있었다고 한들 대단치는 않았다. 이런저런 경우를 보건대 평균 수치가 높아진 것은 일반적 상승 때문이라기보다 각기 수백 권을 보유한 매우 훌륭한 장서 몇 개가 출현했기 때문인 듯하다.

따라서 장서 소유주는 장서를 진정한 보물인 양 지극정성으로 다루었다. 식자에게 책의 가치란 상징적이면서 물질적이었다. 함이나 수납장에 고이 보관된 책들은 소유자의 학식을 웅변했다. 흔히 대학 서적상에게서 얻은, 가끔은 큰 비용을 들여

파리나 볼로냐로부터 다시 운송해 온[110] 책은 학업 및 학위와 불가분하게 이어져 있었다. 박사 학위 취득자에게 책 한 권을 건네주는 것은 학위 수여식의 의례적 몸짓 중 하나가 아니었던가? 다른 한편, 어느 정도 규모 있는 장서는 늘 높은 상업적 가치를 지녔다. 장서는 일종의 축재였다. 장서가 표상하는 지적이고도 재정적인 자본을 사람들은 앞으로 학업에 착수할 상속자에게, 아니면 학숙이나 교회에 유증하기를 바랐다. 징세관이 동산 가치를 평가하러 올 때마다 법조인은 책이 과세 대상에 포함되지 않게 하려고 싸웠다. 법조인의 눈에 이 특권은 조세상의 큰 이득일 뿐 아니라—기실 그의 동산 자본에서 책의 가치가 차지하는 비중이 절반 혹은 그 이상인 경우는 드물지 않았다—그의 지식, 그리고 지적 능력을 명목으로 그가 수행하는 활동의 고귀함에 대한 공적 인정이기도 했다. 기사의 무기와 마찬가지로 박사의 책도 세금의 타격을 받아서는 안 될 일이었다.

개인 장서bibliothèques privées의 상대적 빈약함을 보완하기 위해 "공공" 도서관bibliothèques "publiques", 만약 이 이름이 지나치다면—공공 서비스 개념이 이 맥락에서는 당연히 시대착오적이므로[111]—기관 도서관의 도움을 구할 수 있었을까? 이 명칭을 적용할 수 있는 장서나 도서관은 당시 세 가지 유형이 있었다.

먼저, 군주의 장서고. 프랑스 왕 샤를 5세가 죽었을 때(1380년), 그의 루브르 "서고librairie"에 있던 책은 1300권에 조금 못 미쳤다. 15세기 부르고뉴 공작인 선량공 필리프Philippe le Bon의 장서는 880권 정도일 것이다. 다른 한편에서는 아비 뇽 교황들 역시 계속해서 소장 도서를 늘려갈 것이다. 1369년 의 한 재산 목록에 따르면 우르바노 5세가 죽었을 때 2000권 이상이 있었다. 이후 교회 대분열의 우여곡절이 있었지만, 마 지막 아비뇽 교황 베네딕토 13세Benedictus XIII, 1394~1423는 망 명지 페니스콜라에서 죽을 때 사실상 그만한 소유를 유지하고 있었다.[112] 군주와 교황의 장서고가 대중에게 열려 있었는가? 상세한 카탈로그가 만들어졌다는 사실은, 적어도 군주·교황 의 친지나 명망 높은 방문객, 정치적 조언자에게는 접근권이 있었으리라 추정하게 한다.

다음으로는 대성당이나 각종 수도원에 속한 도서관이 있 었다. 대개 오래된 소장품으로, 탁발 수도회의 경우를 제외한 다면 중세 말 동안 아주 풍부해지지는 않았다고 해도 이미 상 당한 규모였다(15세기 말 파리 노트르담 대성당에 300권 이상, 1462년 랭스 대성당에는 486권이 있었다. 수도원에는 더 많았 다. 1450~1460년 무렵 프랑스 생드니나 클레르보 수도원에 약 1600권, 이탈리아의 몬테 카지노 수도원에 1100권, 오스트리 아의 멜크 수도원에 800권 등).[113] 이런 도서관 덕분에 가장 오 래된 수고본들이 보존될 수 있었다. 이탈리아 인문주의자들 이 고대 저자들의 "편찬자éditeurs"로 활동하며 확인하게 될 것 처럼, 때로 카롤루스 왕조 시대까지 거슬러 올라가는 특히 유 서 깊은 수고본을 발견할 가능성이 가장 높은 것은 바로 여기 였다. 하지만 그 밖의 경우, 이들 교회 도서관에 유달리 풍부한 것은 종교 텍스트나 전례서로, 식자에게 반드시 크게 유용한 책은 아니었다. 게다가 해당 교회나 수도원에서 봉직하는 참사원이나 수도승 외 다른 독자에게도 이곳이 자유롭게 개방되어 있었는지는 확실하지 않다.

가장 "현대적"인 도서관으로는 탁발 수도원 도서관이 있는데, 그 자원은 학생과 수도원 소속 독자, 설교자에 의해 공유되었다. 그리고 무엇보다 학숙과 대학 도서관이 있었다.

주요한 대학 학숙은 도서관을 갖추고 있었다. 대개 창립자의 장서가 주를 이루며 차차 독지가나 학숙 출신 인사의 증여품으로 보충되었다. 그리하여 소르본 학숙은 1338년 벌써 1722권의 책을 지닌, 아마도 당시 프랑스에서 가장 훌륭한 도서관을 소유했다. 파리의 나바르 학숙과 툴루즈의 푸아 학숙은 1500년 무렵 각각 약 800권을 소장하고 있었을 것이다.[114] 여타 학숙은 규모가 뚜렷이 뒤떨어지지만 때로 값진 소장 도서를 가지고 있었다. 파리의 오툉 학숙에 약 200권(1462년), 아비뇽의 안시 학숙에 150권(1435년), 카오르의 펠레그리 학숙에 78권(1395년) 등. 잉글랜드의 학숙들도 14세기 말부터 (머튼에 500권, 발리올에 150권, 오리엘에 100권), 그리고 특히 15세기가 되면 같은 수준의 수치를 제공하게 된다(1438년 창립 시점에 올소울스는 369권을 갖추고 있었고 1480년 모들린에는 800권이 주어졌다).[115] 중세 말 가장 유명한 학숙 도서관 가운데 에어푸르트의 콜레기움 암플로니아눔 Collegium Amplonianum 도서관이 있는데, 이곳은 1433년 창립자인 전 前 학장 암플로니우스 라팅크 Amplonius Ratingk 으로부터 637권이나 되는 엄청난 소장 도서를 받았다. 그중 고전이 많았던 덕택에 이 학숙은 인문주의가 독일에 유입되는 한 통로가 되었다.[116] 그렇지만 전반적으로 보면 학숙 도서관이 갖춘 책은 주로 학습서로서 대학에서 전통적으로 가르쳐온 교과에 속했다. 즉 이들 도서관은 식자의 필요에 특별히 잘 맞추어진 곳이었다. 다만 식자가 학업을 마친 뒤에도 이곳에 접근할 수 있었는가 하는 것은 별개의 문제다. 현재 보존되어 있는 규정에 따르자면 외부 방문객이 학숙 도서관에 자유롭게 드나들었던 것 같지는 않다.

고유한 의미에서 대학 도서관의 사정도 마찬가지였을 것이다. 이들 도서관은 게다가 규모가 더 작았으며 15세기 전에는 모습을 갖추지 않았다. 프랑스의 경우, 고작 수십 권 정도를 보유하던 최초의 대학 도서관 가운데 오를레앙(1411년), 아비뇽 (1427년), 푸아티에(1446년), 그리고 파리의 의학부(1395년) 와 교회법학부(1475년)를 언급할 수 있다. 재산 목록상 좀 더 충실한 소장 도서가 있었음이 확인되는 것은 캉 정도뿐이고 (277권), 그나마 뒤늦은 기록이다(1515년).[117] 다른 몇몇 대학은 처지가 나았다. 예컨대 1412년 옥스퍼드에 세워진 도서관은 특히 글로스터 공작의 증여 덕분에 성장할 수 있었다 (1439~1447년간 280권).[118]

종합해 보면 식자, 특히 속인 식자는, 그가 의사든 변호사든 대소인이든 판사든 왕국 관리든, 나날의 직업적·행정적 활동을 수행할 때 우선은 자신의 조그만 개인 "서고"에 갖추어진 자원에 의존해야 했을 것이다. 더한다면 그의 기억인데, 때에 따라 조그만 개인 노트나 일람집이 기억을 도왔다. 교육자들은 학업 시기부터 그런 기록을 남겨 항시 손닿는 곳에 지니고 있도록 가르치기도 했다.[119] 대학 도서관이나 교회 도서관, 혹은 군주 장서고에 출입 허가를 얻는 것은 예외적인 경우, 이런저런 희귀 저작의 원 텍스트를 참조해야 할 때나 시도해 볼 일이었다. 이런 조건을 감안하면 중세 내내 온갖 종류의 사화집, 일람집, 사전, 백과사전이 성공을 거둘 수 있었던 것도 이해할 만하다. 책에 쉽게 접근할 수 없는 상황에서 생기는 곤란을 그것들이 어느 정도는 완화해 주었던 것이다.

2. 장서의 내용

지금까지 보존되어 있는 수고본들, 그리고 불완전하나마 옛 장서 목록들을 보면, 중세 말 식자들이 갖고 있던 책의 내용을 어느 정도 알 수 있다. 기실 분명한 것은 이들이 적어도 개인이 소지한 책의 절대다수를 손에 쥐고 있었다는 점이다. 잘 알려진바, 지식 문화의 교과(문법, 논리, 철학, 법, 신학)에 속하는 수고본은 오늘날까지도 수백, 수천 권씩 남아 있는 반면, 문학이나 역사, 정치 영역 저작은 우리가 보기에 가장 주목할 만한 것일지라도 매우 적은 수의, 심지어 단 한 권의 수고본만 남아 있는 경우가 흔하다. 특히 현지어 텍스트의 경우에 그렇다.

전공자들이 말하는 "학인 장서bibliothèques savantes"는 중세 말 유럽 전체에 걸쳐 마치 가족처럼 부인할 수 없는 유사성을 보인다. 대학 도서관은 물론, 더 소박한 수준에서 지금 우리가 직접적으로 관심을 기울일 식자층의 개인 장서도 마찬가지다.

중세 말까지 지식 문화가 지켜온 보편주의적 성격을 여기서 다시 확인할 수 있다.

　이런 장서에서 볼 수 있는 것은 우선 기초 텍스트, 각 교과의 핵심 권위서였다. 법률가는 표준 주석이 딸린 두 가지《법전》을 묵직한 책자로 소유했다. 신학자는 (마찬가지로 대개 주석본인) 성경과 함께 성 히에로니무스나 성 아우구스티누스가 쓴 해석 주해서들을, 근래 저작으로는 생빅토르의 후고가 쓴 논고 몇 편, 롬바르디아인 페트루스의《명제집》, 성 토마스 아퀴나스의 이런저런《대전》을 갖고 있다. 의사에게는 갈레노스 그리고 위대한 아랍 스승들(아비켄나Avicenna, 라제스Rhazes)의 번역본이 있었다. 끝으로 학예 석사는 문법 영역에서 도나투스나 프리스키아누스Priscianus에 더해 저자auctores 모음집 몇 권을, 논리학에서 아리스토텔레스의《오르가논》을, 조금 더 드물기는 하지만 자연철학과 도덕철학에서는 아리스토텔레스의 몇몇 논고(《영혼론》,《자연학》,《형이상학》,《윤리학》)를 소유하고 있었다.

　이상의 기본 텍스트에 그때마다 다소간 더해지는 것들로는 근래에 씌어진 주해서나 논고, "문제questions"몇 권이 있고, 각종 교재나 참고 서적도 있다. 바로 여기서 소유자의 성격이—그리고 재정 여건이—더 잘 드러난다. 어떤 장서는 매우 전통적인 반면, 다른 장서는 재빨리 새로운 책들을 받아들인다. 어떤 장서는 중립적인 반면, 다른 장서에서는 학설상의 특정한 방향성을 뚜렷이 알아볼 수 있다. 끝으로, 어떤 장서는 가르치는 입장에서든 배우는 입장에서든 교육의 산물로서 학교와 깊이 결부되는 반면, 다른 장서는 교육과 아무 상관 없는, 명백히 직업 활동과 관련된 저작들을 포함한다.

한 가지 더, "기타" 항목이 빠질 수 없다. 때로 엄격한 기준에 따라 구성된 장서에서라면 이 항목이 사실상 비어 있기도 하다. 반면 다른 장서, 특히 개인에게 속한 장서에서 그것은, 어차피 소수이기는 해도, 주목할 만한 비율을 점하고는 한다. 그때 기타 항목은, 소장 도서 수합 과정에 결정적 영향을 끼쳤을지 모를 우연뿐만 아니라, 소유자 자신의 관심과 취향을 드러낸다. 여기서 알 수 있는 것은 관심과 취향이라는 것이 반드시 본인의 직업 활동 영역이나 학교·대학의 학문 교과로 제한되지 않는다는 점이다. 종교서(성경, 영성 논고, 성인전, 시도서)가 있다는 것은 경건함과 신앙심을 나타낼 것인데, 어쩌면 탁발 수도회의 영향이 있을지도 모른다. 역사에 대한 관심을 뚜렷이 보여주는 책들도 있다(보편 연대기, 고대사 혹은 동시대 국가사). 고전, 더욱이 몇몇 이탈리아 작가—단테, 페트라르카, 보카치오 등, 조금 더 뒤에는 로렌초 발라의《기품 있는 라틴어 *Elegantiae linguae Latinae*》—가 있다는 것은 순수한 스콜라 전통에서 교육받은 식자 중에서도 일부는 꽤 일찍부터 새로운 인문주의 흐름에 예민했음을 보여준다. 끝으로 조촐한 속어 영역이 있는데, 안타까운 점은 재산 목록 작성자가 (의미심장한 경멸조를 취하며) 해당 책을 제대로 기재하지 않는 일이 잦다는 점이다("조그만 로망어 책 한 권"). 또 "예언" 모음집 같은 것도 있다. 이런 책들은 우리에게 라틴어 지식 문화를 근간으로 삼는 교양인이 꼭 현지어 문학 일체, 나아가 민중 문화 일체로부터 분리되지는 않았음을 상기시켜 준다.

최근 연구에서 몇 가지 사례를 빌려 이 소략한 유형론을 예증해 보자.

프랑수아즈 오트랑은 고등법원 인사들의 장서를 꼼꼼히 연구했다.[120] 이들이야말로 중세 말 프랑스 식자층 중에서도 엘리트다. 일부는 성직자, 다른 일부는 속인이었지만 거의 모두 학사나 박사인 고등법원 판사들은 수준 높은 법률가로서 파리나 오를레앙에서 제일 훌륭하다는 법학 교수보다 못할 것이 없었다. 부유하며 대개 귀족 태생인, 적어도 귀족 작위를 받은 그들은 파리 사회의 상층에 속했다. 끝으로, 왕의 종심 재판소를 구성함으로써, 따라서 왕의 이름으로 누구보다 탁월하게 왕권 기능을 수행함으로써, 그들은 국가의 직무와 직책 위계에서 정점에 위치해 있었다.

재산 목록이나 유언장 덕분에 1389~1419년 사이 살아 있던 그중 37명의 "서고"가 알려져 있다(더하여 1362년의 것 하나가 있다). 이 다양한 장서가 서로 빼닮았다는 사실은 집단의 동질성, 특히 문화적 차원의 동질성을 확인시켜 준다. 앞서 말했듯 평균 100여 권의 저작이 있고 시간의 흐름에 따라 가벼운 증가 추세를 보인다. 이들 장서는 각자가 지닌 동산 자본의 핵심 요소였지만 우선은 업무용 장서였다. 법학 서적이 사례에 따라 전체의 4분의 1에서 3분의 2 사이를 오가며 그중 노른자위를 차지하고 있다는 사실이 그로써 설명된다. "애서가" 니콜라 드 베이의 경우만이 예외로, 법학 서적이 16퍼센트밖에 차지하지 않는다(198권 중 32권). 조금 더 놀라운 사실은 이런저런

《교회법전》 책자뿐 아니라 대개 이탈리아나 프랑스 남부 저자가 쓴 최근 주해서를 포함하여, 교회법이 세속법보다 큰 비중을 점하는 양상을 띤다는 것이다. 사실 판사 중 절반이 성직자였고, 그들은 세속의 사건과 마찬가지로 교회의 사건에 대해서도 판결을 내려야 했다. 게다가 세속 사건에 대한 판결에서 그들은 통상 로마법이 아니라 관습법을 따랐다. 법학 텍스트에 더하여 직업적 염려를 드러내는 다른 사례로 몇 가지 정치 논고를 꼽을 수 있는데, 하나같이 왕의 우선권을 지지하는 내용이며(가령 솔즈베리의 요한네스가 쓴 《폴리크라티쿠스》나 《정원의 꿈》, 뿐만 아니라 교회의 입장에서는 더욱 악독한 저자들로 파도바의 마르실리우스Marsilius Patavinus나 오컴의 윌리엄William of Ockham), 그 밖에 양식집과 약간의 서한 모음집, 수사학 교재도 있었다.

이들 장서의 가장 사적인 부분에서는 종교서가 우세를 점하는데, 이것이 성직자 판사에게서만 나타나는 현상도 아니다. 신학 논고도 몇 권 있지만 대다수는 성서, 성무일과서, 신앙·영성 도서 등이다. 반면 역사도 고전도 큰 자리를 차지하지는 못했다. 끝으로 현지어가 거의 부재했다는 것을 덧붙여 두자. 이들 장서는 거의 배타적으로 라틴어에 할애되었다.

따라서 결론은 자명하다. 페트라르카식 인문주의가 나바르 학숙 안에서나 왕의 공증인 겸 서기 집단 가운데서 확연히 약진하던 시기("프랑스 초기 인문주의")에, 루브르 왕실 도서관 책에서 프랑스어 책이 60퍼센트를 점하던 이 시기에, 고등법원 인사들의 집단, 학창 시절부터 같은 학숙을 드나들며 형성된 강한 집단의식으로 뭉친 이 동질적 집단은 문화적으로 상당히 보수적이고 아직 종교 색에 깊이 물든 집단의 모습을 띤다. 이 유능하고 근엄한 법률가 집단에서는 오로지 독실한 신심만이, 어쩌면 네덜란드에서 온 "현대적 신앙"의 영향을 받아, 학문 교과이자 정치적 소명으로 여겨진 법학의 압도적 우위에 대해 균형추가 될 수 있었다.

교양인 성직자 집단 여러 곳—14~15세기 참사원 장서 41개, 아비뇽 교황 시기 프랑스 주교 및 추기경 장서 68개—에 대해 이루어진 보다 간략한 조사도 흡사한 결과를 내놓았다.[121] 평균적으로 참사원은 25권, 주교나 추기경은 70권만을 보유했다(이 점은 역으로 100권 이상의 "서고"를 가진 고등법원 인사들의 교양 수준이 높았음을 확인시켜 준다). 흔히 대학을 나와 운영 업무를 맡고 있던 이 사람들에게서 법학의 비중은 여전히 압도적이다. 법학은 참사원 절반에게서 50퍼센트 이상을 점하며, 20퍼센트 아래로 떨어지는 경우는 예외적으로 규모가 큰, 진짜 문예 애호가에 인문주의자의 취향을 증언하는 몇몇 장서에서뿐이다. 그러나 대개 이들 장서를 마저 채운 것은 종교서였고(게다가 성무일과서와 그 밖의 전례서, 설교 모음집과 신학 논고가 성경이나 신앙 텍스트보다 많았다), 현지어를 등한시한 것은 매한가지였다.

이렇게 다양한 계열의 장서를 비교 연구함으로써 분명해지는 것은 (성직자와 속인을 불문하는) 식자 세계의 문화적 동질성이며, 동시에 새로운 흐름에 쉽사리 길을 내주지 않는 문화의 한계다.

한층 더 주목할 만한 점으로, 또 다른 연구들은 법학, 학교, 라틴어 위주 문화의 이 같은 동질성이 기독교 세계 전반에서 확인된다는 사실을 시사한다. 어디서나 같은 경향을, 사실상 같은 책을 마주친다.

중세 서구의 남쪽 끝에 있는 시칠리아를 예로 들어보자. 오래전부터 로마법이 강했던 나라라고는 하지만 중세 말 어느 정도 주변화된 이 구역은 경제적으로 이탈리아 북부 사업가들에 의해 지배되었고, 정치적으로는 아라곤 출신 군주들에 의해 통치되었으나 이 군주들이 진정한 중앙집권적 행정을 심어 놓는 데 성공하지는 못했다. 또 이곳에는 대학이 없어서[122] 법률가나 의사 지망생을 대륙(특히 볼로냐)의 일반 학당에 보낼 수밖에 없었다.

광범위한 공증 문헌에 근거하여, 앙리 브레스크는 14~15세기 시칠리아의 상황을 보여주는 장서 목록이나 혹은 적어도 책에 대해 언급하는 자료 247건을 검토, 분석했다.[123] 이중 120개 장서는 개인의 사적 소유였다.

그의 연구에서 선명히 드러나는 두 가지 특징은 같은 시대 프랑스 왕국의 경우에서 확인되는 점들을 나름의 방식으로 확증한다.

먼저, 시칠리아에서도 책의 소유는 식자층이 거의 독점하고 있었다. 소유주가 정확히 밝혀진 2341권 가운데 고작 1퍼센트가 장인이나 상인에게, 9.2퍼센트가 도시 유지나 귀족에게 속했다. 뚜렷이 별 교양이 없어 교회 장서의 자원으로 만족하는 성직자층은 확인된 책 중 3.2퍼센트를 소지했을 뿐이었다. 나머지 전부가 식자들의 몫이다. 그중에서도 평범한 학교 교사, 공증인, 외과술사[124], 약제사, 하급 관리 등, 달리 말하자면 대학을 다니지 않았던 이들의 장서는 단출한 수준도 못 되어 12.6퍼센트만을 차지한다. 그와 구별해야 할 것이 (의학이나 특히 법학) 박사들로, 인원수는 그다지 많지 않으나(알려진 책 소유자 120명 중 27명) 평균 65권의 훌륭한 장서를 갖춘 덕에 전체 책의 74퍼센트나 되는 양이 이들 소유였다.

이들 장서, 특히 박사 소유 장서의 구성에 관해서도 놀랄 점은 없다. 세속법과 교회법이 단연 선두다(전체 권수의 54퍼센트). 이중에는 두 《법전》뿐 아니라 대부분 이탈리아에서, 일부는 프랑스 남부에서 쓰인 다양한 최신 주해서가 매우 풍부하여 법학 교양의 우수함을 증언한다. 뒤따르는 기타 학교 교과는 소유자의 학업과 전공에 좌우된다. 스콜라 학문(철학 및 신학)이 전체 항목 중 12퍼센트, 의학이 8퍼센트, 문법이 5퍼센트를 점한다. 종교 저작은 제한된 영역(9퍼센트)만 차지했으며, 더군다나 (적어도 우리가 보기엔) 가장 진부한 부류, 즉 전례서나 성경에 대한 설교집, 본격 신앙 논고 따위가 우위를 점한다. 끝으로, 비록 시칠리아가 이탈리아 인문주의의 주요 산실 가운데 하나는 아니었지만, 고전이 주로 15세기에 두드러진 성장세를 보이면서 187권(전체의 8퍼센트)을 차지한다. 반면 전체의 3퍼센트에 해당되는 최근 문학(무엇보다 단테)이나 1퍼센트에 그치는 기술 저작(상업 교재)은 아직도 확연히 주변적이다.

이탈리아 북부의 장서, 특히 의사들의 장서를 대상으로 삼은 다른 연구들의 결과도 근본적으로는 다르지 않다.[125] 물론 15세기 동안 소장 도서가 상당히 증가하고 고전과 인문주의 텍스트가 뚜렷이 침투하는 양상은 알프스 이북에서보다 이곳에서 더 쉽게 관찰된다. 하지만 이들 장서의 핵심은 여전히 자연철학과 의학 저작이었다(75퍼센트 이상). 달리 말해, 식자층 소유 도서의 단연 주된 특징은 언제나처럼 아직도 라틴어, 대학, 직업의 짙은 색채였다.

더 많은 예를 들 필요는 없다. 지역에 따라 몇 가지 뉘앙스가 있겠지만, 어디서나 매번 중세 지식 문화의 끈질긴 통일성과 강한 보수적 경향을 동시에 드러내는 증거를 확인하게 될 것이다.

3. 수고본에서 인쇄본으로

이 보수주의가 15세기 후반, 인쇄술의 발명으로 인해 동요했을까? 속도에서나 양에서나 사회 안에서 문자 정보가 유통되는 방식을 완전히 뒤엎은 이 발명은 확실히 인류 역사에서 가장 중요한 기술 혁명 가운데 하나였다. 그렇다고 해도 중세 사회의 식자 계층이 즉각적으로 그 효과를 체감할 수 있었을까?

여기서 환기해야 할 점은―중국에 이미 선례가 있었다는 점이야 당연히 차치하더라도―인쇄술 발명에 단 하나의 날짜와 단 한 명의 책임자를 정해주기가 어렵다는 사실이다. 저 유명한 한스 구텐베르크1400?~1468?는 필시 여러 장인 중 가장 널리 알려진 이에 지나지 않을 것이다. 이들 장인은 대개 귀금속 세공사 출신으로, 15세기 중엽 라인강 유역에서 글자가 새겨진 활자를 이용하는 새로운 인쇄 기술을 완성하는 데 성공했다. 얼마 전부터 유행한 목판 이미지가 인쇄 기술의 물질적 가능성과 동시에 그에 따른 실제적 이득을 예감하게 해주었다.

우리의 주제를 위해 긴히 강조해야 할 것은 인쇄술의 전파가 상당히 느렸다는 사실이다. 사본이 보존되어 있는 최초의 인쇄본 책(구텐베르크의 것이라 하는 "42행 성경", 마인츠의 《시편집》)은 1450년대의 것이다. 당시 이 기술의 핵심은 게르만권에 속했고 마인츠, 쾰른, 스트라스부르, 바젤이 그 설비를 갖추고 있었다. 더욱이 앞으로 한 세대 동안 전 유럽 인쇄업자의 절대다수는 아직 독일인일 것이었다. 1470년 전까지는 이들이 본격적으로 경계선을 넘어 퍼져나갔다고 말하기 어렵다. 이 시점에 독일 바깥에서 작동하는 인쇄기는 5~6대에 지나지 않았다. 그중 어느 정도 장래가 유망한 것은 1469년 요한 폰 슈파이어Johann von Speyer가 설치한 베네치아의 인쇄기, 그리고 파리의 인쇄기뿐이었다. 파리의 인쇄기는 콘스탄츠에서 온 울리히 게링Ulrich Gering이 설치했는데, 그는 소르본의 성원socii으로서 공히 인문주의에 깊이 물들어 있던 사부아 출신 기욤 피셰Guillaume Fichet와 바젤 출신 요한네스 하인린Johannes Heynlin의 요청을 받아 두 동료와 함께 1470년 소르본 학숙 근처(어쩌면 내부)에 작업장을 꾸렸다.

1471~1480년 사이 10년 동안 인쇄기는 독일(스위스와 네덜란드를 포함하여 26곳에 신설)과, 특히 이탈리아(44곳 신설)에

서 수를 늘린다. 반면 알비, 앙제, 캉, 리옹, 푸아티에, 툴루즈, 비엔 등 7곳에 인쇄기를 설치한 프랑스나 이베리아반도(8곳 설치), 더 놀랍게는 잉글랜드(런던, 웨스트민스터, 세인트올번스, 옥스퍼드 등 단 4곳에 설치)가 아직 이 움직임에 몸을 싣지 않았다는 것은 명백하다. 이 중 앞의 두 지역은 1481~1500년 사이 태도를 바꾸어 프랑스는 28곳, 이베리아반도는 19곳에 새로이 인쇄기를 설치할 터였지만, 그사이 잉글랜드 인쇄기는 한 대도 늘어나지 않을 것이었다. 그러는 동안에도 독일(21곳 신설)과 이탈리아(26곳 신설)의 우위는 여전했는데, 이 점은 생산된 책의 양을 고려할 때 더 뚜렷하다. 역사학자들의 추산에 따르면 1500년 전에 대략 2만 7000판, 즉 확실히 1000만 권 넘는 책이 만들어졌고, 이 생산량의 5분의 4는 이탈리아(44퍼센트)와 독일(35퍼센트)에서 왔다. 다음으로는 프랑스에서 15퍼센트를 출판했으며 다른 유럽 나라들은 고작 나머지 5퍼센트를 나누어 갖는다. 1500년 유럽에서 인쇄기가 작동한 곳이 총 240곳에 이르렀다고는 하지만 인쇄술 분포도에는 여전히 의외의 공백이 눈에 띈다(프랑스에서는 보르도나 몽펠리에, 잉글랜드에서는 케임브리지). 게다가 정확히 하자면 두 경우를 구별해야 한다. 어떤 지역들은 단지 순회 인쇄업자들의 방문을 받았을 뿐이다. 인쇄기와 활자를 가지고 돌아다니는 이들의 활동은 보잘것없는 수준이라 꾸준한 생산량을 내놓지는 못했다. 다른 지역들에서는 인쇄 작업장이 영속적으로 정착했다. 자본과 고객층이 보장된다는 장점이 있었기 때문이다. 중요한 의미를 띠는 것은 후자의 경우뿐이며, 여기서 한편으로는 독일의 대도시들, 다른 한편으로는 베네치아가 뚜렷이 선두에 선다. 프랑스에서는 파리가 단연 우세하여 리옹보다 세 배의 생산량을 보였다.[126]

여기서 우리의 관심사는 인쇄본의 복제보다도 전파다. 둘 사이에는 당연히 어느 정도 격차가 있다. 프랑스나 잉글랜드는 해당 지역 인쇄술의 약세를 보완하기 위해 독일산 혹은 이탈리아산 책을 수입해 올 수 있었다. 역으로, 인쇄술이 출현하자마자 수고본 필사가들의 활동이 멈춘 것은 아니었다. 비록 1470년 이후 그 생산량이 도처에서 매우 뚜렷이 감소했다고는 해도, 수고본을 전사하는 일은 16세기 초까지 계속되었다. 그리고 어차피 옛날 수고본들이 여전히 이용·유통되었다. 그러니 바로 우리의 식자들을 위시하여 훌륭한 수고본 소장품을 보유한 이들은 그것을 유지한 채 점진적으로만 인쇄본으로 대체하는 경향을 보였다. 인쇄본이 더 저렴했던 것은 확실하지만 수고본과 인쇄본 사이의 가격 차가 어떻게 벌어져 갔는지의 추이는 잘 알려져 있지 않다. 최초 인쇄본들의 발행 부수는 대개 보잘것없는 수준이어서 때로는 고작 100여 부에 지나지 않았다는 점, 따라서 꼭 매우 저렴하지도 접근성이 좋지 만도 않았다는 점을 잊지 말아야 한다.

여러 정밀한 연구에 따르자면 1480년경 프랑스의 "학인 장서"에서 인쇄물의 비중은 아직 6퍼센트에 지나지 않았고 그 비중이 50퍼센트를 넘어서는 것은 1500년경의 일이라고 생각된다. 다른 곳들도 마찬가지의 발전 과정을 보이는데, 이탈리아가 10~15년 일렀던 반면 잉글랜드는 프랑스보다 더 늦었

다.[127]

　다른 한편, 식자들이 과연 새로운 발명품의 주요 고객이었을까? 물론 15세기에 인쇄된 텍스트의 절대다수가 시장성이 보장된다고 여겨진 "중세" 텍스트였다는 점은 오래전부터 지적되어 왔다. 하지만 그것이 꼭 주로 학인 장서에서 보이는 유의 텍스트는 아니었다. 첫 줄에 있는 것은 종교서로, 1500년 이전에 출판된 고인쇄물incunable 생산량의 거의 절반을 차지했다. 한편에는 성경, 또 한편에는 전례서(미사경본, 성무일과서, 시도서), 끝으로는 라틴어 혹은 속어로 쓰인 영성 논고나 신앙서, 성인전 등이 있었다. 생산량이 풍부한 또 한 가지 범주는 문법인데, 다만 학예부 학생보다는 소학교 학생 대상의 초급 수준 저작들이었다(도나투스, 빌디외의 알렉산데르가 쓴 《교범》, 카토의 《이행시집》 등). 이 책들이 기초 교육을 개선하는 데라면 몰라도 엘리트의 문화적 쇄신에 도움이 될 수는 없었다. 다음 순서는 흔히 현지어로 된 세속 문학이었다. 귀족 독자층을 대상으로 했을 백과사전과 사화집, 연대기, 무훈가나 궁정 소설의 다소간 현대화된 판본이 연감almanachs이나 "목동 달력calendriers des bergers" 따위의 선명히 민중적인 작품과 이웃하고 있었다.[128]

　반면, 주로 대학 도시에 이미 수고본이 수백 권씩 존재하던 학문 텍스트가 인쇄술로부터 입은 혜택은 미미했고, 대개 뒤늦은 것이었다. 롬바르디아인 페트루스의 《명제집》도, 토마스 아퀴나스와 알베르투스 마그누스Albertus Magnus로부터 제르송에 이르는 위대한 박사들의 작품도 1500년 전 파리에서 인쇄된 바가 없다. 몇 가지 출판물이 1480년 이후 선보였지만 독일이나 이탈리아에서 온 것들이었다. 아리스토텔레스에 대해서도, 로마법과 교회법의 《법전》과 주해서에 대해서도 똑같이 말할 수 있다. 중세 학인 장서에서 그토록 큰 자리를 차지한 법률 텍스트의 출판은 대개 리옹이나 이탈리아에서 이루어졌는데, 고인쇄물 총량의 고작 10퍼센트를 넘길까 말까 하는 수준이다. 전체적으로 보아 프랑스나 잉글랜드에서조차 문인들이 가장 즐겨 찾는 인쇄본은 고유한 의미에서 인문주의 텍스트, 즉 (라틴어, 심지어는 점점 더 높은 비율로 그리스어) 고전이나 이탈리아 저자들의 작품이었다. 다른 게 아니라 그런 텍스트의 수고본이 드물었기 때문이다. 울리히 게링이 (피셰와 하인린의 조언을 받아) 1470~1472년 소르본에서 처음 인쇄기로 출판한 책들은 거의 모두 이 범주에 속한다. 게링은 먼저 베르가모의 가스파리누스Gasparinus Pergamensis가 쓴 이탈리아산産 서한 작성법 교재를 낸 다음, 살루스티우스, 키케로, 페르시우스, 유베날리스 등과 함께 근래 저작들을 출판했다(로렌초 발라의 《기품 있는 라틴어》와 피셰 자신의 《수사학》). 그러나 바로 이 게링마저 1472년 소르본을 떠나 작업장을 생자크 거리로 옮긴 뒤에는 보다 전통적인 대학 텍스트와 또 무엇보다 신앙 저작으로 복귀했다는 점 역시 상기해야 한다.[129]

한마디로 말하면, 인쇄술은 그것이 존재하기 시작한 직후 처음 수십 년 만에 문자 문화 대중을 상당히 확장시켰다는 결론을 내릴 수 있다. 적어도 도시에서는 민중 계층이 더 이상 책의 세계로부터 완전히 격리되지 않았다. 하급 관리(순찰관, 공증인 등)나 평범한 신부에게도 이제 맹아 상태의 장서를, 즉 10여 권의 책을 장만할 수 있는 가능성이 열렸다. 1480~1530년 사이 도처에서 피에르 아킬롱의 표현대로 "최소형 장서"[130]가 늘어나는 양상이 보인다. 다른 한편, 인쇄술은 확실히 귀족 계층의 엄청난 문화적 진보를 가능하게 했다. 이 계층에서 문학과 현지어 텍스트를 위주로 한 훌륭한 장서들이 모습을 드러낸 것이다. 여기에 덧붙일 사실로, 군주의 대규모 도서관도 당연히 새로운 자극을 받았다.

그러나 우리가 다루는 식자들에 관해서는, 인쇄본의 발전으로 인해 그들 장서의 규모나 구성이 뒤바뀌었다는 정황은 1500년 이전까지 그다지 눈에 띄지 않는다(물론 인문주의자 엘리트는 예외다. 주로 이탈리아 출신인 이들은 새로운 착상의 첨단에 있었고 언제나 새로운 텍스트에 호기심을 가졌다). 늘 그렇듯 부당하고도 예리한 미슐레는 인쇄술 초기의 이 모호함을 잘 감지했다. "고대를 출간하는 한편, 그와는 비할 수도 없이 중세를 출간, 재간한다. 특히 중세의 학교 책들, 요강들, 요약본들, 그 모든 명칭이 교육을, 고해 사제 안내서들과 양심의 난제들을.《일리아스》1권에 요한네스 니더Johannes Nyder, 1380?~1438[131] 10권을, 베르길리우스 1권에 피셰 20권을."[132]

더 객관적인 태도를 취한다면, 여기서 중세 말 지식 문화의 힘과 일관성을 보여주는 추가 증거를 볼 수 있을 법하다. 한계가 있으며 경직화의 신호도 뚜렷이 감지되지만, 이 문화는 여전히 식자층의 자기의식에 충분한 기반이 되었다. 이제 바로 이 계층이 자기 시대의 사회 속에서 활동하는 모습을 살펴볼 차례다.

제2부 능력 발휘

지식을 무사무욕하게 사용한다는 생각, 각자의 개성을 완전히 개화시키는 데 목적을 둔 일반교양이라는 생각은 앞서 본 것처럼 중세의 교육관에는 퍽 이질적이었다. 중세는 교육의 사회적 목적성에, 달리 말하면 획득한 지식을 기초로 하여 누릴 수 있는 실천적 사용법에 더 큰 관심을 기울였다. 그런 지식들이 그 본성에 따라 그려내는 윤곽선 안에는 구체적 실효성을 널리 인정받는 특유한 능력들이 들어갔다. 당연히 사회·정치적으로 중요한 직분을 맡길 사람을 정할 때엔 지적 역량과는 다른 기준들, 보완적일 수도 있지만 대체로는 그보다 경쟁 관계에 놓이는 일이 잦은 기준들도 고려되기는 했다(태생, 인맥, 재산, 나이, 경험 따위).

논증적 지식에 기초한 능력들이 중세 사회의 어떤 영역에서, 설령 진정한 독점권은 아니라도, 나름 특별한 가치를 부여받을 수 있었을까? 이 능력들의 자리는 실무적 과업에 국한되었을까? 아니면 최초의 결정이 내려지고 그것을 이데올로기적으로 정당화하는 단계에서부터 해당 능력을 보유한 자가 이덕분에 나름의 역할을 부여받았을까? 이 능력들은 중세 사회의 상위 심급에서만 행사되었는가(즉 엘리트의 손안에서, 엘리트를 위해서만 작용했는가)? 아니면 사회의 가장 평범하고 가장 광범위한 단층들에까지 전파되었는가? 만약 그렇다면 그것들은 일반화된 질서 확립의 도구였는가, 아니면 경우에 따라서는 거꾸로 이의 제기와 변화의 요인이 될 수도 있었는가?

제2부의 세 장에서 답해보려는 주요 질문들은 이상과 같다.

4장

신에게 봉사하기, 군주에게 봉사하기

우리가 이 책에서 연구하는 사람들을 다소간 깊이 물들인 모든 지식에는 실천적 용도가 있었다. 당시의 심성mentalités에 따른다면, 그 용도를 봉사라는 통념과 떼어놓기는 어려웠다. 앞서 말한바 개인적이고 무사무욕한 문화라는 관념뿐 아니라 그 담지자가 오로지 개인의 이익을 위해 마음껏 이용할 수 있는 지식이라는 관념도 거부감을 일으켰던 것이다. "학문은 신의 은사이며 따라서 팔 수 없다."[1] 중세 내내 통용된 이 격언은 보다시피 유료 교육이 되었든 금전 지불을 대가로 제공되는 법률·학문·의학 자문이 되었든 앎의 "영리적" 사용 일체에 대한 단죄를 수반했다. 신학자들과 교회 법률가들이 결국 합의한 결론에 따르면, 식자가 자신의 노고에 대해 사회로부터(즉 교회나 군주, 아니면 그의 앎에서 이익을 얻는 자로부터) 신분에 걸맞게 품위 있는 삶을 영위하는 데 필요한 정당한 보수를 받는 것은 당연하지만, 반대로 신이 내려준 은사로부터 투기적 이익을 구하는 것은 단죄받아 마땅하다고 여겨졌다. 이는 가난한 이를 돕거나 신을 경배하는 등 더 좋은 일에 쓰일 수 있었을 돈을 본질상 세속적인 목적에 전용轉用하는 셈이었다.

당연히, 한편으로는 (몇 가지 고대 금언으로 보강된) 전통적 기독교 교설, 다른 한편으로는 사회적 평판과 신분 상승을 갈망하는 동료들의 구체적 요구 사이에 끼어 있는 사람들이 애써 수립한 이 이론적 입장이 중세 내내 언제나 존중받았던 것은 아니다. 방금 거론한 혐의들에도 불구하고 여러 식자는 지적 능력에서 최대의 이익을 끌어내려 노력했다. 앞으로 보게 되겠지만, 자신이 받은 교육에 맞는 활동을 수행하면서 가능한 한 큰 이득을 얻기 위해 임시적 혹은 부정기적으로나마 자기 사업을 차리는(요즘 말로 하면 자영업자가 되는) 이들도 많았다.

그렇다고는 해도, 위와 같은 경우에조차 중세 말 식자는 경제적 필요에 따라 지적 능력을 행사해야 하는 직분을 벗어나고 싶어 했다. 주어진 직분에 맞는ex debito officii 마땅한 의무로 지적 능력을 발휘할 수 있는 직분에 경력 막바지에라도 도달하고 싶다는 바람이야말로 그의 마음속에 강고히 붙박인 전망이었다.[2] 그러므로 당시 사회에서 식자가 어떤 장에서 능력을 발휘할 수 있었는지 살펴보기 위한 최선의 시각은 바로 봉사의 시각일 것이다.

1. 가르치기 혹은 적용하기docere aut applicare

헨트의 헨리쿠스Henricus de Gandavo는 13세기 말 파리 대학의 가장 유명한 재속 성직자 신학 교수였다. 1276년 자《자유 토론 문제》한 편(I, 35)에서 그는 젊은 신학 박사가 대학에 남아 교육에 종사하는 것이 나은지, 아니면 대학이라는 모태 속 은 신처의 작은 세계를 떠나 그간 얻은 지식을 사목과 행정 활동에 쏟아부음으로써 교회의 책임 아래 있는 기독교도들의 영혼에 최대의 이익을 가져다주는 것이 나은지 묻는다. "충분히 배운 다음에도 더욱 진보하기를 바라며 학교에 남는 것이 나은가, 아니면 영혼들의 구원을 돌보러 가야 하는가?"[3] 헨리쿠스는 신중하게 답변했으나, 전체적으로는 교육에 자질이 있는 이가 대학에 남는 것이 더 유익하다고 판단했다. 대학에서의 발언은 고작 개별 교회 수준에서 재능을 펼칠 때와는 비할 수 없이 폭넓은 영향력을 가질 것이기 때문이다.

그로부터 약 한 세기 뒤(1386~1388년), 같은 파리 대학의 교회법 박사이자 장래에 투르 대주교가 될 아메유 뒤 브뢰유Ameilh du Breuil는 그를 "정교수" 동료회에서 쫓아내려 하는 (또한 그럼으로써 관련 권리와 수입을 박탈하려 하는) 교회법 학부 동료들과 소송을 벌였다. 이들은 그가 교수 직분에 따르는 책무를 다하지 않는다고 주장했다. 이에 아메유 뒤 브뢰유가 대꾸하기를, 그가 여러 해 동안 교사 담당 교육을 수행하는 틈틈이 때로는 사도궁 소송 심의관으로서 교황에게, 때로는 왕실 소원 심사관으로서 왕에게 봉사할 수 있었다는 점은 오히려 칭찬받아야 했다.[4]

위의 두 가지 예가 충분히 상기시키는 바는 다음과 같다. 이 시대에, 적어도 대학 학위를 소지한 모든 식자가 보기에, 교육은 그들의 능력 범위 안에서 가장 자명한 가치를 지닌 제일의 영역이었으며, 따라서 너무나 오랜 시간이 걸리던 학업이 끝날 때면 자연스럽게 떠올리게 되는 봉사의 형태였다. 그러나 다른 한편, 교직을 배타적 직분으로 간주하여 그와 동시에 혹은 그에 뒤이어 교회나 세속의 다른 역할을 맡을 수 없다고 보는 일은 중세에 드물었다.

학예 석사의 경우가 특히 그랬다. 대개 스무 살 무렵에 학위를 얻어 아직 젊은 나이인 학예 석사 중 많은 수는, 특히 가장 덜 유복한 이들은 학위 이후 몇 년을 교사로 일하며 보냈다. 일부는 도시나 농촌의 문법학교 교사가 되었고, 다른 일부는 대학에 남아 학예부 전임이 되었다. 1283~1284년 사이 파리에서 작성된 어느 문서에 따르면 당시 학예부에는 현직 전임actu regentes 교사 약 120명이 있었던 것으로 보인다. 이 높은 수치가 꼭 못 미더울 것도 없지만, 그래도 분명한 사실은, 이론상 2년간 전임직 수행을 의무로 강제하는 규정이 존재했다고는 해도, 학예 석사 학위를 받은 모든 후보자가 강의를 맡지는 않았다는 점이다. 어쨌든 그 처지에서 평생을 보내는 이들은 드물었으며, 1325년경부터 죽을 때까지 학예부 전임을 지냈음이 확인되는 저 유명한 요한네스 부리다누스Johannes Buridanus, 1300?~1360?의 경우는 예외다. 몇 년의 강의 끝에 돈푼이 모이고 나면 학예 석사 대부분은 대학을 떠나든지 상위 학부 학생으로 등록하든지 했다. 어쩌다 잠깐 더 교사로 남는다 해도 그것은 부수입을 확보하려는 임시방편에 지나지 않았음이 확실하다.

상급 학업은 알다시피 매우 오랜 시간이 걸렸다(해당 학부와 대학의 규정에 따라 6년에서 15년 사이). 그러니 일부 식자의 삶에서는 이 교육 기간이 경력 중 가장 긴 시간을 차지하여, 그저 경력 초엽에 잠깐 거쳐 가는 시기가 아니라 그 자체로 목적이 된 것처럼 보일 정도였다. 중도에 포기하는 이들도 있었고, 다소간 합법적인 방식으로 기간을 단축하여 학위를 얻는 데 성공하는 이들도 있었다. 반면 또 다른 이들은 질질 끌었는데, 현지 부임 의무가 없는 성직록처럼 편리한 수입원을 손에 넣거나 학숙에서 방과 장학금을 제공받는 등 운이 좋은 학생들이 특히 그랬다. 혹은 공식 직무를 수행하기 위해 잠시 공부를 중단했다가 다시 시작해서 시험을 치르는 수도 있었다. 탁발 수도회의 경우, 지도부는 거리낌 없이 학업 도중인 수사를 불러 순회 설교나 행정 직분을 맡기고는 했다.

상급 학업을 마치고 박사라는 최고 자격을 획득한 이들은 교수가 되어 대학에 남는 길을 고려할 수 있었다. 그것이 대학 학위의 본래 의미이기도 했다. 준교사 자격시험을 통해 발전을 검증받은 뛰어난 학생은 몇몇 강의를 담당할 수 있었다. 학사란 타인을 가르칠 수 있다는 교회의 허가이며(가르칠 자격 licentia docendi), 석·박사는 (취임 강연이라는 형태로) 교사 공동체에 정식으로 입회했음을 표지한다. 학사에서 석·박사로 이어지는 학위들은 본래 신규 교수 충원을 확실히 하는 데 목적을 두었다. 나중이 되면 대학 자격의 가치가 더욱 확대되어 일정 수준의 앎을, 나아가 지적 능력과 경우에 따라서는 직업적 능력을 보장하는 역할을 하지만, 신규 교사 선출을 위한 도구의 역할을 잃지는 않았다.

안타깝게도 중세 대학 교직 종사자들에 대한 오늘날의 지식

은 불완전하다.[5] 서로 다른 학부와 대학 소속 교수의 수는 대개
의 경우 확정하기 어렵다. 그들이 교육에서 얻은 수입도 마찬
가지다(학생들이 내는 사례금, 시험 응시료, 공적 권력이 지불
하는 봉급). 어쨌거나 그들은 스스로의 위상을 높게 치고 있었
던 듯하다. 당시 사회로서도, 지도층에서나 더 넓은 계층에서
나, 정말 후한 보수는 못 줄지언정 경의와 존중의 표시는 아끼
지 않았다. 아마 단테 자네티가 15세기 파비아 대학 교수들을
두고 쓴 글귀를 일반화해도 좋겠다. "대학은 재산이 아니라 영
예를 주었다."[6]

전체적으로 보면 오직 소수의 박사만이 교수가 되었던 듯하
다. 특히 법학에서 그러했는데, 뒤에서 보게 되겠지만 이 분야
에서 그토록 선망의 대상이 되는 박사 칭호를 부여받은 이에
게는 교수직 못지않게 영예로우면서 이득은 훨씬 큰 다른 길
들이 열려 있었기 때문이다. 대학 바깥에서 경력을 쌓을 기회
가 보다 드물었던 신학이나 적어도 대학 도시에서 거주한다면
교육과 의료 활동이 완전히 양립 가능했던 의학에서는 교육을
택하는 이들의 비율이 아마 조금 더 높았을 것이다. 몽펠리에
의학부를 예로 들면, 학생 인원은 100여 명을 넘는 일이 드물
었던 반면 10여 명에 달하는 전임 수는 늘 유지되었다. 하지만
바로 이 의학을 제외하면 전임들의 교육 경력은 그리 길지 않
았던 것 같다. 14세기 초 파리 신학 박사들은 남들보다 더 안
정적인 상황이었는데, 그럼에도 그중 10년 이상을 가르치는
이는 거의 없었다.[7] 더욱이 이 숫자가 평균값이라는 점을 고려
한다면, 대학 전임 중 상당 비율이 몇 년 만에 강단을 버리고

다른 직분을 맡으러 떠난 셈이다. 박사가 주교나 추기경이 되는 등의 경우라면 명백히 영전이라 할 수 있다. 하지만 다른 경우는, 적어도 사회적 영예의 견지에서 보자면 퇴직의 사유가 썩 분명하지 않다. 아무래도 당사자가 교육 활동을 평생을 바칠 만한 진정한 직업으로 여기지 않았다고 생각해야 할 것이다. 전임직 기간은 학업 기간의 연장에 지나지 않아, 얼마간 시간이 지나면 여기에 마침표를 찍고 삶의 다른 국면, 적어도 경력의 다른 국면으로 넘어갔다.

15세기에는 이 상황이 어느 정도 변화를 겪는다. 많은 대학, 특히 이류 대학이나 신설 대학에서는 두 집단이 뚜렷하게 개별화되는 모습을 보인다. 한편에는 "정교수들professeurs ordinaires"이 있다. 이 안정적 소집단은 대학 운영, 교사 담당 수업, 시험 조직을 맡았다. 수가 많지 않은 이들 정교수(예를 들면 아비뇽에는 4명뿐이었다)는 교육을 생업으로 삼고 오랫동안 자리에 머물렀다. 때로는 더 높은 봉급에 끌려 다른 대학으로 옮겨가기도 했다. 특히 13세기 말부터 이탈리아에서는 자치시들이 여러 유급 강좌를 개설하면서 가장 훌륭한 교사들의 봉사를 누리기 위해 다투었다. 다른 곳에서, 특히 학예부와 교회법학부의 경우, 교수들은 흔히 성직자 신분을 유지함으로써 부분적으로나마 성직록으로 생계를 보장받았다. 또한 중세 말에는 보수는 보잘것없지만 안정적인 학숙 전임 자리가 만들어지기 시작했다.

거의 직업화된 저 교사들 맞은편에는 여전히 보다 유동적인 둘째 집단, 즉 "비정규extraordinaires" 교수 집단이 있었다. 갓 학위를 딴 이들은 중요성이 덜한 몇몇 수업 아니면 대리 수업만을 맡았다. 이들은 대학 자문회나 시험 심사단에도 정식으로 참여하지 못했다. 몇몇은 정규 박사 동료회에 자리가 나기를 기다리기도 했지만, 많은 이들은 꽤 신속하게 교직을 떠나 다른 종류의 직분에 종사했다.

위와 같은 변화가 어떤 결과를 낳았는가? 정교수들의 소규모 과두 집단이 출현하면서 교육의 경화가 가속화되었으리라는 것, 더 젊고 관례에 덜 찌든 비정규 교수들이 학생들에게서 더 높게 평가받았으리라는 것은 가능한 일인데, 확실하지는 않다. 더 나이가 많고 외부 권력에 더 의존적인, 지역 명사와 더 끈끈하게 이어진 정교수들이 대학의 자율성을 옹호하는 데 마음을 덜 썼으리라는 것도 가능한 일인데, 확실하지는 않다. 어쨌든 분명한 것은 중세 말이 되면 나름의 생활 방식, 말버릇, 직업·가족 관계를 지닌 직업 교사가 식자라는 인물이 몸담을 수 있는 사회적 유형 중 하나로 자리 잡았다는 점, 동시대인들도 그렇게 여겼다는 점이다. 하지만 이제 보게 될 것처럼 그것은 결코 유일한 유형이 아니었다.

2. 식자, 교회인

중세의 전 기간에 걸쳐 서구의 학교와 대학 대부분은 교회 기관, 아니면 교회의 통제를 받는 기관이었다. 신학부는 당연하거니와 학예 및 교회법 학교에서도 사제와 수도자가 높은 비율을 차지했고, 학생과 교수는 서품 여부야 어찌 되었든 삭발례를 받았으며, 그들의 지위는 가령 조세와 사법 영역에서 성직자의 지위와 동일시되었다. 그러니 중세 말까지 식자 대다수가 교회의 품 안에서 경력을 쌓았다는 것은 놀랍지 않다.

극단적으로는 모든 교회인이 식자였다고, 두 집단은 동일한 집단이었다고 주장할 수도 있겠다. 초기 중세의 성직자 이데올로기에는 완전히 낯설지 않았을 그런 도식은[8] 그러나 우리가 연구하는 이 시대에는 거의 들어맞지 않는다. 그런데 역설적일지 몰라도 확실한 사실은 일자무식 성직자나 수도자의 수가 초기 중세뿐 아니라 12~13세기와 비교해서도 우리가 다루는 시대에 훨씬 적었다는 것이다. 다만 이제 문사는 그저 성직자층에 소속되어 있다는 것으로도, 어느 사제나 수도승이라도 숙달해야 했을 기초 지식(읽기, 쓰기, 노래하기)을 갖추었다는 것으로도 규정되지 않는다. 문사에게는 지식인에 걸맞은 고급의 앎과 기술이 필요했으며, 그런 앎과 기술은 더 이상 배타적으로 교회의 색채를 띠고 있지 않았다. 적어도 몇몇 나라에서는 속인 문사가 다수 나타났다. 따라서 식자 집단은 성직자-속인 사이의 오래된 단절 위를 가로질렀다. 식자들은 이쪽과 저쪽에 모두 모습을 드러냈고, 개개인의 지위를 나누는 분할선 너머에서 꽤 동질적인, 동시대인들에게도 그렇게 여겨지는 지식 엘리트층을 구성했다. 사태를 더 간단하게 말하자면, 중세 말 교회법 학위를 소지한 참사원은 여러 점에서, 지적으로나 사회적으로나, 평범한 시골 사제보다 세속법 학위를 소지한 속인과 가까웠고, 스스로 그렇게 느꼈다.

그러므로 우리는 이제 성직자층 내부에서도 특유한 교양,

학업, 학위, 장서, 능력, 직분을, 게다가 특유한 표현과 행동 방식을 지닌 자들의 집단을 포착해야 한다. 이 집단은 그 밖의 성직자나 수도자와, 즉 그저 교회인의 위계에 속하며 전례의 의무와 성사의 권한을 지녔다는 것밖에 별다른 특징이 없는 이들과 구별되었다.

전반적으로 중세 말 수 세기 동안 식자층 비율은 교회 내부에서도 크게 증가했다. 그러나 도달 수준은 고려 대상이 되는 성직자의 범주에 따라 크게 달랐고, 더욱이 성장의 추세와 강도가 서구의 여러 나라마다 같지도 않았다.

물론 식자들의 존재가 단연 두드러진 계층은 고위 성직자층이었다. 오늘날에는 상당히 많은 인물지 연구études prosopographiques가 갖추어진 만큼 몇 가지 유의미한 수치를 도출해 볼 수 있다.

파리와 볼로냐 학교에서 교육받은 성직자들이 로마 교황청 안에 나름의 자리를 확보하기 시작한 것은 12세기 중반이었다. 그 이후 이들의 역할은 끝없이 커졌고, 아마도 아비뇽 교황청 시대(1309~1378년)에 정점을 맞는다. 아비뇽 교황청이 복잡하고 효율적인 행정·조세 기구를 마련하는 데 성공했다는 점은 수많은 연구가 분명히 보여준 바 있다(영적 영향력의 손실과 맞바꾼 성공이기는 했다). 이 기구는 매우 튼튼하기도 해서 1378년 교회 대분열을 거치고도 살아남았고, 서로 다른 세력에 속해 경쟁하던 교황들은 그 덕분에 결국 일반 공의회 앞에 고개를 숙이기 전까지 40년 동안 권위를 유지할 수 있었다.

전반적 검토를 시도함으로써, 나는 아비뇽 교황청 행정의 전성기—즉 클레멘스 6세Clemens VI, 1342~1352, 인노첸시오 6세Innocentius VI, 1352~1362, 우르바노 5세1362~1370 시대—당시의 식자들이 교회 중앙 정부 내에서 어떤 자리를 점했는지 근사치로나마 가늠해 볼 수 있었다.[9] 이 시점에 교황청 주요 조직(상서국, 궁무처, 내사원, 사도궁 항소원)을 이끈 이들은 박사와 학사 40여 명이었다고 할 수 있고, 그들은 거의 모두 법학과 출신이었다. 물론 대귀족 출신 고위 성직자나 교황의 가까운 친지 몇 명도 함께 자리하기는 했다.

그 산하의 교황청 행정 담당자는 약 300명에 이르렀다. 그중 학위 취득자나 학생 출신이 차지한 자리를 가늠해 보는 일은 더 어렵다. 일단 상서국에서는 20~25퍼센트 정도가 그럴듯한 비율이다. 어쨌든 교황의 재무관·공증인·서기는 대학에 다니지 않은 경우라도 "식자"라 여겨질 만했을 것이다. 그들이 맡은 임무가 복잡했을뿐더러, 그들이 살던 교황청 사회는 정보에 밝고 세계주의적이며 교양 수준이 높았기 때문이다.

이 사회가 공식 행정 부처로 환원되는 것은 아니다. 교황궁에서도 일상생활이나 군사를 고유 업무로 하는 부처에는 확실히 문사들이 많지 않았겠지만, 반면 교황이나 추기경들의 개인 측근(식구familiae)에서 이들은 빠지지 않았다. 이 측근 가운데 학위 취득자와 학생 출신 인원은 평균 20퍼센트를 점했다(그중 상위 학부의 학사나 박사는 3분의 1에 불과했지만). 아비뇽 교황청의 높은 문화 수준(높은 수준이라고는 해도 새로운 생각들, 가령 인문주의에 대해서는 물론 어쩔 수 없이 소심한 데가 있었다)을 설명하기 위해 아마 한층 더 중요한 요소는 아비뇽에 고위 성직자들과 사절들, (대개 근처 몽펠리에 대학에서 온) 교황이나 추기경의 의사들, 교황으로부터 까다로운 사안의 검토를 위임받아 모인 프란치스코회나 도미니코회 소속 박사들 등이 상시적 혹은 간헐적으로 머무르고는 했다는 것이다.

아비뇽 교황청 주위를 맴돌던 식자 집단의 윤곽을 더 뚜렷하게 잡아보자면 두 가지 특징이 명백하게 도드라진다. 첫째는 법률가들의 우세로, 여기에는 교회 법률가와 세속 법률가가 두루 포함되며, 이들이 신학자들이나 학예부밖에 나오지 못한 철학자들과 수사가들을 압도한다. 둘째는 이 사람들의 절대다수가 프랑스 출신(더 정확히는 흔히 리무쟁이나 랑그도크 지방 출신)이었다는 것인데, 그래도 그 틈에서 이탈리아인이나 심지어 잉글랜드인 몇 명을 마주치는 것이 드문 일은 아니었다. 따라서 학위 취득자는 주로 툴루즈나 몽펠리에 대학 출신이었으며, 파리나 오를레앙 대학 출신은 그보다 적었다. 13세기부터 15세기 초까지 프랑스 성직자층 지식 엘리트 중 무시할 수 없는 부분이 교황권에 흡수되는 경향이 있었다는 것은 뚜렷하다. 그러니 영예로운 데다 보수도 좋은 일자리를 제공하는, 고갈되지 않을 것만 같았던 이 샘이 교회 대분열 이후 말라가는 것을 보면서 프랑스의, 특히 남부의 성직자가 느꼈을 향수를 짐작해 볼 만하다.[10] 그에게 남은 선택지는 침울하게 지방을 벗어나지 못하는 경력을 받아들이는 길, 아니면 정치적 온순함을 대가로 하여 프랑스 왕과 그의 궁정에서 한때 아비뇽이 제공했던 것과 같은 호의와 명예를 구하는 길뿐이었다.

물론 15세기 교황들이 더 이상 식자들을 부르지 않았다는 이야기가 아니다. 하지만 교황청이 이탈리아 바깥에서 영향력을 잃어가면서, 교황청 경력에 접근하는 길 역시 점점 이탈리아인들에게로 제한되었다. 내가 알기로 15세기 로마 교황청에 대한 연구는 14세기의 경우와 달리 전반적인 사정을 거론할 수 있을 만큼 진척되어 있지 않다. 다만 교황 니콜라오 5세Nicolaus V, 1447~1455와 비오 2세1458~1464 재임 이래 특히 토스카나 출신의 인문주의자 몇 명이 교황청에서 자리를 잡았다는 점은 짚어둘 만하다. 로렌초 발라, 혹은 상서국 서신 담당자를 거쳐 교황 사서가 된 플라티나Platina, 1421~1481가 그렇다. 즉 교황은 식자의 봉사를 포기하지 않았다. 그렇지만 모두가 새로운 생각에 똑같이 호의적이었던 것도 아니어서(바오로 2세Paulus II, 1464~1471의 적의는 맹렬하기까지 했다), 요컨대 걸출한 소수 개인의 사례에 그치지 않고 1400년대 로마 교황청 전반의 문화 수준을 어떻게 평가해야 할지 말하기는 아직도 어렵다.

교황청을 벗어나 지역 교회 수준을 보자면 국가나 지역에 따라 심한 격차가 나타난다. 어쩌면 역사 연구의 불균등한 진척으로 인해 격차가 실제보다 강조되었을 수는 있다.[11]

성직자층의 교육 수준이 가장 높은 곳은 잉글랜드 왕국이었을 것이다. 인구도 많지 않고 도시화도 덜 되었지만, 그럼에도 이 나라가 학교, 대학, 학숙, 법원장의 주목할 만한 그물망을 보유하고 있었음은 이미 본 바와 같다. 잉글랜드 주교 가운데 옥스퍼드나 케임브리지 학생 출신 비율은 13세기 51퍼센트에서 14세기 70퍼센트를 거쳐 15세기에는 91퍼센트에 이르며 거의 전부를 차지하게 되었다. 이들 학위 취득자 중 대다수는 교회 법률가였지만, 눈에 띄는 비율의 신학 박사도 있었음을 강조해 둘 만하다(15세기에 40퍼센트). 교육받은 성직자의 비율은 참사원뿐만 아니라(15세기 요크 참사원 80퍼센트가 학위 취득자였다) 더 낮은 단계의 평범한 본당 성직자층에서도 높았다. 14세기 초부터 교구에 따라 보좌 신부 중 7퍼센트에서 26퍼센트가 대학 출신이었는데, 별것 아닌 듯싶겠지만 사실 중세 시대에는 완전히 이례적인 수치였다. 사태를 더 인상적으로 말해본다면, 1451년에서 1500년 사이 옥스퍼드의 주요 학숙인 뉴 컬리지를 나온 학생 중 적어도 40퍼센트, 어쩌면 실제로는 더 높은 비율이 이후 본당 성직자로서 경력을 쌓았다.

이제 대륙으로 건너가 보면, 서유럽에 속한 나라들을 두 부류로 나누어 대조해 볼 수 있다. 오래된 나라들(핵심적으로는 이탈리아와 프랑스)의 경우 유서 깊은 학교 전통이 존재한 덕분에 성직자층, 적어도 고위 성직자층에서는 진정한 식자들이 비교적 일찍 신분 상승을 이룰 수 있었다. 보다 젊고 어느 정도 변방에 위치한 나라들에서는 교회와 사회의 고답적 구조가 오랫동안 유지되었으며, 교회인의 지적 교육에서도 늦게서야, 그것도 필시 불완전하게만 뒤처진 몫을 따라잡을 수 있었다. 게르만권과 슬라브·헝가리·스칸디나비아권 나라들이 여기 해당된다.

프랑스 성직자층을 보면, 잉글랜드 성직자층과 비교할 때 오랫동안 상당한 지체를 겪었다. 바로 그 잉글랜드 성직자 중 상당수가 파리와 오를레앙의 학교에서 지적 훈련을 받았던 만큼 그 지체는 더욱 의외다. 필리프 오귀스트Philippe Auguste, 1180~1223 재위 당시 프랑스 주교 중 석사magistri는 고작 20퍼센트 남짓이었고, 랑 참사회처럼 중요한 참사회에서조차 그 비율은 더 낮았다.[12] 식자들은 성왕 루이Saint Louis가 재위하던 1250년대 이후에서야 프랑스 고위 성직자층 안에 확고한 기반을 갖게 되었다. 이때는 석사 주교 비율이 41퍼센트까지 올라가고, 거의 언제나 법학 학사, 심지어 박사가 주재하는 종교 법정이 일반화되었다.

머지않아 교황청이 아비뇽에 들어서면서 프랑스 성직자층 내 대학 출신 성직자들의 입지가 강화되었다. 프랑스 왕국에 교황 요한 22세1316~1334와 베네딕토 12세Benedictus XII, 1334~1342가 내린 교황 명의 서임장의 25퍼센트, 서임 예고장의 33퍼센트가 대학 학위 소지자에게 돌아갔다. 당연히 그것이 프랑스 성직자층 전체에서 학위 취득자가 차지하는 비율과 일치하지는 않는데, 위의 비율은 교황 수여 성직록에만 적용되기 때문이다. 그렇지만 해당자가 수천 명에 달하는 이 높은 수치를 보면 아비뇽 교황들의 성직록 정책이 프랑스 성직자층 내부에서 문사들의 지위가 높아지는 데 크게 기여했음을 짐작할 수 있다. 물론 동전의 뒷면으로, 이렇게 교황의 지명을 받은 학위 취득자는 흔히 현지에 부임하지 않는 겸임 성직자 대열에 합류하며 평신도들의 미움을 샀다. 이론상 임명장이 부과하는 사목의 책임을 다하기보다도 자기 공부를 계속하거나 대성당 참사회 언저리를 기웃거리거나 아비뇽 어느 집무실에 자리를 구하는 쪽을 우선시했기 때문이다.

14~15세기 동안 프랑스 주교단이 어떻게 충원되고 교육되었는지에 대한 체계적 연구는 아직 마련되어 있지 않다. 대성당 참사회에 대해서라면 몇몇 훌륭한 사례 연구가 존재한다. 그 결과를 조심성 없이 일반화시키는 것은 금물이지만, 이들 연구를 통해 조그만 참사원 세계에서 식자들이 불가항력적인 기세로 대두해 가는 과정을 좇아볼 수는 있다. 프랑스 북부에서 가장 강력한 재속 참사회 중 하나였던 랑 참사회에서 학위 취득자 비율은 13세기 말 45퍼센트였다가 한 세기 뒤 65퍼센트로 높아지며, 두 세기 동안 이어진 발전 끝에 1412년 86퍼센트로 정점을 찍는다.[13] 투르네에 대해서도 똑같이 높은 수치가 제시된 바 있다(1330~1340년간 학위 취득자 64퍼센트). 프랑스 남부의 몇몇 참사회에서도 아비뇽 교황 시기 동안 학위 취득자나 학생 출신 비율이 30~60퍼센트에 달했다.[14] 이 수치가 더욱 놀라운 것은 그들이 대개 법률가라는 점 때문인데, 반면 앞서 언급한 랑이나 투르네에서는 학위 취득자 중 족히 절반이 평범한 학예 석사로 채워져 있었다.

중세 말 이탈리아 대성당 참사회에 대해서는 그만큼 상세한 정보가 갖추어져 있지 않다. 매우 부분적인 몇 가지 연구가 제시하는 수치는 놀라울 정도로 미미해 보인다(15세기 말 파르마나 파비아에서 학위 취득자 20퍼센트 미만). 로마에서는 학위 취득자가 귀족이나 유지 가문의 비장자非長子들 사이에서 한자리를 마련하는 데 어려움을 겪었던 것 같다. 저 영예로운 성 베드로 대성당 참사회 구성원 중 거의 80퍼센트가 귀족이었고, 1277년과 1500년 사이에 재직한 참사원 중 대학을 다닌 적 있는 사람은 고작 15퍼센트, 그중 학위 취득자는 다 합쳐 9퍼센트에 지나지 않았다.[15]

신성로마제국에 속한 게르만권이나 중세 옛 유럽 북쪽 변경(스코틀랜드, 스칸디나비아, 슬라브권 및 헝가리)은 비슷하면서도 조금 다른 발전 양상을 보인다. 교회가 오랫동안 "봉건적" 구조를 유지한 이 지역에서 고위 성직자층 직책들은 고위 귀족의 전유물로 남아 있었고, 그 결과 심각하게 무식한 데다 자기 직분의 책무에 어울리지 않는 주교나 참사원이 뒤늦은 시기까지도 눈에 띄었다. 수준 높은 지적 훈련을 받고자 하는 이들도 있었는데, 지역에 대학이 없으니 고향을 떠나 파리로, 그보다도 볼로냐로 학위를 취득하러 가야 했다. 두 대학에서 활발하며 잘 조직된 "게르만 지역반"을 채우고 있는 것은 늘 이런 학생들이었다. 14세기 말에 신성로마제국이나 북유럽 지역에 대학이 생겼지만, 상황은 점진적으로 바뀌었을 따름이다. 아직도 가장 중요한 자리를 독점하던 귀족들은 만약 공부를 한다면 여전히 프랑스나 이탈리아로 떠났다. 토착 대학들로 말하자면 주로 범상한 학예 석사들을 길러낼 뿐이었고, 그중 많은 수는 평범한 본당 신부 자리 이상의 것에 욕심을 낼 수 없었다. 그러니 15세기 중유럽과 북유럽에서 성직자층의 평균 지적 수준이 개선된 것은 확실하지만, 그런 개선이 고위 성직자층의 사회적 구성이나 문화적 관례를 심층적으로 바꾸지는 못했다. 덴마크 왕국의 주요 참사회인 로스킬레 참사회에서 대학을 다닌 참사원 비율은 1367~1430년간 55퍼센트였다가 1431~1493년간 76퍼센트로 올라갔지만, 그들의 교양이란 대개 얄팍한 겉치레에 지나지 않았다. 이들 학생 출신 중 학예 석사라도 취득한 사람은 절반이 되지 않고, 상위 학부에 진급한 이는 없는 것과 매한가지다. 그만큼 정밀한 연구들은 아니었지만, 몇몇 독일 참사회에 대해서도 비슷한 결과가 제시된 바 있다. 예를 들어 마인츠에서 1260년과 1503년 사이 신상이 확인된 참사원 415명 중 42퍼센트가 대학을 다녔지만 학위를 딴 것은 단 38명, 즉 9퍼센트였다.

이 개관을 마치려면 끝으로 이베리아반도 지역의 상황을 고려해야 할 것이다. 이 주제에 대해 이용할 수 있는 정보, 적어도 프랑스에서 접근할 수 있는 정보는 안타깝게도 퍽 약소하다. 그것은 일단 잉글랜드·프랑스 모델과 독일 모델 사이 중간적인 상황을 비추어주는 듯하다. 바야돌리드의 예를 들어보자. 주교관은 없어도 대학을 갖추었던 이 도시는 16세기까지 카스티야 왕국의 사실상 수도이기도 했다. 바야돌리드의 주요 교회인 산타마리아 라 마요르의 참사원 및 성직록 수혜자 가운데 학위 취득자는 1369년에서 1425년 사이 5퍼센트에 불과했고, 모두 법학 전공자였다. 1425년과 1480년 사이에 그 비율은 22퍼센트로 뛰어오르며, 다른 한편 도시의 주요 본당들에서는 이제 준교사가 전례를 맡는다.[16] 이와 같은 발전 과정(처음의 지체, 뒤늦고 불완전하지만 신속한 만회)은 아래에서 왕국에 봉사하는 문관letrados을 거론할 때 또다시 살펴보겠다. 이를 스페인 상황의 전반적 특징이라 여길 만하다.

지금까지의 논의는 우선 재속 성직자층에, 그리고 정규 참사원으로 구성된 일부 도시 참사회에 관련된다. 수도승들이나 탁발 수사들이 겪는 상황은 전혀 달라서, 기독교 세계의 수준에서 본다면 아마 더 동질적이겠지만 서로 다른 수도회 사이에서는 확연한 대조가 드러난다.

초기 중세의 전 기간에 걸쳐 수도원은 그 내부의 학교, 도서관, 필경실scriptoria에 당시의 식자 대부분을 거두어들였다. 하지만 중세 말에 이르러, 오래전부터 철 지난 것이 된 이 고답적 독점권의 잔재는 거의 남아 있지 않았다. 물론 수도원 제도가 14~15세기 완전한 쇠락에 빠져 있었다고, 낡아빠진 수도원에 들어가는 건 귀족 가문이 절대 남들에게 보이고 싶어 하지 않는 기형아뿐이라고 여기는 것은 지나치다. 몇몇 수도원, 특히 카르투시오회 수도원은 여전히 높은 수준의 종교 저자를 배출했다. 잉글랜드의 세인트올번스나 프랑스의 생드니 같은 다른 수도원들은 왕국 역사 기록 생산지의 역할을 유지했고, 최근 연구에서 《생드니 수도자 연대기Chronique du Religieux de Saint-Denis》(샤를 6세1380~1422 치세에 대해 우리가 가진 최고의 서사체 사료)의 저자로 판명된 미셸 팽투앙Michel Pintoin의 숙련된 글쓰기와 날카로운 판단력은 문학·역사·정치·종교 등 전 분야를 아우르는 높은 교양 수준을 증명한다.[17] 미셸 팽투앙 자신이 대학에서 공부했다는 근거는 없으나, 이미 주요 수도회들이 새로운 지식 문화에, 그것이 자신들의 전통과 이질적임에도, 좋든 싫든 문을 열어준 뒤였다. 13세기 중반부터 시토회가, 다음으로 클뤼니회가 파리에 학숙을 세우고 젊은 수도승

몇 명을 보내 신학부 수업을, 심지어는 원론적 금지에도 불구하고 교회법학부 수업을 수강하게 했다. 다음 시기 동안에는 그 밖의 수도회 학숙들이 마찬가지로 파리에, 혹은 옥스퍼드나 툴루즈에 생겨났다. 그렇지만 이들의 생존은 쉽지 않았다. 돈이 부족했고, 베네딕토 12세를 위시한 교황들의 격려에도 불구하고 수도원장들이나 참사회들은 수도회 내에서 현대 학문을 발전시키는 데 별 열의를 보이지 않았다. 수도회 전체 인구 중 대학 학위 취득자 비율이 3~4퍼센트를 넘는 일은 드물었던 듯하며, 주요 수도원장은 여전히 대부분의 경우 박사가 아니라 고위 귀족 사이에서 충원되었다.

적어도 겉보기에는 완전히 반대되는 것이 탁발 수도회들의 상황이었다. 출발점에서부터 성 도미니코Dominicus Oxomensis는 문법·철학·신학 공부를 젊은 설교자 수사의 훈련뿐만 아니라 수도회 영성 자체의 핵심 요소로 삼았고, 프란치스코회도 약간 주저하다가 이 길을 따랐다. 도미니코회와 프란치스코회, 즉 설교자회와 작은 형제회는 앞서 보았듯 복잡하고 위계화된 학당 그물망을 갖추었고, 가장 중요한 학당들은 이런저런 대학의 신학부에 통합되어 있었다. 예하 수도원장, 총회, 관구장 및 총장은 재정 차원에서든 학생 선발과 교수 임명에 관련해서든 이 교육기관을 운영하는 데 정성을 기울였다. 바로 이 13세기 말 카르멜회와 성 아우구스티누스 은수자회도 뒤따라 흡사한 체계를 채택했다. 비록 중세 말 이런 학당에서 수백 명의 학생을 배출하기는 했지만,[18] 그로부터 당시 모든 탁발 수사가 높은 경지의 지식인이었다는 결론을 끌어내서는 안

될 것이다. 어느 수도회에서든 대다수는 각 거처에서 수도원 강사가 제공하는 최소한의 교육밖에 받지 못한 일반 수사fratres communes였을 것이 분명하다. 그럼에도 탁발 수도회 영성에서 교육에 언제나 높은 가치가 부여되었던 것, 박사들이 수도회의 빛이자 당연한 우두머리로 여겨졌던 것은 사실이다. 앙드레 보셰가 잘 보여주었듯, 15세기 계율 엄수 운동 이전까지는 이들 가운데서 무지한 바보idiota의 단순함이 공덕, 하물며 미덕으로 여겨지는 일은 결코 없었다.[19] 탁발 수도회 간부(수도원장, 관구장 및 총장, 총회원, 일반 설교자)는 (어차피 대개 잘 알려지지 않은) 사회적 출신과 무관하게 언제나 거의 배타적으로 신학 박사와 학사 가운데서 충원되었다. 중세 말 신학 작업에서 탁발 수사 저자들의 상당한 비중은 강조할 필요가 없을 정도다. 지금까지 보존된 파리와 옥스퍼드 성서 주해 가운데 13세기 작품의 63퍼센트, 14세기 작품의 83퍼센트가 그들의 것이다. 15세기가 되면 그 몫이 67퍼센트로 다시 떨어지지만, 이를 야기한 복잡한 이유 중에는 아마 상기 수도회들이 어느 정도 쇠퇴했다는 점, 혹은 적어도 그 내부에서 스콜라식 작업에 덜 경도된 "엄수파observantes" 경향들이 대두했다는 점 등이 얽혀 있고, 재속 성직자 신학이 확연히 쇄신되었다는 점도 고려해야 한다.[20] 탁발 수도회들은 설교 영역에서도 중요한 역할을 맡았다. 15세기 프랑스 북부에서 활동한 것으로 확인된 설교자의 85퍼센트가 이들 가운데 속한다.[21]

요컨대 교회에서, 심지어 교회 바깥에서도 학자와 문사에게 이만한 자리를 내어준 집단을 달리 찾아보기는 어렵다. 그렇다고 한들 탁발 수도회들이 초기 중세의 수도승들이 누렸던 것과 같은 준독점권을 행사했던 것은 전혀 아니다. 이제 신에 대한 봉사만큼이나 군주에 대한 봉사가 식자들의 능력을 필요로 하고 있었다.

3. 율사의 황금시대?

신에 대한 봉사와 군주―국가라고 해도 좋다―에 대한 봉사 사이의 대립이 성직자와 속인 사이의 대립과 그대로 겹치는 것은 전혀 아니다. 지중해권에서야 도시나 군주가 고용하는 정치·행정 담당자가 중세 말 수 세기 동안 벌써 많은 부분 속 인화되었지만, 북부 유럽에서는 사정이 같지 않았던 탓이다. 이쪽에서는 국가 공직자 중 많은 이가 참사원이나 주교, 수도 원장 같은 교회인이었는데, 문사 속인이 아직 많지 않았기 때문이기도 하고, 교회가 보수를 책임지는 성직자의 도움을 받는 것이 세속 권력에게 편리했기 때문이기도 하다. 이러한 상황은 성직자가 속된 교과를 다루지 못하도록 하는 교회법의 오래된 금지 조항에 반하는 것이었지만, 그렇다고 해서 교회가, 특히 교황권이 이 상황에 반대했던 것으로 보이지는 않는다는 점을 강조해야 한다. 도리어 이미 군주에 대한 봉사에 몸을 담아 군주의 추천을 받은 성직자에게 교황들은 13~15세기 동안 기꺼이 성직록을 내려주었던 듯하다. 이 너그러움의 까닭에 대해 의문을 제기해 볼 수는 있다. 교회는 그것이 한창 형성 중인 새로운 국가기구 안에서 어느 정도 영향력을 유지하는 수단이라 여겼을까? 귀족이 정치권력의 전통적 담지자인 만큼 교회의 입장에서는 혹자가 시사하듯 말 그대로 "귀족에게 도전장을 던진"(엘렌 미예)[22] 셈이었을까? 만약 그렇다면, 왜?

사정이야 어쨌든 간에 교회가 이처럼, 말하자면 무료로, 국가에 얼마나 큰 도움을 베풀었는지를 밝히기는 그리 어렵지 않다.

참사원이나 주교가 군주나 도시에게 제공하는 봉사에는 여러 종류가 있었다. 어느 정도 종교적 색채를 간직한, 비교적 가정적이고 개인적인 성격의 봉사(고해 사제, 전속 사제, 측근)일 수도, 아니면 정반대로 확실히 공적·세속적 권역에 속하는 봉사(사법·재정 관리, 외교 사절)일 수도 있었다.

성직자들이 왕정 공직자 가운데서, 특히 중앙 권력 수준에서 가장 오랫동안 중요한 자리를 지켰던 두 나라는 잉글랜드 왕국과 프랑스 왕국이었다. 사실 이들 나라에서 국가에 봉사하는 성직자의 전통은 구체제 자체가 몰락할 때에서야 그와 함께 완전히 사라질 것이다.

잉글랜드에서는 왕국 상서가 사실상 늘 고위 성직자(대개 캔터베리 대주교)였을 뿐 아니라 왕정 중심 부서들, 즉 상서국, 왕좌부king's bench(최고 법정), 재무국이 적어도 14세기 말까지는 많은 부분 성직자로 채워져 있었다. 엑서터와 요크처럼 수도에서 멀리 떨어진 곳의 참사회에서도 14세기나 15세기의 참사원들은 높은 비율로 공직을 수행했다(전자 32퍼센트, 후자 53퍼센트).[23]

프랑스에서는, 미남왕 필리프 4세Philippe IV le Bel, 1285~1314
시대에 왕실과 행정 부서를 아우르는 정부 중심 기관 종사자
에 대한 인물지 연구에 따르면, 확인된 관리 1884명 중 273명,
즉 15퍼센트가 참사원이었다(여기에 주교 몇 명과 수도자 몇
명이 추가될 것이다).[24] 그들은 어디에나 있었고, 전속 사제나
고해 사제 역할만 맡은 것도 아니었다. 상서국 공증인 겸 서기,
회계 담당관, 고등법원 판사 중 절반 이상이 그들의 차지였다.
이후로 그 비율이 감소하지만 속도는 느렸다. 고등법원에서
성직자 판사와 속인 판사의 균등한 비율은 15세기 중반까지
엄격히 유지되었다. 15세기 초반에도 랑의 참사원 중 절반 이
상이 성직록을 받는 직책과 왕이나 왕가 제후를 섬기는 직책
을 겸했다. 이렇게 군주가 고용한 참사원은 일반적으로 대학
학위를 소지했다는 점을 덧붙여 두자.

교황으로부터 프랑스 성직록에 대한 재량권을 박탈한 "갈
리아주의" 정책(1398년과 1408년의 복종 철회soustraction
d'obédience,[25] 1438년의 조칙Pragmatique Sanction[26])에도 학위 취
득자이자 국가 공직자이기도 한 이들 성직자는 큰 타격을 입
지 않았다. 성직록 수여권을 대폭 회수한 왕과 고관들이 특혜
와 수입을 배분하면서 그들을 잊지 않았기 때문이다.

반면 이탈리아에서는 상서국과 행정 부서, 법원의 인사들이
매우 일찍 세속화되었다. 이미 1224년, 시칠리아 왕국 통치에
필요한 관리를 길러내기 위해 나폴리에 수사학 및 법학 학당을
세울 때 프리드리히 2세Friedrich II는 교회의 도움을 청하지 않
았다. 14~15세기 이탈리아의 도시 상서국과 법원에서는 볼로

냐 대학이나 이탈리아반도 내 다른 법학 대학을 나온 속인 서기들이 주로 근무했다. 정치·행정 직책에서 성직자들은 거의 체계적으로 배제되었다. 로마의 성 베드로에서조차, 교황국이라는 매우 특수한 경우에서는 교회에 대한 봉사와 국가에 대한 봉사를 구분하기 어렵지만, 19퍼센트의 참사원만이 공적 직책을, 그중에서도 고작 1퍼센트가 엄밀한 의미에서 세속적인 직책을 맡았을 따름이다.

어쨌거나 성직자든 속인이든 국가 공직자 수는 (지리적·시기적으로 큰 편차가 있었지만) 중세 말 도처에서 증가했고, 그것이야말로 당시 사회·정치사의 한 가지 주요 여건을 이룬다. 이 현상은 꽤나 눈부시기까지 해서 동시대인들이 으레 그 중요성과 속도를 과장할 정도였다. 의회나 신분 간 회의는 관리 인원수가 지나치게 많다고, 도시나 군주의 재정에 너무 큰 부담이 된다고 주기적으로 규탄했다. 그러면 이런저런 개혁 조치로 수가 제한되었는데, 그래 봐야 곧 증가 추세가 재개되었다. 실상 중세 말의 국가들, 특히 거대한 국민 왕정의 행정은 여전히 확연한 미비 상태였으며, 사법 및 재정 담당자들처럼 헌신적이고 능력 있는(일단 그렇다고 알려진) 이들의 봉사 없이는 유지될 수 없었다.

프랑스 왕국 중앙 행정에 고용된 인원은, 자문회Conseil(정치 기관), 왕실Hôtel(가내 기관) 그리고 군 지휘부를 제외하면, 1350년경엔 250명에 불과하다(고등법원 100여 명에 상서국 60여 명, 나머지는 각종 재정·화폐 부서). 이 수치는 백년전쟁이 막바지에 이른 1450년 전까지 거의 오르지 않는다.[27] 특별세와 국고를 맡는 재정 담당자들을 제외하면 이들 관리 대부분은 물론 "식자" 칭호를 받을 만하다. 고등법원 판사나 회계 담당관은 거의 모두 법학 학사 혹은 박사였다. 왕의 공증인 겸 서기 중 많은 이들도 같은 학위를, 적어도 학예 석사를 가졌다. 어쨌든 이들은 궁정과 저택(성직자라면 대성당) 같은 환경을 오랫동안 드나드는 것만으로도 사법과 수사학 양쪽에서 훌륭한 교양을 갖출 기회를 넉넉하게 누렸다. 1314년 무렵 《포벨 이야기*Roman de Fauvel*》를 쓴 제르베 뒤 뷔스Gervais du Bus부터 샤를 6세 시대 "초기 프랑스 인문주의자들"에 이르기까지, 상서국 인사 여럿이 프랑스의 문학과 정치사상 발전에 중요한 역할을 했다.

요컨대 파리의 시테섬에 집중된 왕국 중앙행정 부서들은 프랑스 법학부 최우수 학위 취득자들에게 유달리 매력적인, 영예롭고 보수 좋은 진로와 동시에 수준 높은 문화환경을 의미했다. 자기 자신이나 친척, 친구가 그런 자리를 독점할 수 있도록 그들이 수단을 가리지 않은 것도 이해할 만하다. 14세기 말, 왕에게 봉사하는 자리에서 경력을 쌓으려는 이에게 사적 관계는 학위의 불가결한 보완물이 되었고, 왕국 중앙 조직에서 새로운 인물homines novi은 점점 희소해져 갔다.

지방 쪽, 즉 직할령Domaine 관리들이나 감사·지사 관할령bailliages et sénéchaussées[28] 행정관들의 상황은 조금 다르다. 그 인원수는 가늠하기 어려운데 아마 수천 명에 이르렀을 것이다. 그들 중 식자 호칭을 받을 만한 이는 오랫동안 많지 않았다. 감사와 지사는 귀족이자 군인이었고, 세금 징수인이나 대리 수납인은 임기응변을 서슴지 않는 재정 담당자였고, 대체로 문맹이던 순찰관의 주요 직무는 재물 확보와 신병 구속에 그쳤다. 왕국 행정 사무소에 바글바글한 말단 필사가나 서기조차 능력이 보잘것없어, 맡은 장부를 기록하는 수준 이상을 거의 넘어서지 못했다.

베르나르 그네는 상리스 감사 관할령을 모범적으로 연구한 바 있다. 규모는 소박해도 수도 가까이 위치한 이 도시가 보여주는 이미지는 프랑스 왕국의 다른 여러 지역에도 적용될 만하다.[29] 1450년까지 상리스 감사 관할령에서는 법학 박사를 찾아볼 수 없다. 기껏해야 10여 명의 학사가 있을 뿐이며, 대개 변호사인 그들 중 몇몇은 감사나 감사 대리인, 왕의 변호사나 대소인이 되는 데 성공했다. 나머지는 교양을 갖추지 못한 단순 실무자, 출신이 불분명한 순찰관이나 대소인이었다. 1450년과 1500년 사이에는 나라를 재건하려는 바람을 타고 관리의 수가 늘어나며, 그중 학위 취득자도 20~30명에 이르러서 때로는 이들마저, 적어도 경력 초기에는, 법원 사무관, 감관, 인장 관리인 등 대단치 않은 자리를 받아들여야 했다. 게다가 변화는 여기서 그치지 않았다. 1550년 무렵 상리스 감사 관할령에는 80~100명의 법학 학사가 있어 조그만 지방 법복계로서는 비대한 면모를 띠며, 조용한 생활과 앞길 막힌 야심을 감내하게 된다. 국가의 성장으로 관직 수가 늘어나면서 식자의 증식이 촉진되었지만, 거기서 무슨 결론을 끌어내야 할까? 지방 사회의 가장 미미한 층위에까지 모세 혈관을 탄 듯 지식 문화가 전파되었다는 것인가, 아니면 학위가 평가 절하되었다는 것, 앞으로 침울한 여가밖에, 미래 없는 팔자라는 지식인의 빤한 도정밖에 누리지 못할 학위 취득자의 좌절감인가?

프랑스에서 관리를 고용하는, 즉 법률가들에게 경력의 가능성을 제공하는 것은 국왕만이 아니었다. 제후(왕가의 비非계승자 영주나 대규모 봉지 보유자), 세속 영주로서 고위 성직자, 자치시 등에 속한 통치 기구도 더 소박하나마 군주의 것을 모방하여 똑같은 삼부 구성을 갖추었다(가내 업무를 맡는 저택, 자문회, 그리고 행정 부서들이 있는데, 이들 부서는 고전적으로 상서국, 법정, 재정 부처로 나뉜다). 주요한 차이라면 이쪽의 인원수는 수백 명이 아니라 수십 명 선이라는 것, 그리고 친지나 지인, 단순 실무자에 비해 교양인층에게는 대개 야박하게 비좁은 자리가 배정되었다는 것이다. 브르타뉴 공작령처럼 규모 있는 군주령조차 15세기 말까지 별 능력 없는 정치 인사들이 관리하던 상당히 간소한 기관들을 유지했다. 오직 부르고뉴 공작들만이 하나의 진정한 국가를 세우는 데 성공하여 오를레앙, 돌, 루뱅 대학을 나온 법학 학위 소지자들에게 상당수의 일자리를 제공할 수 있었다.[30]

정도 차는 있겠지만, 지금까지 프랑스 왕국에 대해 말한 것은 잉글랜드 왕국에도 적용될 수 있다. 우리의 논의에서는 같은 시기에 지중해권에서 무슨 일이 일어났는지 알아보는 쪽이 더 흥미롭다. 이 지리·문화권은 12세기 이래 로마법 르네상스의 요람이었고, 율사들은 벌써 그때부터 이곳의 사회·정치 무대에서 중요한 자리를 점했다. 하지만 중세 말에는 프랑스나 잉글랜드의 거대한 국민 왕정만큼 튼튼한 국가 체계가 세워지지 않았다.

프랑스 남부에서 법률가(법 전문가jurisperiti, 변론자causidici)
나 법률 교수professores legum에 대한 언급이 처음 등장하는 것
은 12세기 후반으로, 이 점은 봉건 군주령이나 행정관이 다스
리는 도시, 대성당 참사회에서 모두 마찬가지다. 13세기에는
자체적으로 건설한 로마법 교육이 이루어진다. 이 지방이 카
페 왕조의 영향권에 들어간 14세기 초에도 아직 놀라운 수의
속인 법률가들이 존재했고, 다수는 바로 그곳의 대학, 아니면
이탈리아 대학에서 학사·박사를 딴 학위 소지자들이었다. 조
셉 R. 스트레이어의 계산에 따르면 미남왕 필리프1285~1314 재
위 당시 랑그도크에는 적어도 98명의 박사 혹은 "법 전문가"
를 비롯해 총 189명의 법률가가 있었다. 그중 몇몇, 가령 기
욤 드 노가레Guillaume de Nogaret, 기욤 드 플레지앙Guillaume de
Plaisians, 퐁스 도믈라스Pons d'Aumelas 같은 이들은 파리까지 진
출해 화려한 경력을 쌓기도 했다.[31] 마찬가지로 자크 시폴로는
아비뇽 교황청의 세기에 아비뇽과 브네생 백작령[32]에서 활동
한 (다른 범주의 법조인은 제외하고) 판사 272명을 어렵지 않
게 확인했고, 그들은 거의 모두 학위 취득자였다.[33] 하지만 시
간이 더 지나 교황청이 로마로 돌아가고 파리·오를레앙의 학
위 취득자들이 프랑스 왕정 중심 기관에 대한 접근권을 장악
하자, 남부 식자의 경력 전망은 더 불확실해졌다. 그것이 15세
기 들어 남부 법학부들이 상대적으로 쇠퇴한 원인 중 하나였
으리라. 프로방스와 랑그도크의 법률가들에게 남은 선택지라
고는 지사 관할령 행정 아니면 도시 정부에서 퍽 보잘것없는

경력을 쌓는 길뿐이었다. 도시 정부에 봉사하기로 한다면 마침 왕권 성장에 저항하는 유력한 요원으로서 활약할 수도 있었다. 하지만 수세에 몰린 상태에서 치르는 이런 후위전이 어쨌거나 야심을 채워줄 수는 없었다. 그들의 기대에 더 부합하는 것은 그보다 "조국 랑그도크patrie de Languedoc"의 전통과 특수성을 배신하지 않으면서도 왕을 섬기는 쪽이었고, 이 점에서 지방 고등법원이 출현하여 지역 최고 법률가들에게 영예로운 자리를 제공하는 것은 특별히 반가운 일이 될 것이었다(툴루즈 1443년, 그르노블 1453년, 보르도 1463년, 디종 1476년, 엑상프로방스 1501년).

같은 시기, 이탈리아와 스페인은 대조적인 발전 과정을 겪었다. 이탈리아 북부와 토스카나에서는 도시 영주국들과 도시국가들이 승승장구했고, 나란히 저들에게 봉사하던 인문주의자 서기와 법학 박사 중에는 오랜 상인 유지층 가문의 친척이 있는가 하면, 이웃 속지contado에서 이주해 온 더 낮은 계층 출신도 있었다.[34] 같은 시대, 이탈리아 남부와 이베리아반도에서는 장기간에 걸친 전쟁과 소요 끝에 서로 다른 영토와 왕국을 통일하려는 작업이 '두 가톨릭 왕Rois catholiques'[35] 아래 개시되었다(1479년: 카스티야, 아라곤, 양兩시칠리아). 이 작업은 1500년까지도 완수되지 않을 테지만, 벌써 현대적 행정 기구 도입을 요구했다. 바로 이런 맥락 가운데 15세기 스페인에서는 문관letrado이라는 인물형이 등장해 사회적으로나 문학적으로 밝은 장래를 약속받는다. 문관들은 사실 매우 이질적인 집단을 이루었다. 정점에 있는 것은 왕국 고관들로 흔히 바야돌리드에 자리했다. 왕국 법원Audiencia real 판사, 국가의 정규·비정규 수입을 관장하는 회계 담당관contadores mayores, 상서국 서기, 총회 보고자가 그들이었다. 다른 문관들은 — 때로는 같은 문관들이 — 도시 정부 주요 관직(시장alcaldes, 고문regidores, 대리관corregidores)을 수행했는데, 카스티야에서 이들 관직의 임명권은 사실상 모두 왕에게 있었다.[36] 더하여 대귀족 가문도 따로 공증인과 서사escrivanos를 거느렸는데, 동시에 이들은 흔히 가문의 피보호자 집단, 즉 종복criados에 속했다. 문관의 약진이 카스티야에서 특히 두드러졌다는 점은 통일된 스페인에서 이 왕국이 곧 정치적 주도권을 행사하리라는 것을 보여주는 지표였다. 반면 신분 대표자들이 여전히 맹렬하게 왕권의 발전에 맞서던 아라곤과 카탈루냐에서 문관들은 그만큼 중요한 자리를 얻지 못했으며, 나바르에서는 훨씬 소박한 기관들이 한 줌의 학사와 준교사에게 도움을 청하는 것으로 만족했다.[37] 끝으로 포르투갈을 보면, 14세기 중앙 행정 관리 중 속인 법률가 비율은 18퍼센트에 불과했지만,[38] 그들의 역할은 15세기에 증대했다.

오랫동안 고답적으로 남아 있던 정치 구조가 현대화되고 있던 유럽 북부 지역에서도 남부에서와 비슷하게 영토 군주나 도시에 봉사하는 식자가 출세하는 모습을 관찰할 수 있다. 지방행정은 상당히 다양한 일자리를 제공하고 있어서, 많은 학예 석사의 목표인 소도시 서기 직책처럼 보잘것없는 자리부터 여전히 이탈리아 대학에서 학위를 받는 경우가 빈번하던 법학 박사에게 돌아가는 신성로마제국 법정 판사 자리까지 이르렀다.

요컨대 유럽 전역의 군주와 도시는, 교회만큼 식자를 환대하지는 않았다고 해도, 점점 더 많은 문사, 특히 법률가를 고용해 그들의 봉사를 받았다. 이들의 능력 수준은 그들이 누릴 영예나 보수의 수준만큼 다양했지만, 하나같이 공적 직책을 수행한다는 사실이 모두에게 공통된 준거였다. 이 준거점으로부터 15세기에는 자신들이 하나의 특유한 사회 집단을 이루고 있다는 감정이 결정화結晶化된다. 프랑스에서 법복 계급classe de robe이라 불릴 집단이다.

4. 결론: 몇 가지 필수적인 뉘앙스

앞의 내용으로부터 독자는 사뭇 단순한 도식을 포착했을 것이다. 따지고 보면 예측 가능한 그 도식은 다음과 같이 요약될 만하다. 중세 말에는 서로서로 양분을 제공하는 두 현상이 동시에 나타났는데, 교회가 중앙집권적 행정에 기반한 일종의 군주정으로 변모했다는 것, 그리고 근대 세속 국가가 탄생했다는 것이다. 전통적 지배 집단, 즉 "봉건적" 성직자나 귀족의 지원만으로 만족할 수 없던 교회와 국가는 새로운 종류의 공직자들에게 더욱더 도움을 청했다. 무조건적 충성에 더해, 이들 공직자는 문자와 지식 문화 교과의 숙달에 바탕을 둔 여러 기술적 능력을 갖추고 있었다. 이렇게 식자들의 신분이 상승한 결과, 역으로 그들 집단과 그들을 훈련시킨 교육기관도 자연히 성장하게 되었다. 그러니 중세 말의 정치 사회와 문화 엘리트를 연구하는 역사학자의 주된 임무는 인물지적 도구로 무장하고서 한편으로 종교적·세속적 행정 기구가, 다른 한편으로 그 기구의 작동을 도맡은 문사들이 나란히 상승하는 과정을 가능하다면 양적 방법으로 재구성하는 것이리라.

이 일반 도식이 틀린 것은 아니다. 더욱이 그것은 당시에, 예를 들어, 유능한 법률가와 문사가 필요하다며 이들 인재를 공급하기 위한 대학을 신설할 때 정치권력이 내걸던 야심과도 일치한다. 가령 1413년 프로방스 백작이 엑상프로방스 대학 설립을 공인하면서 선언하기로, 그것은 "바야흐로 앎과 덕으로 충만한 학인들이 공익을 책임지며 이를 위해 최선을 다해 진력하도록 하기 위함"이었다.[39]

그런데 사회와 문화의 발전에 대해 어느 정도 기계론적인 관점을 시사하는 이 도식에는 몇 가지 뉘앙스를 덧붙여야 한다.

우선, 식자가 신과 군주, 교회와 국가에 바치던 "봉사"란 정확히 어떤 성질의 것인가? 물론 그들에게 봉사했지만, 또 자기 이득을 위해 그들을 이용하지는 않았나? 비록 중세 식자들이 이론적 개념에 특별히 높은 값어치를 부여했고 관념의 힘을 가늠하는 데 다른 누구보다 뛰어나기는 했다지만, 그렇다고 이들을 특정 능력과 특정 직무의 결합만으로 정의되는 추상적 존재로 여겨서는 안 된다. 피와 살을 가진 존재로서 이들에게는 나름의 야심, 나름의 이해 관심, 나름의 교우 관계가 있는 것이다. 당시 사회에서 식자들의 역할에 대해 균형 잡힌 판단을 내리려면 이 모든 요소를 염두에 두어야 한다.

고려해야 할 둘째 뉘앙스로, 식자의 지적 능력과 그가 수행하는 임무 사이에 반드시 기능적 관계가 있었는가? 대답은 당연히 부정적이다. 여기서 말하는 것은 이미 지적한바,[40] 식자가 학습하는 교과(로마법, 스콜라 신학, 갈레노스식 의학)와 차후의 사회 활동 사이에 격차가 있다는 사실이 아니다. 상위 단계 교육은 상당히 추상적일지언정 교과의 정신 자체에 접근하게 해주며, 그 까닭에 뒤이어 이질적이고 관습적이고 경험적인 구체적 활동에 응용될 수도 있다는 것이 당시의 견해였음은 받아들일 수 있다. 반면 내게 의문을 불러일으키는 것은 문법과 논리학 외에 다른 것은 배우지 않은, 기껏해야 학예 석사를 딴 이들에게—즉 분명히, 적어도 유럽 북반부에서는, 학인 대다수에게—어떤 종류의 능력을 인정해 주었느냐는 것이다.[41] 학예 석사 학위가 특정 진로를 열어주지는 않았다. 그것으로는 학교 교사가(앞서 보았듯 여러 학교 교사에게는 그 학위조차 없었다), 부득이하면 필경사, 서기, 서사escrivano 정도가 될 수 있었다. 하지만 그 외에 이 학위는 단지 라틴어를 잘 안다는 것, 논리학과 철학의 기초 지식이 있다는 것, 추상적인 사고에, 또한 생산자로서든 수용자로서든 글을 다루는 데 꽤 익숙하다는 것, 끝으로는 학교·학숙·대학의 특별한 사회성을 경험했다는 것을 보장할 따름이다. 파리 학생 중 3분의 2와 독일 대학 학생 중 최소 5분의 4가 이 정도로 만족했던 만큼, 이런 유의 교육이, 기술적·직업적 측면은 결여하고 있을지언정, 어떤 지적 능력의 토대라 여겨졌다고 보아야 한다. 그렇다면 나머지는—즉 경우에 따라 필요한 종교적 혹은 법률적 지식은—현장에서, 점진적으로 또 경험적으로 획득할 수 있었다.

그러므로 어떤 문헌적 환상에 빠지지 않도록 주의해야 한다. 법률가와 부수적으로는 신학자가 요란한 칭호와 멋진 학위증—볼로냐와 파도바 대학에서 15세기에 발급하던, 그림으로 장식된 호화로운 양피지를 떠올려 보자—에 힘입어 무대 전면을 장악하고 있기는 하다. 하지만 박사의 거대하고 오만한 형상 뒤, 훨씬 더 많은 중세 식자는 평범한 학예 석사였다. 선생magister에서 유래한 이 석사 칭호의 모호함을 메겐베르크의 콘라두스Conradus de Montepuellarum가 그의 《가정관리학Yconomica》(1354년경) 3권 3장에서 적확히 강조한 바 있는데,[42] 한낱 학예 석사 선생의 지식은 상당히 초보적이었을지언정 타인에게 인정받는 자원으로서 특유한 사회적 활동의 토대가 되었다.

상기한 도식에 덧붙일 셋째 뉘앙스로, 이 사회적 활동이 늘 교회나 세속 권력에 대한 봉사로 귀결되기는 했는가? 명백히 아니다. 독립심 때문이든 이익을 좇아서든 아니면 자리가 없어서든, 중세 사회의 많은 식자는 민간 영역에서 활동하는 길을 택했고, 이 활동은 때로 앞서 받은 교육과 직접 연관될 수도 있었지만 때로는 예측하지 못한(따라서 추적하기 어려운) 것이 될 수도 있었다. 중세 사회에서 식자의 역할을 완전히 복원하고자 하는 이라면, 교회나 정치 경력상 영광의 행로cursus honorum가 아무리 화려한들 그것으로 식자의 역할을 환원하지 않으려 하는 이라면, 지적 능력의 개인적이고 사적인 용법 역시 고려해야 한다.

다음 장들은 방금 거론한 뉘앙스들을 명료하게 하고 심화하는 데 할애될 것이다.

5장

지식과 권력

우리는 방금까지 중세 말 서구 사회들이 가장 일반적으로 식자층에 할애한—결코 절대적 독점권을 내어준 것으로 보이지는 않지만—주요 직분들을 일별해 보았다. 이제는 이 직분들의 정확한 본질에 대해 질문해 보아야 한다.

첫눈에 보면 이들 직분은 비교적 기술적인 것으로, 앞서 습득한 학문 교과에 조응하는 실무 차원의 활동이었다. 단지 이미 본 것처럼 학예부 준교사와 학예 석사의 경우는 조금 더 복잡한 문제를 제기하는데, 그들의 문법·논리학 교양이 즉시 활용할 수 있는 무슨 요령과 대응하지는 않았기 때문이다. 하지만 다른 식자들의 경우, 이렇든 저렇든 그들에게 기대하는 일은 결국 언제나 글을 작성하고, 판단하고, 관리하는 것이었다. 식자들은 편지와 명령서를 쓰고, 설교하거나 변호하고, 심판을 내리고, 장부를 검토하거나 교회·군주의 세속 사무를 관장했다. 달리 말하면 언제나, 바로 앞 장의 제목이 시사했듯, 개인이든 집단이든 어떤 주인에게 봉사하는 것, 엄밀한 의미에서 권력의 담지자가 내린 결정이나 조치를 정리하거나 적용하는 것이 그들의 일이었다.

식자들의 역할이 이런 것으로 환원되었는가? 그들에게 어느 정도 자유의 여지가 있지 않았는가? 결정을 내리고 규칙을 확립하는 바로 그 단계에, 즉 권력의 행사에 그들이 이런 수준에서든 저런 수준에서든 관여한 적은 전혀 없었는가? 행동에 있어 그들은 어느 정도 해석과 주도의 권한을, 자율성을 누리지 않았는가? 주인의 이익에 봉사하면서 자기의 이익을 지키려고 할 가능성은 없었는가? 이상의 질문에 답하는 것이 이 장의 목적이다.

1. 지식과 이데올로기

중세 사회에서, 하기는 역사상 다른 어느 시대와도 마찬가지로, 종교 권력이든 세속 권력이든 권력이 자신의 행동에 더하여 그 행동을 나름 이데올로기적으로 합법화하고 정당화하기 위해 애써야 할 필요를 느끼지 않는 일은 드물었다. 모든 형태의 예술, 공적 의례, 구술되거나 글로 쓰인 현지어 문학, 역사 등 온갖 수단이 정치 이데올로기와 프로파간다에 복무할 수 있었다. 서구 중세로 말하자면, 이와 같이 이데올로기를 생산하고자 할 때 (우리가 제1장에서 정의한) 지식 문화의 자원을 이용해야겠다는 생각, 즉 식자의 도움을 받아야겠다는 생각이 발전되기 시작한 것은 주로 12세기부터였다. 《폴리크라티쿠스》(1159년)는 여기서 결정적인 단계를 나타낸다. 세속화된 것은 아닐지언정 정치 철학을 고유한 주제로 삼은 중세 최초의 걸작 논고인 이 저작에서, 솔즈베리의 요한네스는 국가를 훌륭히 통치하려는 군주라면 궁정인의 술책에도 스스로의 변덕에도 넘어가지 말아야 한다고 설파했다. 그런 것들은 폭정으로 귀결될 뿐이기 때문이다. 반대로 군주가 좇아야 하는 것은 "철학자들", 즉 학교를 나와서 문예, 변증술, 법학, 성서학 등 모든 훌륭한 교과에 숙달한 박사들의 견해다. "무식한 왕은 왕관을 쓴 당나귀와 같다Rex illitteratus est quasi asinus coronatus"는 격언은 바로 요한네스가 유행시킨 것으로, 중세 말까지의 정치 저술에서 가장 즐겨 되풀이되는 상용구 중 하나였다.

사실을 말하자면, 다른 숱한 영역처럼 이 영역에서도 세속 권력에게 길을 보여준 것은 바로 교회였던 듯하다. 11세기 말부터 교회권과 제국 사이의 분쟁으로 인해 교황들은 (그리고 그 여파로 황제들은) 그들의 지상권 주장에 대한 정당화를 신학과 로마법에서 찾으려 궁리했다. 그 결과 양 진영에서 활발한 저술 활동이 일어나, 12세기 교황 알렉산데르 3세Alexander III, 1159~1181와 황제 붉은 수염 프리드리히 1세Friedrich I Barbarossa, 1155~1190 때, 그리고 13세기 황제 프리드리히 2세1220~1250가 교황 그레고리오 9세1227~1241, 뒤이어 인노첸시오 4세1243~1254에 맞서 투쟁하던 때까지 이어졌다. 갈등이 막바지에 이른 이때, 탁발 수사 신학자들과 로마의 교회 법률가들은 한목소리로 교황이 권력의 완전성plenitudo potestatis을 갖는다는 입장을 지지했다. 14세기에 황제권이 상대적으로 힘을 잃는 한편 너무나 기름칠이 잘된 아비뇽 교황청의 행정 기계가 원활히 작동하면서 잠깐 사그라진 교회론적 성찰은 1378년부터 서구 교회 대분열을 기화로, 또 끝날 줄 모르는 바젤 공의회와 함께 15세기 중반까지 계속된 공의회 위기를 기화로 또 한번 전면에 나선다. 서로 다른 교황 중 한 명을 지지하는 당파든 공의회의 우위를 주장하는 당파든, 다시금 철학·신학·법학에 각자가 지지하는 입장을 뒷받침할 만한 논거를 제공해 달라고 요청했다. 대학에서든 군주나 서로 경쟁하는 교황들의 주변에서든, 곳곳에서 "교회 분열에 대하여", "공의회에 대하여", "교황에 대하여" 따위의 논고와 팸플릿이 증식했다.

세속 권력 쪽을 보면, 이미 언급한 친황제파 저술을 제외하더라도, 정치 이데올로기의 발전이 국가와 군주 주권의 실질적 부흥에 수반되었고, 어쩌면 전자가 후자를 앞서기까지 했던 듯하다.

벌써 12세기에 이 같은 이데올로기를 처음 이용한 잉글랜드 플랜태저넷Plantagenet 왕가에 복무한 것이 바로 솔즈베리의 요한네스, 그리고 웨일스의 제럴드Gerald of Wales나 월터 맵Walter Map 등으로, 셋 다 순전히 당대 학교의 산물로서, 왕정의 이론가이자 교양 없는 궁정인·귀족에 대한 신랄한 비판가였다.[43] 프랑스에서는 오랫동안 왕조 숭배와 역사 기록이 카페조 정치의 주요한 이데올로기적 지주가 되었다. 성왕 루이1226~1270 시대에는 피에르 드 퐁텐Pierre de Fontaines이나 블라노의 요한네스Jean de Blanot 등 몇몇 법률가가 "자기 왕국의 황제"로서 왕의 주권을 확언하는 데 로마법을 근거로 들기 시작했다. 20년이 더 지난 뒤에는 최대한 왕정의 관점에서 해석된 정치적 아리스토텔레스주의가 근대 국가 건설에 두 번째 보증, 철학적 성격의 보증을 제공했다. 젊은 시절 가정교사 가운데 성 아우구스티누스 은수자회 수도자인 에지디우스 로마누스Aegidius Romanus, 1247?~1316가 있었던, 즉 파리 대학의 가장 훌륭한 철학·신학 교사 중 한 명이자 《군주통치론De regimine principum》의 저자에게서 배운 미남왕 필리프는 왕정의 정치 행위를 위해 지식 문화의 자원을 체계적으로 활용하려 마음먹은 최초의 왕일 것이다. 그는 세속 영역에서 왕의 전적인 독립성을 확언하기 위해 교황 보니파시오 8세와 기나긴 분쟁을 치렀으며, 마침내 승리로 끝난 이 분쟁 동안 왕의 우선권을 지지하는 숱한 논고와 팸플릿이 출간되었다.

왕의 정치에 대한 이데올로기적 조율 작업이 정점에 이른 것은 샤를 5세1364~1380 치세에서였다. "현왕Sage(즉 학자왕savant)"이라는 별호는 왕의 행동 방식에 내재한 이 측면을 동시대인들도 감지했음을 잘 보여준다. 샤를 5세는 확실히 교양인이었다. 그가 루브르에 창설한 "국왕 서고librairie royale"에서는 국가사, 공법, 정치 철학이 종교 서적이나 현지어 문학 곁에 자리했다. 그는 지식인들에게 둘러싸여 있기를 좋아했는데, 대개 파리 대학 출신이었던 이 모임에 프랑수아즈 오트랑은 "왕의 클럽"이라는 재치 있는 명칭을 붙였다.[44] 실상 정해진 형태가 없는 이 기관의 목적은 결정을 내리는 것이 아니라(그 역할은 여전히 자문회에 귀속되었다) 국가에 대해, 그리고 정치 행위의 본질과 목적에 대해 일반적 성찰을 개진하는 데 있었다. 이 모임은 자주 왕의 곁에서 학구적이고도 친근한 대화를 나누고는 했다. 또한 수준 높은 작품을 다수 만들어내기도 했는데, 분명 군주가 직접 주문한 이들 작품에서는 샤를 5세가 왕국 통치에서 구체적으로 실천에 옮기려 애쓰던 정치적 개념들이 실로 온전하게 표현된다(국가의 주권성과 왕권의 양도 불가능성, 조언과 동의의 필요성, 관리 선출, 종교에 대한 정치의 전적인 자율성 등). 이 저술들 가운데 우리는 이미 니콜 오렘의 아리스토텔레스 번역이나 에브라르 드 트레몽공이 쓴 《정원의 꿈》을 언급했으며, 여기에 드니 풀샤Denis Foulechat가 번역한 《폴리크라티쿠스》, 라울 드 프렐Raoul de Presles이 번역한 성 아우구스티누스의 《신국론》을 곁들일 만하다.

전파 범위가 제한되었을 이론 논고가 정치 이데올로기의 유일한 전달 수단은 아니었다. 한편으로 프로파간다 팸플릿과 전단, 다른 한편으로는 공문서를 덧붙여야 한다.[45] 상서국에서는 공문서 집필에 정성을 기울였는데, 공문서가 그 성격상 폭넓은 대중에게 왕권 프로파간다의 가장 고전적인 테마들을 구체적으로 전달하는 데 유용했기 때문이기도 하다(증서와 칙령의 관례적 서두, 엄숙한 판결 이유, 조사관이나 개혁 위원에게 주는 위임장). 이런 문구에 얼마나 많은 이데올로기를 투여할 수 있는지는 이미 13세기에 황제 프리드리히 2세와 교황들이 보여준 바 있다. 중세 말 군주들은 그 교훈을 잊지 않았다.

샤를 6세1380~1422 치세 동안에는 광인 왕으로부터 넘겨받은 권력을 두고 다투던 백합 문장紋章의 제후들이 프로파간다의 노력도 이어갔다. 필리프 드 메지에르Philippe de Mézières, 1327~1405[46]의 경우는 예외적이지만, 독학자 기사로서 교양을 쌓은 그는 어차피 우리가 여기서 논하는 식자들 사이에 포함되지 않는다. 부르고뉴 공작과 오를레앙 공작은 가장 주목받는 지식인들의 봉사를 확보하고자 서로 경쟁했다. 이 게임에 더 능란한 이는 전자였다. 오를레앙 공작이 여러 행정 관리와 군인의 충성심을 자기편으로 끌어들이는 동안, 부르고뉴 공작은 장 제르송처럼 탁월한 대학인들이나 크리스틴 드 피장Christine de Pizan —식자층 집단에 포함될 만큼 충분히 학문 교과에 숙달한, 중세에 보기 드문 여성 중 한 명—같은 준직업 작가들의 지지를 얻을 수 있었다. 일부 문사는 지속적으로 부르고뉴파의 입장에 충성했지만, 다른 이들은 특히 오를레앙 공작 암살(1407년)[47] 이후 떨어져 나와 거의 무의미한 수준인 제3의 개혁파에 가담하거나 아르마냐크 도당에 합류했다. 15세기 초엽, 예컨대 상서국에서 일하던 인문주의자 서기들의 공감을 얻은 것이 후자라는 데는 이론의 여지가 없다. 가령 장 드 몽트뢰유의 정치 논고(《모든 기사에게À toute la chevalerie》, 《반잉글랜드론Traité contre les Anglais》)는 잉글랜드에 맞서 오를레앙파의 "민족주의" 정책을 힘껏 지지했다. 서기들의 현실 참여는 세월이 가면서 노골적으로 반부르고뉴 성향을 띠었고, 1418년 부르고뉴 공작이 파리의 주인이 되었을 때 대부분은 그 대가로 목숨을 잃거나 영구 추방당했다.

하지만 이런 파국도 저 이데올로기적 흐름을 완전히 멈추게 하지 않았다. 1430년대 이래, 부르고뉴 공작 선량공 필리프가 보다 문학적이고도 전통적인 프로파간다 형식(연대기와 기사 문학[48])을 고수하는 동안, 국왕 샤를 7세Charles VII, 1422~1461는 다시금 철학적·법률적 논거를 만들 줄 아는 정치 저자를 여럿 불러들였다. 그의 적법성을 뒷받침하기 위해, 나아가 잉글랜드인들이 점령한 영토를 성공적으로 탈환하면서 왕정 국가를 재건하고자 점점 더 권위적이고 나아가 "절대주의적"인 성향을 띠는 정책을 정당화하기 위해, 그런 논거는 필수적이었다. 해당 저술들에 대해 전문가들은 일반적으로 야박하게 평가한다. 이전 세기의 그토록 강력했던 법률적·정치적 분석이 점차 밀려난 대신, 겉보기에만 그럴듯한 논거들이 뻔뻔한 프로파간다에 복무했다는 것이다. 그나마 역사학자들의 호의를 누리는 것은 장 쥐베날 데쥐르생Jean Juvénal des Ursins, 1388~1473뿐으로, 왕의 엄격한 변호사인 그는 샤를 7세에게 바친 갖가지 "제안"과 "권고", 그 밖에도 여러 "숙고"의 저자다. 반면 보케르 지역에서 일한 왕의 또 다른 변호사 장 드 테르베르메유Jean de Terrevermeille(1419년 그가 쓴 《왕에게 반역하는 자들을 비판하는 논고 Tractatus contra rebelles suorum regum 》는 "전능한 왕 앞에서 신민이 마땅히 복종해야 한다는 생각의 옹호론"으로 규정되었다)나 샤를 7세 차남의 가정교사였던 로베르 블롱델Robert Blondel (《프랑스 왕위의 권리 Les Droits de la Couronne de France 》, 1450년경), 혹은 세기 말엽의 인문주의자 상서로서 1484년 프랑스 국민에게 "지치지 않고 재빨리 복종하는 습성"이 있음을 칭찬한 기욤 드 로슈포르Guillaume de Rochefort에게 역사학자들은 유난히 가혹했다.[49] 프랑스에서 지식인과 정치권력 사이의 관계는 길고도 어려운 역사를 거쳐왔거니와, 바로 여기서 "성직자들의 배반"[50]의 첫째 사례 같은 것을 보아야 할까?

그야 어쨌든, 우리 논의에서는 이들 식자의 사회학적 출신을 식별하는 것이 중요하다. 군주에 대한 그들의 봉사—흔히 보수가 꽤 후했던—는 이런저런 행정 직책이 아니라(어쨌든 그것만이 아니라) 국가 이데올로기의 개발이라는 형태를 띠었는데, 이 이데올로기는 "왕국 개혁"의 명목으로 전통적 자유권의 퇴조를 정당화함으로써 왕의 주권이 더 폭넓게 받아들여지도록 하는 데 목적을 두었다.

주목할 점으로, 많은 이들이 자기 작품에 서명을 하지 않았고, 그 탓에 이들 작품은 익명으로 남았다. 이처럼 신중한 태도를 취한 까닭이 무엇이었는지 궁리해 볼 만하다. (다소 시대 착오인 어휘를 사용하자면) 신실한 "애국심"이나 "왕당파 정신"에서든, 군주의 눈에 들어 그의 호감을 사기 위해서든, 혹자들은 자발적으로 행동한 듯하다. 피에르 뒤부아가 그런 경우일 것이다. 파리와 오를레앙의 학생 출신으로 노르망디 쿠탕스 감사령에서 별로 눈에 띄지 않는 변호사로 일하던 그는 1300~1310년 사이 10여 편의 짧은 논고를 써서 미남왕 필리프의 정책을, 보니파시오 8세와 성전 기사단Templiers에 대한 그의 공격에서든 아니면 그의(혹은 그의 것이라고 피에르 뒤부아가 간주한) 십자군 기획에서든[51], 유보 없이 지지했다. 이 어김없는 충성은 게다가 보상도 받지 못했는데, 아마 왕은 피에르 뒤부아의 텍스트에 대해 들어본 적도 없을 것이다.[52]

다른 저자들은 곧바로 대학에서 오기도 했다. 크리스틴 드 피장이 알려주기로, "샤를 5세 왕은 학문과 학업을 사랑했고, 그가 매우 사랑하는 딸인 대학, 파리 성직자들의 대학에 그 점을 보여주었다. (…) 학문을 위해 모인 성직자들의 연합에 그는 큰 경외심을 품었다. 학장과 교수, 또 고명한 성직자 가운데 여럿을 종종 불러들여 학문의 가르침을 듣고 신앙의 문제에 대해 그들의 조언을 따랐으며, 그들의 명예를 높이고 모든 일에서 도움을 아끼지 않았다."[53] 끝으로 또 다른 저자들은 왕이 그들의 필력에 도움을 구했을 때 이미 이런저런 행정 기구에 속해 있었다. 즉 이들 대부분은 직접 왕의 요청을 받았을 것이다. 물론 저자들이 승낙한 것이 어느 정도 뚜렷이 자각된 이득 때문이고 어느 정도 신실한 신념—그 또한 설령 일반적 합의는 아니라도 어떤 강력한 여론의 흐름에 기댄 신념—때문이었는지는 알 수 없다. 마찬가지로, 주문자로서 왕이 그가 요청하는 작품의 구도를 어디까지 미리 정했는지, 아니면 반대로 저자에게 얼마만큼 자유의 여지를 남겨두어 경우에 따라서는 그가 왕의 바람을 앞지르고 아직 생각지 못했던 논거, 나아가 개념을 제공할 수도 있었는지 여부도 알 수 없다.

이런 질문들에 답하려면 군주의 개성과 교양을 직접 파악할 수 있어야 한다. 중세 말의 "현왕"이 솔즈베리의 요한네스가 비웃던 "무식한 왕"의 수준을 벗어난 것은 확실하다. 다만 이 시대에 왕이 몸소 펜을 들어 쓴 진작眞作 문헌은 거의 남아 있지 않으므로 군주가 식자와 어느 정도로 대등하게 토론할 수 있었는지, 혹은 전체적 방향이 그가 원하는 바에 부합하기만 한다면 식자가 자기 생각을 마음껏 전개하도록 허락하는 편을 선호했을지 등을 말하기는 어렵다.

우리가 얼마간 상세히 소개한 것은 비교적 친숙한 프랑스의 사례지만, 주위에 문사를 거느리고 국가를 근대화하려는 노력에 보탬이 되는 이데올로기적 혹은 프로파간다적 작품을 주문하는 "현자" 군주는 13~15세기 사이 유럽 왕정 대부분에서 한 명 혹은 여러 명씩 찾아볼 수 있다.

1260년, 그 역시 "현왕el Sabio"이라 불린 카스티야 왕 알폰소 10세Alfonso X, 1252~1284는 볼로냐에서 훈련받은 율사들에게 《칠부법전》 편찬을 명했다. 로마법의 영향을 받은 이 유명한 법률집은 이내 스페인 공법의 기초로 자리 잡았고, 다음 세기(1348년)에는 아예 공식 법전의 지위에 올라 대학에서 교육되기에 이르렀다. 중세 말 이베리아반도의 다른 군주 몇몇도 살라망카나 코임브라 박사들을 동원해 국가의 강화를, 또 최초의 해양 진출 계획들을 정당화시킬 수 있었다. 예로 들 만한 인물로 중요 법률 편저들(《두아르트 국왕 전하 칙령집Ordenaçoens do Senhor Rey D. Duarte》과 《법령서Livro das Leis e Posturas》)의 저자인 포르투갈 왕 두아르트 1세Duarte I가 있으며, 그의 동생인 항해왕자 엔히크Henrique o Navegador, 1394~1460도 수학·천문학·지리학에 관심을 기울였다고 알려져 있다.

신성로마제국의 경우, 하인리히 7세Heinrich VII, 바이에른의 루트비히Ludwig der Bayer(그는 파도바의 마르실리우스가 1324년 지은 《평화의 수호자Defensor pacis》에 영감을 준 인물로 추정되며 그 모델이기도 한데, 마르실리우스는 파리 대학 학장을 지냈다가 이탈리아에서 황제 대리가 된 인물이다), 룩셈부르크의 카를 4세 때까지도 활발했던 황제 프로파간다는 그 이후 쇠락을 맞았다. 그렇지만 이탈리아에서든(피렌체의 메디치Medici가, 밀라노의 스포르차Sforza가, 페라라의 에스테Este

가, 나폴리의 알폰소 5세Alfonso V) 독일에서든(바이에른 공작들, 팔라티나 선거후들, 바덴 변경백들) 영토 군주는, 그의 권력이 난폭한 압제의 양상을 띠거나 꽤 보잘것없는 국지적 단계를 넘어서지 못할 때조차, 주변에 애써 박사들과 문사들을 두어 자신에게 복무시키고는 했다. 이런 맥락에서 보면 15세기 이탈리아, 특히 토스카나의 인문주의자 사회를 가장 심각하게 뒤흔든 논쟁 가운데 하나가 키케로 독해에서 재발견한 공민적 자유를 수호하는 입장과 후원자 군주에게 충성하는 입장 사이의 대립이었다는 사실이 이해된다.[54]

다른 나라들에서 끌어온 참조 사례도 제시할 수 있다. 잉글랜드 역사에서 리처드 2세Richard II, 1377~1399 시대를 예로 들면, 그는 사적 권력을 무기로 의회와 대영주들을 적대시하면서 왕좌부 의장 로버트 트레실리언Robert Tressilian 같은 측근 법률가들을 동원해 자신의 정치를 정당화하려 했다.[55] 보다 먼 지역에서는 대왕 카지미에시 3세Kazimierz III Wielki, 1333~1370의 폴란드, 비테즈 야노쉬Vitéz János와 바라디 페테르Váradi Peter 등 빈·볼로냐 대학 출신 인문주의자 상서들을 거느린 후녀디 마차시의 헝가리 등을 거론할 만하다.[56]

당연히 근대 국가의 이데올로기적 합법화에 학문 교과가 유일한 기초를 제공하지는 않았다. 심지어는 주된 기초를 제공하지도 않았을 것이다. 프랑스에서든 다른 곳에서든 온갖 종류의 전통적 요소, 특히 오래된 기사도 문화에서 차용한 요소가 동원되었고, 국민 이념과 그것을 체현하는 왕조에 대한 주민의 정서적 찬동을 끌어내기에 알맞은 보다 민중적인 믿음들—종교적이거나 도덕적인, 역사적이거나 신화적인 믿음들—도 마찬가지였다.[57] 그럼에도 우리로서는 중세 말에 이르러 식자들, 적어도 그중 몇몇이 통상적인 사법·행정 기능 수행을 넘어서는 지적 형태의 정치적 참여를 개시했다고 말할 수 있다.

2. 봉사에서 조언으로

브뤼셀 왕립 도서관 2902번 수고본(아리스토텔레스《윤리학》번역 헌정본) 첫 장 삽화[58]는 우리에게 샤를 5세 앞에 무릎 꿇은 니콜 오렘 선생을 보여준다. 왕좌 천개天蓋 아래 관을 머리에 쓴 채 엄숙하게 좌정한 왕에게, 저자는 "하느님의 가호를 받는 프랑스 왕, 극히 고귀하고도 탁월한 샤를 전하의 명을 받아" 막 지은 책을 공손하게 바친다. 그저 글씨를 적는 것보다 고귀한 임무를 수행한다고는 해도, 또한 어느 정도 영감의 자유를 누린다고는 해도, 자기 재능을 써서 주인의 정치적 선택에 봉사하며 그에 따른 보상을 기다리는 이데올로그는 여전히 의존적 위치에 있다. 그의 학문과 능력은 인정받았으되 외부에서 부과된 목적에 따라 쓰였다.

늘 종속적이기만 한 이런 위치를 중세 말 식자가 넘어설 수 있었을까? 직접 권력의 행사에 참여했을까? 이 질문에 대한 답은 간단하지 않으며, 다시금 교회와 세속 국가의 경우를 뚜렷이 구분해야 한다.

교회의 경우, 적어도 12세기 중반이 지나면 대답은 이론의 여지없이 긍정이다. 물론 중세 말까지 상당수의 교황, 추기경, 주교, 수도원장이 고위, 나아가 최고위 귀족에서 배출되었다. 그러나 앞 장에서 보았듯, 신학이나 법학에서 훌륭한 교양을 익히는 것도 마찬가지로 고위 성직자층을 향한 신분 상승에 효과적인 기준으로 자리 잡았고, 그런 교양은 13세기부터 대학 학위 보유를 통해 공인되었다. 교황 알렉산데르 3세가 교회 법률가 롤란두스Rolandus와 동일인이라는 가설이 오늘날 기각되기는 했지만, 그는 여전히 볼로냐 학교를 나온 학자 교황들의 기나긴 계보 맨 처음에 위치한다. 다른 교황 중 인노첸시오 3세Innocentius III, 1198~1216 같은 이는 파리에서 신학을 공부하는 길을 택했다. 이 점에서 가장 걸출한 인물은 인노첸시오 4세였을 텐데, 명성 높은 교회 법률가였던 그는 교황으로서 자신의 《교황령집 주석 Apparatus in quinque libros decretalium》 최종판을 펴냈다. 13세기 후반 교황들이나 아비뇽 교황들 역시, 그만큼 특출난 개성을 갖고 있지는 못해도, 모두가 사실상 법학이나 신학 박사 출신이었다.

12세기에서 14세기 사이에 추기경단에서 식자들이 대두하는 과정도 마찬가지로 쉽게 따라가 볼 수 있다. 이 과정이 올곧은 직선을 그리지는 않았을 듯하다. 식자에 대해 두드러지게 우호적인 교황이 있는가 하면 반대 경우도 있었기 때문이다. 그래도 이미 알렉산데르 3세가 임명한 추기경 34명 중 10명이 선생magistri이었다. 아비뇽 교황청 시대에는 추기경단의 최소 절반, 실상은 아마 그보다 훨씬 높은 비율이 학사·박사로 구성된다.[59]

15세기 교황권과 교황청에서는 이런 입지가 약화되는 것 같기도 하다. 교회의 지도 기관에 이탈리아 고위 귀족이 대거 복귀하기 때문이다. 그렇지만 이 시대의 교황이나 추기경 가운데도 인정받는 법률가나 걸출한 신학자(니콜라우스 쿠자누스Nicolaus Cusanus, 1401~1464), 일급 인문주의자로서 훌륭한 그리스·라틴어 수고본 수집가나 자신이 저자인 경우(교황 니콜라오 5세나 비오 2세, 추기경 베사리온Bessarion)가 없지는 않았다.

여기서 재론하지는 않겠지만, 학위 취득자들은 주교단, 그중 가장 중요한 주교좌에서도 중요한 위치를 점했다. 예를 들면 12~14세기 사이 잉글랜드 교회 수장인 캔터베리 대주교 자리를 차례로 거쳐 간 이들은 아오스타의 안셀무스Anselmus Augustanus, 스테파누스 랭턴Stephanus Langton, 로베르투스 킬워드비Robertus Kilwardby, 요한네스 페캄Johannes Peckham, 토마스 브래드워딘Thomas Bradwardin 등의 수준 높은 문사들이었다. 다른 한편 탁발 수도회들을 이끈 것도 일군의 신학 박사였다. 이미 말했듯, 학위 취득자들이 지도자 자리를 장악하지 않은 곳은 전통적 수도원 제도뿐이었다.

식자들의 신분 상승에 지적 훈련이 큰 도움이 되었음은 의심할 수 없지만(유일한 도움은 아니었을 텐데, 사회적 출신이나 정치 성향, 성격 등의 문제도 개입하기 때문이다), 높은 신분에 오른 다음에도 이들이 교회 세계를(혹은 그들에게 맡겨진 지역 교회를) 식자로서 이끌었다고 여겨야 할까? 권력자가 된 식자는 이제 무엇보다 교회법에 정의된 대로 그에게 부여된 권위와 사목적 책임에 의거하여 결정을 내리며 그것을 적용해 나갔다. 그의 무기는 어느 정도 지식이 준 무기였지만(앎의 폭, 판단의 적실함, 설득하는 능력) 또한 권력이 준 무기이기도 했다(교회법에 따른 일체의 제재, 교회가 지닌 세속적 부, 그리고 군사력을 비롯해, 법이나 관행으로 정당화된 강제 수단). 더 구체적으로 말해, 스테파누스 랭턴이 1215년 결지왕 존John Lackland에 맞서 반란을 일으킨 잉글랜드 영주들의 우두머리가 되었다는 사실을, 혹은 오도 리갈두스Odo Rigalus가 대주교(1248~1275년)로서 루앙 관구를 다스리며 남달리 효율적인 경영자의 면모를 보였다는 사실을 그들이 파리 학교의 걸출한 신학 교수였다는 사실로 설명할 수 있을까? 중세 교회는 분명 자기 운명의 상당 부분을 유식자와 학자의 손에 맡겼지만—독신자篤信者, 신비가, 이단은 기회만 있으면 이 점을 비난할 것이다—, 그렇다고 해서 교회가 "교수 공화국"이나 근대적 전문가 지배체제가 된 것은 아니다.

유혹이 있기는 했다. 적어도 공의회 위기 시대에 그랬다. 교황의 교도권敎導權이 파산하고 추기경단이 변절을 거듭하는 상황은 대학 교사, 특히 파리 신학자 일부에게는 직접 손을 써서 위기를 해결하고 나아가 장기적으로 교회의 통치를 일부나마 떠맡는 일이 자신의 몫이라는 확신을 불어넣었다. 공의회의 역할에 대한 교회론적 성찰은 정치적 아리스토텔레스주의의 약진에 기대어 그들의 포부에 몇 가지 이론적 토대를 제공했다. 자체적 결정에 따른 파리 대학(툴루즈 대학의 반대를 짚어두자. 모든 대학인이 공의회주의자는 아니었다)의 개입 결과,

먼저 프랑스 왕권 정부와 교회가 아비뇽 교황에 대한 "복종 철회"(1398년과 1408년)를, 다음으로 일반 공의회에 가담할 것을 결정하게 된다. 피사 공의회(1409년) 그리고 무엇보다 콘스탄츠 공의회(1414~1417년)에 대학 대표 자격으로 출석한 이들은 총회와 위원회에 매우 적극적으로 참여하면서 절차 선택 과정에서나 공의회 입법 준비 과정에서 영향력을 행사하려 애썼다. 이런 노력은 바젤 공의회(1431~1449년)에서 배가되는데, 상당수 주교가 점차 뒤로 물러나면서 개혁을 도모하는 박사들이 마음껏 작전과 야심을 펼칠 수 있게 된 것이다.

콘스탄츠 공의회와 바젤 공의회의 진행 과정과 성과에 대해 역사학자들의 평가는 엇갈려서, 자유주의자이거나 개신교도인, 혹은 둘 다인 역사학자들에 비해 알프스 이남의 종교·문화적 전통에 발붙인 역사학자들이 훨씬 더 가혹한 평가를 내리고는 했다. 피사 공의회와 콘스탄츠 공의회의 경우는 상대적으로 성공을 거두었지만(엄밀한 의미에서의 교회 대분열을 종식시켰다), 그 공로는 필요할 때 현실적으로 정치적 결단을 내릴 줄 알았던 주교들의 몫으로 돌려졌다. 반면 대학인들은 공의회가 열린 지 얼마 되지도 않아 스스로의 개혁적 패기에 겁을 집어먹은 데다가, 교황에 의한 성직록 서임이 사라질 경우 생길 수 있는 재정적 여파를 두고 불안해했다.[60] 역으로 바젤 공의회는 파리 신학자들의 추동 아래 입법 분야에서 풍부하고도 다분히 흥미로운 작업을 산출했지만, 정치적 마비 상태를 피할 수는 없었다. 그렇다고 한들, 교황측은 자기 권위를 회복하려 하고 군주들은 자국 교회를 장악하려 하는 이중의 움직임 앞에서 무력하게 분열된 회합이 완전한 실패로 끝났다고 결론지어야 할까? 영미권 역사학자들은 그럼에도 바젤에서 여러 가지 유망한 착상이 제출되었다는 점을, 또한 옛날 그레고리오 개혁에서 연원한 중앙 집중적 교황권이 이 공의회를 통해 (몇몇 나라에서는 최종적으로) 신용을 잃고 말았다는 점을 강조한다. 이제 또 다른 교회 개혁이 가능해졌고 그때가 멀지 않았다.[61]

다른 쪽의 사정을 보자면, 세속 국가는 그와 같이 박사들이 지배하는 의회 통치의 유혹에 결코 심각하게 시달린 적이 없었을 것이다. 즉 식자가 세속 국가에서 몇 가지 형태의 권력을 행사했다면 단지 군주의 조언자로서였다. 조언conseil은 중세 정치 생활의 근본 조건이었다. 한편으로 이 단어는 영주와 봉신vassal을 맺어주는 상호적 의무 가운데 한 가지를 의미하며 (봉신은 최선을 다해 영주에게 조언해야 하고, 영주는 중요한 결정을 내릴 때 반드시 휘하의 조언을 청해야 한다), 다른 한편으론 이 의무에 따라 영주나 군주가 신하들에게 바로 그 조언이라는 것을 구하여 모든 종류의 사안을 검토하는, 구성이 유연하고 크기가 서로 다른 기구를 의미했다(대자문회, 제한 자문회, 비밀 자문회). 자문회에 참여하는 신하 중에는 고유한 의미에서 봉신이 있는가 하면 그와 구별되는, 영주가 특별히 "조언을 하도록au conseil" 부르는 일반 관리와 심복도 있었다. 후자에게는 봉신들이 궁정에 모이는 회기 사이사이에 임시 혹은 상시로 어떤 문제를 검토하거나 소송에 대해 판결하는 일이 맡겨졌다. 군주가 조언을 듣는 자리에 불려 가는 식자는 당연히 두 번째 범주에 속한다. 여기서는 전문화된 기구들을 논외로 하는데(웨스트민스터의 재무국과 왕좌부, 파리의 회계실과 고등법원), 잉글랜드에서 12세기부터, 프랑스에서는 13세기 말에 자문회로부터 분리된 이들 조직체는 주로 행정적인 역할을 맡았고 그에 대해선 앞서 이미 이야기한 바 있다. 지금 다루는 것은 고유한 뜻의 자문회Conseil, "왕에 의해 그의 자문회에서par le roi en son conseil"라는 문구가 말해주듯 가장 중요한 결정이 내려지는 최상의 정치 논의 기구이다. 정치적 위기 때에는 귀족이나 도시 대표들이 자문회 구성까지 통제하기도 했지만, 그 밖의 경우 군주는 보통 자신이 원하는 이들을 원하는 때 불러오고는 했다. 그중에 식자도 있었을까?

식자들, 특히 대학인들은 집단 자문 역할을 맡을 수 있었다. "새로운 권위의 원천"[62]으로서 파리 대학에 자문을 구해 어떤 질문을 검토하고 의견을 표명하며 종국에는 왕의 정책을 지지하도록 하는 관례를 처음 만든 왕은 바로 미남왕 필리프다. 파리 교사들은 그리하여 1303년 왕과 교황 보니파시오 8세 사이의 갈등에 대해, 얼마 뒤인 1308년 성전 기사단 사태에 대해 발언해야 했다. 관행은 전혀 사라지지 않아, 백년전쟁이 끝날 때까지 파리 대학은 무시할 수 없는 정치적 역할을 맡았다. 대학은 특히 교회 대분열 동안 왕권 정부가 "복종 철회"와 공의회 해법을 받아들이게 하려 애썼고, 대학인 대다수가 점차 부르고뉴파에 가담하게 되면서 트루아 조약(1420년)[63] 및 잉글랜드-프랑스 이중 왕국에 찬동하는가 하면, 그 뒤에는 유달리 난폭한 격문으로 잔 다르크가 단죄받는 데 매우 크게 기여하기도 했다(1431년).

파리 바깥을 보면, 대학인들이 대학인으로서 큰 정치적 역할을 한 주요 사례로 프라하의 경우를 꼽을 수 있다. 얀 후스Jan Hus, 1369~1415와 그의 개혁가 친구들은 프라하 대학가 출신이었다. 그가 죽은 뒤 프라하 교사들은 한데 집결하여 후스파 혁명의 가장 온건한 파벌을 형성했고, 타보르파Taborites 극단주의와 신성로마제국군 양쪽에 동시에 맞서 싸우면서 교회와의 결합을 복구하기 위해 끊임없이 노력했다(1436년). 그리하여 위기가 계속되는 내내 프라하 대학인들은 이중적 태도를 보였다. 그들은 한편 체코의 개혁적 민족 운동의 대변자로서, 다른 한편 처음에는 왕의, 다음에는 보헤미아의 권력을 손에 넣은 귀족과 유지층의 자연스러운 조언자이자 정치적 안내자로서 처신했다.[64]

부연할 것도 없이, 파리에서나 프라하에서나 15세기 중반이 지나면 정치 영역과 종교 영역 모두에서 대학의 정치적 야심은 대개 기세가 꺾였다. 교회 대분열과 후스파 전쟁이 끝나면서, 그리고 프랑스의 경우 왕의 권위가 복원되면서, 군주는 대학의 특권을 줄여나가는가 하면 대학이 자율적 기관으로서 제공한다는 조언 따위는 무시할 수 있었다.

보다 일상적이고 흔하게는 식자가 개인 자격으로 자문회에 참여할 수도 있었다. 하지만 내가 알기로 강단에 있다가 곧장 자문회에 불려 간 대학인의 예는 거의 없다. 학위 취득자가 자문회에 모습을 보인다면 그것은 대개, 특히 초기에는, 교회 측 조언자 자격으로서였다. 자문회에 고위 성직자가 몇 명쯤 참석하지 않는 일은, 그리고 이들 고위 성직자가 신학 혹은 법학 박사가 아닌 경우는 드물었다. 12~13세기 신성로마제국, 프랑스, 잉글랜드에서 교회 측 조언자는 매우 큰 영향력을 지녔다. 성왕 루이는 마지막 십자군을 위해 프랑스를 떠나면서 (1270년) 속인 한 명(넬 경sire de Nesle)과 성직자 2명(생드니 수도원장과 파리 주교)에게 왕국 통치를 맡겼다.

이 13세기 말부터 왕의 조언자 중 속인의 비율이 규칙적으로 증가하지만, 그렇다고 해서 교회인들이 완전히 축출된 것은 아니었다. 미남왕 필리프의 저 유명한 "율사들légistes"은 대개 오를레앙이나 프랑스 남부 법학부 출신이었다. 모두가 속인은 아니었을뿐더러(역으로, 미남왕 필리프의 가장 중요한 조언자 가운데서도 앙게랑 드 마리니Enguerrand de Marigny 같은 몇 명은 법률가가 아니었다), 프랭클린 J. 페가스와 장 파비에가 보여주었듯이[65] "행정 율사"를 "정치 율사"와 뚜렷이 구별해야 한다. 전자가 지역이나 중앙의 왕정 행정 기구에 결속된 일반 관리라면, 후자는 피에르 플로트Pierre Flote나 기욤 드 노가레처럼 실제로 자문회에 참석했고 상당한 영향력을 행사할 수도 있었다. 다만 결코 지속적으로 자문회를 지배하지는 못했는데, 왕의 친지나 고위 귀족에 비해 소수에 지나지 않았기 때문이다.

때에 따라 비율은 달랐어도, 왕의 자문회는 중세 말까지 다음과 같은 구성을 유지할 것이다. 성직자 조언자 몇 명, 상서나 회계실 의장 등 대개 법학 공부를 한 고위 관리 몇 명이 있지만(그러나 루이 11세 아래서 회계실 의장을 역임하는 장 쿠아티에Jean Coitier는 의사다), 대다수는 왕가나 대귀족 혹은 중간층 귀족에 속한 현장 인사다. 1340년대부터 프랑스 왕국과 잉글랜드 왕국이 거의 항시적인 전쟁 상태를 겪는다는 사정은 거기에 더해 군사적 능력을 갖춘 조언자, 즉 일부 감사baillis나 지사sénéchaux, 원수connétable, 대장maréchaux, 제독amiraux 등에게 유리한 조건을 형성한다. 성직자나 속인 학위 취득자 몇 명이 때때로 중요한 역할을 맡기는 했다. 샤를 5세1364~1380 치세 초기에는 상스 대주교인 기욤 드 믈룅Guillaume de Melun, 샤르트르 주교였다가 보베 주교가 된 장 당주랑Jean d'Angerant, 보베 주교였다가 추기경이 된 장 드 도르망, 페캉 수도원장에서 추기경이 된 장 드 라 그랑주Jean de la Grange가 있고, 루이 11세 아래서는 각각 앙제와 알비 주교였던 장 발뤼Jean Balue와 장 주프루아Jean Jouffroy나 고등법원 인사였던 엘리 드 투레트Hélie de Tourette, 마티외 드 낭테르Mathieu de Nanterre와 장 도베Jean Dauvet 등이 있다.[66] 그렇지만 전체적으로 보면, 프랑스에서나 여타 서구 왕정에서나 정치적 지배계급을 대표한 것은 바로 귀족이었고 앞으로도 오랫동안 그럴 것이었다. 이 계급은 실제 중요한 결정을 도맡았고, 권력의 중심과 가깝다는 데서 최대의 이익을 끌어내기도 했다(특권, 작위, 연금 등의 형태로). 어차피 학위 취득 성직자로서나 법률가로서 고위 직분을 맡거나 자문회에 참석한 이들 역시 흔히 귀족이었다.

1418~1461년간 샤를 7세 자문회 구성에 대한 피에르로제 고생의 분석이 우리 논의를 잘 예증하는 듯하다. 이 사이 한 번이라도 자문회에 참석한 283명 중 신원을 파악하기 어려운

15명(5퍼센트)을 제외해 보면, 최고위 귀족을 포함한 대귀족 (58명, 20퍼센트)과 군인이나 궁정인 등 중소 귀족(87명, 31퍼센트)을 아울러 귀족이 우위를 점했음을 확인할 수 있다. 고위 성직자(59명, 21퍼센트)와 관리(65명, 23퍼센트)는 소수에 불과하다. 물론 무시할 수 없는 소수이지만, 그중 많은 수가 귀족 출신이었음을 잊어서는 안 된다.[67]

왕의 측근 집단을 형성하던 대영주와 왕가 제후도 당연히 나름의 조언자와 피보호자를 거느리고 있었고, 이들 가운데서 다시금 식자들을 마주치게 된다. 영주와 제후는 이들의 의견을 청했고, 그 자신이 자문회에서 지배적인 위치를 점할 때는 왕국 행정의 핵심 기구에 이들의 자리를 마련해 주는 너그러움을 보이기도 했다. 레몽 카젤은 필리프 6세Philippe VI와 선량왕 장 2세 시대에 다양한 파벌(부르고뉴, 노르망디 등)이 이렇듯 차례로 돌아가면서 왕의 총애를 받았음을 밝혔다.[68] 각자에게 자기 몫의 고위 성직자와 학위 취득자가 있었는데, 이들이 직접 권력을 행사하는 일은 드물었다.

중세 말 유럽의 다른 군주국과 왕국에도 눈길을 주어보자. 잉글랜드에서는 사실상 옥스퍼드에서 학위를 받은 주교 한 명이 언제나 상서를 맡기는 했는데, 흔히 왕과 인척 관계였던 고위 영주 몇 명이 대체로 자문회를 이끌었다. 이베리아반도에서는 한창 떠오르는 문관들이 같은 시기 왕정 중심 기구들에 몰려든다. 이들 중 일부는 눈부신 사회적 상승을 이루면서 훌륭한 경력을 쌓을 것이다. 15세기 초 카스티야 회계 담당관contadores mayores을 지낸 페르난 알폰소 데 로블레스Fernán Alfonso de Robles나 알폰소 페레즈 데 비베로Alfonso Pérez de Vivero가 그 예로, 이 둘은 모두 평범한 집안 출신이었다.[69] 코임브라 대학 박사인 주앙 다스 레그라스João das Regras 는 1385년 주앙 1세의 이름으로 포르투갈 왕위에 오를 "아비스 기사단장maître d'Avis"의 상서이자 주요 조언자이기도 했는데, 하지만 그처럼 정말 권력의 꼭대기까지 올라간 이들은 드물었다.[70]

도시, 특히 이탈리아 북부 토스카나 지역이나 독일 한자 동맹권의 독립 도시국가에서도 사정은 같았다. 피렌체를 예로 들면, 상서국을 비롯한 다양한 자치시 행정 부서에 학위 소지자와 문사 성직자가 가득했다고는 하지만, 계산 결과 15세기 초 여러 자문회에서 정말로 영향력을 행사한 정치 인사 가운데 법조인와 공증인의 비율은 10퍼센트에 지나지 않았다. 그중 여럿은 지배 과두 집단의 핵심을 이루는 은행가나 상인 가문과 인척 관계에 있기도 했다.[71]

프랑스와 잉글랜드의 평범한 자치시 혹은 여타 "우량 도시bonnes villes"[72]에서 도시 통치란 결국 왕에게 속한 관리의 감시 아래서 조세·사법상의 자율권을 행사하는 일이었다. 이런 곳에서 식자가 사법관직 혹은 행정관직에 다다를 수 있는 길은 다소간 협소했다. 어느 도시든 기꺼이 법률가를 불러 판사로, 사법 조언자나 대소인으로, 웅변가나 사절로, 아니면 또 이런저런 전문적 직분을 맡은 보좌관으로 삼기는 했다. 그렇지만 모든 도시에서 시정을 총괄하는 위치에까지 받아들여지지는 않았다. 주된 평계는 식자가 도시의 가장 유서 깊은 가문에 속하지 않는다는 것, 도시의 특수한 이해에 충분히 마음을 쓰고 있는지 의심스럽다는 것이었는데, 이런 의심은 저들 법률가 가운데 여럿이 도시 정부에서의 직분과 군주에 봉사하는 직무를 동시에 혹은 번갈아 맡으려 한다는 사실로 강화되었다. 15세기 프랑스 왕국은 있을 수 있는 모든 답안을 펼쳐 보인다. 몽펠리에의 경우, 상인이나 직인 계층 출신 행정관들은 "율사, 변호사, 공증인" 선출자를 위해서 약간의 조그만 자리라도 내주기를 중세 말까지 끈질기게 거부했다.[73] 반대로, 지사령 수도였다가 고등법원 소재지가 된 툴루즈에서는 14세기부터 법조인이 수석 위원회에 발을 들일 수 있었는데, 대개 소수로 머무르기는 했다(샤를 6세 시대에 약 22퍼센트).[74] 리옹의 경우는 또 달라서, 1450년 이후가 되면 주요 법조인 가문들이 거의 완벽하게 상인 후계자들을 제치고 도시 행정관 자리를 차지하는 데 성공한다.[75] 끝으로 파리의 경우, 상인 감독관과 사법관 자리는 14세기 동안 에티엔 마르셀Étienne Marcel 같은 사업가들이 맡았다가 1412년 이래 궁정 및 왕권 행정과 결속된 법조인들의 손에 넘어갔다. 1420년과 1500년 사이 상인 감독관 24명 중 환전상은 2명, 상인은 한 명에 지나지 않는다. 나머지는 모두 고등법원(12명), 회계실과 여타 재정 부서(7명), 아니면 왕실(2명)에서 왔다. 이들 중 16명, 특히 모든 고등법원 인사가 대학 학위를 소지했다.[76]

따라서 특히 속인에 한정할 때, 또 몇몇 개인의 예외적 성공을 제외하면, 중세 말에 식자가 진정한 의미에서 최고 권력에 다다른 경우는 없다. 교수와 관리는 때로 조언자가 될 뿐, 오늘날의 표현으로 결정권자가 되는 일은 드물었다. 하지만 사실, 고위직에서 정치적 책임을 직접 행사하는 것이 식자가 사회와 국가의 발전에서 영향력을 드러낼 수 있는 유일한 수단은 아니었다.

사실 한낱 관리·조언자 역할을 맡으면서도, 군주 정책의 충실한 실행자를 자처하면서도, 식자들은 어느 정도 영향력을 행사할 수 있었다. 그것은 식자들 집단의 내적 연대, 그들의 단결심 덕분이다. 또한 그들이 안정적·지속적으로 자리 잡는 데 성공한 덕분이기도 한데, 이로 인해 몇 가지 변화 과정을 자기들의 생각에 맞으면서 가장 큰 이익이 되는 방향으로 틀어놓을 수 있었던 것이다. 프랑스에서는 1356~1358년간 정치적 대위기 당시, 행정이 중립적이지 않다는 생각, 군주의 종복이, 그중 첫째로 학위 취득자 수가 너무 많아 공적 재정을 축낸다는 생각, 뿐만 아니라 그들이 일상적 업무 처리와 법정 판례를 통해 관리의 우선권을 지속적으로 강화하는 방향으로 국가를 이끌어가는 탓에 이 나라의 (즉 귀족과 도시의) 전통적 자유권이 침해받는다는 생각이 거세게 나타났다. 총신분회에서는 소리 높여 "관리파parti des officiers"를 규탄했고 관리들은 일단 한발 물러서야 했는데, 그래도 몇 년 뒤에는 잃어버린 진지를 대부분 수복하게 된다.

공격은 여러 차례, 주기적으로 반복되었다. 1380년, 어린 왕 샤를 6세의 삼촌들은 도시 반란을 핑계로 삼아 샤를 5세의 조언자들을 떨구어낼 것이다. 1388년 샤를 6세의 친정이 시작되자 조언자들은 권력에 복귀한다. 적들이 조롱조로 "어릿광대들Marmousets"이라 부른 이들은 "관리파" 정책을 재가동하려 애쓸 것인데, 이 정책은 사실 14세기 중반 이래 군주 주권을 강화하며 왕권 행정과 사법을 더욱더 엄격히 합리화하는 방향으로 꾸준히 계속되고 있었다. 그러나 1392년이면 "어릿광대들"은 다시 공작들의 당파에 자리를 넘겨야 할 것이다. 공작들도 하나같이 다양한 관리 공동체나 사법계 인사들 사이에 지지자를 거느리고 있었는데, 옛날 샤를 5세의 조언자들이 주창한 국가 근대화의 중앙집권적·권위적 정책을 가장 적극적으로 차용한 이는 아마 오를레앙 공작일 것이다. 관리 수가 너무 많고 그들이 권한을 남용한다는 비판이 부르고뉴파 프로파간다의 라이트모티프 중 하나가 된 까닭을, 또 그것이 1413년 "카보슈 칙령ordonnance cabochienne"[77]이라는 혼란스럽고 과거회귀적인, 알다시피 결코 적용되지도 않은 개혁안의 지도적 원칙이 된 까닭을 이로써 이해할 수 있다.

관리파에 대한 공격이 반복되었다는 사실 자체가 그것이 장기적으로는 효과가 없었음을 충분히 말해준다. 회의체의 변덕에 대항하여, 또한 자문회 구성을 주기적으로 뒤엎는 정치적 술수에 대항하여, 국가 공직자들의 내적 연대가 이들 집단의 안정성을 보증했다.

이런 연대는 흔히 젊은 시절, 학창 시절로 거슬러 올라갔다.

식자층은 같은 대학에서, 파리의 경우 같은 학숙에서 교육받았다. 샤를 5세1364~1380 치세 이래 프랑스 왕정의 공직자 양성에서 나바르와 도르망-보베 학숙, 또 그만은 못해도 몽테귀나 프렐, 플레시스 학숙이 핵심적 역할을 했다는 점은 이미 지적한 바 있다. 세속법 학위를 받은 이들은 오를레앙 대학에 다니기도 했는데, 여기서는 효율적인 "지역반" 체계가 같은 지역 출신 학생들 사이의 연대를 강화했다. 잉글랜드에서는 케임브리지의 킹스홀 학숙 등이 마찬가지로 숱한 왕권 소속 관리의 양성소로서 특권적 역할을 맡았다. 플랑드르나 게르만권에서는 외국에서 유학하던 시절에 맺어진 인연, 파리·오를레앙·볼로냐에서 함께 생활하며 겪은 경험의 추억이 학위 취득자와 법률가 집단의 결속력을 높이기도 했다. 가령 플랑드르 이프르에 있던 어느 파리 대학 학생 출신 형제회가 맡은 여러 임무 가운데 하나는 같은 대학에 공부하러 간 젊은 동향인들에게 장학금을 주는 것이었다.[78]

학창 시절에 맺은 관계는 평생토록 이어졌다. 계속해서 똑같은 집무실과 똑같은 법정에 드나들고 일상적으로 교류하면서, 그들은 똑같은 정신적 습관, 똑같은 생활 방식과 감각 방식, 똑같은 취향, 똑같은 신앙생활을 틀림없이 공유할 수 있었다. 제도적 연결에는 무척 빈번히 가족적 연결과 잇속에 따른 친연 관계가 더해졌다. 여러 관리 집단에서 확인되는 사실은, 한두 세대가 지나고 나면 대부분의 가족이 결혼으로 이어지며, 새로운 성원은 완전히 사라지지 않더라도 점점 드물어진다는 것이다. 파리 고등법원에서 프랑수아즈 오트랑이 관찰하기로, 개인의 능력과 국가에 대한 헌신적 봉사 덕분에 신분 상승을 이루었던 "율사와 변호사의 시대" 다음에는 왕으로부터 신입 선출 권한을 획득하고 서로가 서로를 도우면서 자녀들의 결혼으로 화합을 다지는 "인척 시대"가 오고, 마지막 "상속자의 시대"는 기세등등한 가문들의 시대로서 일단은 "양도", 이후에는 매관매직을 통해 대대로 직분을 전승하는 것이 점차 규칙으로 자리 잡는다.[79]

　파리 고등법원의 사례는 아무래도 극단적인 경우라 무분별하게 일반화하지 말아야 할 것이다. 재정 담당자 집단 등 다른 관리 집단 일부의 안정성은 그만한 수준에 이르지 못했다. 또 다른 몇몇 집단은 문화·사회적 통일성을 갖추고서도 그만큼 효과적인 정치적 압력 집단을 형성하는 데 성공하지 못했다. 프랑스의 경우만 따져보자면, 15세기 동안 그들의 제도적 연대로부터 정치적 이득을 끌어내지 못한 집단 중에는 1440년 이후 왕권의 불신을 뒤집어쓴 대학인층이 있다. 남부 법률가들도 마찬가지로, 왕정 중앙 관직에서 배제된 이들은 독립적 시 정부가 있던 시대, 무엇보다 관직과 성직록을 아낌없이 베풀던 아비뇽 교황청 시대처럼 멀리 달아나 버린 옛날에 대한 무력한 향수를 키워갈 따름이었다.[80]

　오직 고등법원 인사들만이 식자층과 권력자층 양쪽에서 당당한 엘리트로서 어디서나 명백히 상석을 차지했다. 왕은 이들에게 다른 것도 아니고 바로 대학의 자율성에 토대가 되는 특권들을 통제하고 조정할 권한을 넘겨주었는데, 이는 곧 잠재적 경쟁자에 대한 고등법원 인사들의 승리를 축성한 셈이었

다. 남부에서도 지역 학위 취득자들에게는 곧 지역 고등법원
의 창설만이 유일한 구원책으로 보였다. 그것만이 충분히 품
위 있게 군주에게 봉사할 길을 다시 열어줄 수 있었다.

이런 변화의 결과로 반드시 관직을 맡은 이들의 지적 능력
이나 국가관·공직관이 약화된 것은 아니다. 구성원의 투표와
합의를 통한 관리 선출은 가문들의 이해를 보장하는 것이면
서 자의적 임명을 막는 방어막이기도 했다. 하지만 그로써 확
실히 단결심이 강화되었고, 통치 기계 내 사법·행정 부서 숫
자만큼 많은 카스트가 양산되어 각자의 이해와 특권에 매달렸
다. 모든 구성원이 상기한 바의 내적 연대로 뭉친 고위 국가 공
직자층이 형성된 덕분에, 국가의 꼭대기에서 파벌 간 투쟁이
벌어질 때면 뒤따르게 마련인 청산의 효과도 최소한으로 줄일
수 있었다. 특히 이 과정에서 이론까지는 아니어도 최소한 어
떤 정치적 관습이 만들어졌다. 전쟁이나 궁내의 격변 등 우여
곡절 너머에 확고히 자리 잡은 관습은 14~15세기 내내, 몇 차
례 치명적인 위기 국면을 제외하고는 현실에서 항시 적용되어
왕정 국가가 꾸준히 강화되는 흐름에 기여했다.

군주들, 대영주들, 군 지휘자들이야 동맹과 당파를 이루고
무대 전면에서 소란을 피우며 유혈이 낭자한 파벌 간 투쟁이
나 끝날 줄 모르는 복수전으로 충돌할 수 있었고(프랑스에는
아르마냐크파와 부르고뉴파, 프라하파 반란과 공익파 전쟁[81]이,
잉글랜드에는 장미 전쟁[82]이, 스페인에는 무수한 왕조 간 분쟁,
내전과 귀족의 반란이 있었다), 아니면 기사로서의 위업과 십
자군을 꿈꿀 수도 있었다. 후경後景에서는 법률가들과 관리들

이 이제 "왕의 수족membres du corps du roi"이 되었음을 자신하며 나름대로 그의 존엄을 나누어 갖는 한편, 직분을 수행하는 과정에서는 특별히 그의 보호를 받았다. 조용하다고는 못해도 어쨌거나 끈질기게 그들은 "공공의 선bien de la chose publique"을, 즉 근대 국가 수립 작업을 계속해 나갔다. 철학과 법학을 통해 우월한 것이라 배운 이론을 실행에 옮기고 있다는 것을 의식한 만큼, 또한 이 발전 과정으로부터 부富나 사회적 영예 면에서 자신을 위해 최대한의 이익을 끌어낸다는 것을 의식한 만큼, 그들은 더욱 고집스러웠다. 그들은 이 과정의 도구이자 다분히는 주동자였다.

6장
실무 세계

앞의 장들에서 독자는 아마 중세 말 사회에서의 식자들, 그중에서도 대학 학위 소지자들이 확고히 사회·정치 엘리트 쪽에 자리한다는 인상을 받았을 것이다. 고위 성직자층의 대열과 군주 행정의 상급 기관들을 채우는 그들의 주요 기능은, 또 주요 야심은, 교회와 국가에 봉사하면서 현세의 고위 인사들에게 다소간 직접적인 영향력을 행사하는 것이었다. 어느 정도 지적 자유를 누리며 자신이 속한 사회 집단을 위해 진정한 자율권을 요구할 수 있었다고 해서 그들이 사회의 지도층 인사들과 결속하지 않았던 것은 아니다. 이 결속에 힘입어, 그들은 기성 질서를 문제시하기보다 거기 봉사하는 일에 ― 경우에 따라서는 현대화하는 일에 ― 자신의 교양을 사용하는 경향을 보였다.

식자들에게서 영감을 받았거나 그들에 의해 형태를 갖춘 결정을 실행에 옮기는 일로 말하자면 그것은, 필시 경멸과 함께, 실무자들에게 맡겨졌을 것이다. 교양이 빈약하여 고작해야 읽고 쓸 줄밖에 모르는 실무자 가운데는 무식한 하급 성직자와 수도자, 포악한 순찰관, 염치없는 감관,[83] 탐욕스러운 세금 징수인, 매양 같은 서식을 지치지도 않고 베낄 줄밖에 모르는 말단 서기, 불확실한 경험칙에 의존하는 이발사와 외과술사 등이 있었다.

완전히 틀린 것은 아니지만, 이런 그림은 사태의 양상을 희화적으로 과장한다. 여기에 한편으로는 식자가 "실무"와 완전히 무관하다는, 다른 한편으로는 "실무자"가 지식 문화와 완전히 무관하다는 함축이 깔려 있기 때문이다. 그와 같은 이중의 선입견을 교정하는 것이 이 장의 목적이다.

1. 지식 문화와 민간 영역 활동

중세 말 식자의 인원수와 "노동 시장"에 나온 행정·교회 분야 일자리 수 사이의 비율을 계산해 본다는 것은 엄밀하게 국지적인 수준에서가 아니라면 매우 까다로운 일일 것이다. 내가 알기로는 누구도 시도한 적 없는 일이기도 하다. 13세기에서 15세기까지 두 수치는 대략 평행하게 상승했지만 심한 편차가 없지는 않았다. 때때로, 특히 13~14세기에는 마침 필요한 능력을 가진 이가 부족한 경우도 있었다. 주교들은 대성당 학교를 계속 운영하는 데 필요한 신학 석사를 적어도 재속 성직자 중에서는 찾을 수 없다고 불평하고는 했다. 아직 아무런 이론 훈련을 받지 않은 변호사도 많았다. 거꾸로 15세기에는 신설 대학이 늘어난 탓에 위험한 포화 상태에 이르기도 했던 듯하며, 비교적 보잘것없는 처지를 감수하는 대학 학위 소직자도 여럿 있었다. 법학 학사가 하급 법정 판사로 임용되는가 하면,

적어도 잉글랜드에서는 신학 준교사가 시골 신부 노릇을 하기도 했다.

이렇듯 관직이나 성직을 얻기가 어려워진 데다 또 다른 숱한 요인이 더해지면서, 일부 식자는 민간 영역 활동에 종사할 마음을 먹었다. 공무나 교회직의 사회적 영예가 아무리 크다고 한들, 어떤 이들에게서는 모종의 개인적 독립에 대한 선호가, 혹은 민간 고객층으로부터 푸짐한 수익을 거둘 수 있으리라는 희망이 그런 영예를 상쇄했을 가능성도 배제할 수 없다. 어차피 민간 업무와 공공 업무가 꼭 양립 불가능한 것도 아니었다. 연이어서, 혹은 번갈아 가며, 심지어는 동시에 이쪽과 저쪽 일에 종사하는 경우가 흔했다. 변호사가 판사로 되는가 하면, 법학이나 의학 교수는 중재와 상담의 대가로 수입을 보충하는 식이었다.

식자에게 열려 있는 민간 활동은 공적 직분이 그렇듯 공부한 교과에 따라 달랐는데, 이 사실 자체로 운신의 폭이 제한되었다. 제1장에서 보았듯 학교나 대학은 민간 영역에서 쓸모 있는 여러 지식을, 특히 기술이나 경제 분야의 지식을 가르치지 않았던 것이다. 지식 문화 정규 교과만으로 한정한다면, 문법학도와 학예 석사는 성직자든 속인이든 상관없이 가정교사 혹은 학교 교사가 될 수 있었고, 법률가는 변호사 혹은 대소인이 될 수 있었다. 의사는 개인 고객을 돌보았다. 자유직 활동 영역과 무관했던 것은 신학자들뿐으로, 이들은 모두 사제나 수도자였다.

어느 정도 인원수가 이런 직업을 수행했는지 확정하기는 어렸다. 이들이 꼭 직능 조합으로 조직된 것도 아니었고, 그 성원 중에는 간혹 세금을 면제받거나 해서 조세 서류에 나오지 않는 경우도 있다. 어쨌든 적어도 도시에서라면 해당 직업의 종사자 인원수가 어지간히 큰 규모에 이르기도 했던 듯하다. 왕국 법정은 일정 수의 변호사를 (때로는 매우 잘) 먹여 살렸다. 15세기 후반, 고등법원이 창설된 이후 툴루즈에는 변호사 10여 명이 있었는데 모두 법학 학사였다.[84] 그런데 한낱 감사 소재지인 상리스 같은 도시에도 사실상 그만한 수가 있었다. 1465년, 주민이 수천 명에 불과한 이곳에 법학 학사 9명을 비롯해 변호사가 11명이나 되었던 것이다.[85] 의학 박사라고 해서 모두 대학 전임 자리를, 혹은 어느 고위 인사를 측근에서 보살피며 연금을 받는 일자리를 얻지는 못했다. 따라서 자기 사업을 하거나, 급료를 주며 시 소속 의사를 한두 명씩 채용하던 자치시 중 한 곳과 계약을 맺어야 했는데, 이 관습은 특히 지중해권 자치시에서 자주 확인된다.[86] 이탈리아나 프랑스, 잉글랜드의 다양한 도시에 대한 여러 연구는 주민 1000명 당 의사가 한 명꼴로 있었다는 결과로 수렴한다. 무척 낮은 비율이지만 그래도 각 대도시에 임상의가 수십 명씩 있었다는 뜻이고, 외과술사와 이발사를 포함하면 그 비율은 두세 배 높아진다.[87]

당대 사회에서 식자들의 위치와 영향력을 가늠하기 위해 염두에 두어야 할 또 한 가지 사항이 있다. 지적 능력에 따라 맡게 되는 종교적이거나 세속적인, 공적이거나 사적인 "직업적" 실천만으로 이들의 활동과 사회적 역할을 환원할 수 없음을 상기해야 한다. 이런 실천이 대학인이나 판사의 경우처럼 이론상 불변하는 달력(노동일, 휴일, 휴가)에 의해 규제되는 경우든, 아니면 다소간 급박한 필요에 맞추어진 경우든, 식자에게는 언제나 동시대인들과 일상생활을 공유할 만한 여유 시간이 남아 있었다.

소비자로서 그는 상인을 찾아가 곡물과 직물 구매를 흥정했다. 소유자로서 그는 도시에 있는 집과 시골 땅을 관리했고, 세입자와 소작인을 감시했다. 금리 소득자로서 그는 가축 떼, 방앗간, 선박의 지분에 돈을 투자했다. 신자로서 그는 본당과 형제회의 생활에 참여했다. 끝으로 성민城民[88]으로서 그는, 특권적 지위 덕분에 대개 무기를 들고 보초를 서는 일에서 면제되었으니 도시를 방어하는 데는 아니라도, 최소한 도시 축제나 시 정부 행정에 참여했다. 즉 그는 도시 및 거주 구역의 자문회나 총회에 이웃 도시민들과 함께 자리했고, 이미 보았듯 시 정부의 직무를 수행하는 일도 흔했다.

이상과 같은 상황에서 우리의 식자층이 어떻게 행동했는지 쉽게 말할 수 있을 만큼 충분한 문헌이 남아 있지는 않다. 자기 직분을 수행해야 하는 상황을 벗어나자마자 식자들은 평범하기 짝이 없는 지각 방식과 행동 방식을 따랐을까, 아니면 어떤 식으로든, 태도와 언어와 심지어 수완으로까지 항시 구별되었을까? 복잡한 질문에 딱 잘라 답할 엄두는 못 내더라도 다음과 같은 가설은 표명해 볼 만하다. 일상의 저 모든 계기마다 그들은, 무의식적으로는 아니라도 은근하게, 자신이 지닌 교양과 사고방식의 어떤 특징(글의 효력에 대한 신뢰, 사법주의, 합리성)을 내보였을 것이다.

2. 매개적 지식인

지금까지는 이 책 서론에서 정의한 바에 따라 비교적 엄밀한 의미, 우리가 생각하기에 당대인들의 고유한 지각 방식에도 부합하는 그런 의미에서의 식자들을 우선시했다. 그렇지만 우리의 주제를 그처럼 엄격히 한정하기를 고집하면 시야가 심각하게 왜곡될 위험이 있다.

비교적 제한된 집단, 말했다시피 거의 모두 대학이나 동급 학교(탁발 수도회의 학당, 잉글랜드의 법원장, 이탈리아 인문주의의 합숙) 출신인 집단 뒤편에는 교양 수준이 그보다 못한 온갖 개인이 한 무리를 이루었고, 당연히 수도 더 많았을 것이다. 보잘것없고 단편적인 지식의 담지자로서 그들은 이 지식을, 적어도 논증적인 방식으로는, 다시 남에게 가르칠 수 없었다. 하지만 그들의 활동과 사회적 위치는 적어도 일부나마 그들이 가진 능력의 지적 측면으로 정의된다.

오래전부터 다양한 사회에서 이런 개인들의 존재를 식별해 온 사회학은 이들을 "매개적 지식인intellectuels intermédiaires", 혹은 안토니오 그람시를 따라 "유기적 지식인intellectuels organiques"이라 즐겨 칭했다.[89] 지식의 창조자가 못 되는, 엄밀하게 말해 전달자조차 못 되는 그들은 적어도 불가결한 중개자로서, 지식 문화에서 유래한 몇 가지 요소를 한낱 굴절이나 연쇄 작용을 통해서나마 족히 광범위하게 전파하여 사회적 효력을 보장하는 역할을 한다. 중세를 연구할 때 흔히 그렇듯 문헌이 부족한 상황에서 이 역할을 포착하기는 어렵고, 때로는 식별마저 불가능하다. 하지만 그들의 존재를 인지하고 영향력을 짐작하게 해줄 이런저런 정보를 모으려는 노력을 하지 않을 수는 없다.

　동시대인들도 저들을 완전히 무시하지는 않았다. 헨트의 헨리쿠스는 《자유 토론 문제》 1권 35번 문제에서 "대개 자신이 가르치거나 설교하는 내용의 원칙은 모르지만 그 내용이 대학 교사들로부터 왔음은 알고 있기에 확신을 갖고 이야기하는 그런 시골 박사들doctores rurales —'마을 지식인들intellectuels de village'이라 번역해야 할까? —이나 설교자들(신학 교사인 헨트의 헨리쿠스는 무엇보다 사목 활동 문제를 염두에 둔다)"에 대해 수려하게 말한다.[90] 이보다 더 잘 표현할 수는 없으리라.

　중세 사회의 "매개적 지식인" 항목에 들어갈 모든 이의 목록을 만들기는 쉽다.

　먼저 대개는 몇 년, 심지어 몇 달 만에 아무 학위 없이 —혹은 기껏해야 고작 준교사 자격이나 보잘것없는 문법·학예 석사 학위만을 따고 —공부를 그만둔 온갖 전직 학생을 떠올려 보자. 상기하건대 그야말로 대다수 학생, 달리 말하면 수천수만 명의 운명이었으리라.[91] 시험에 탈락한 이들도 있었겠지만, 좌절해서 아니면 재정적 수단이 부족해서 포기하는 경우가 대부분이었다. 애초부터 잠깐 대학에 다니면서 막연히 학문 교과와 친숙해지겠다는 것 외에 다른 욕심이 없던 이들도 있었을 수 있다("유학"의 매력이나 학인scolaris 신분과 결부된 특권은 말할 것도 없다). 이들 뜨내기 학생은 안타깝게도 역사학자의 시야를 거의 완전히 벗어난다. 대학 명부에 등록된 때조차 대학을 떠나고 나면 그들의 행적을 계속 뒤쫓기가 거의 불가능한데, 차후 문헌에서는 이름에 대학 칭호가 붙지 않는 만큼 더 이상 확실히 식별할 수 없기 때문이다. 예를 들어, 유서 깊으나 이제 빈궁에 빠진 툴루즈 유지 가문의 자손으로서 한낱 시골 신부가 된 15세기 초의 장 드 로엑스Jean de Roaix 같은 인물을 우리가 발견하는 것은 그저 무슨 소송의 우연 덕택이다. 그는 후견인들이 자신의 학업에 충분한 재정 지원을 거부했기 때문에 일찍 대학을 떠나 이렇게 하급직으로 만족해야 한다고 쓰라리게 한탄한다.[92] 그 밖에도 얼마나 많은 이들이 비슷한 상황에 처하고도 문헌에 아무런 흔적을 남기지 않은 채 사라졌겠는가!

그렇지만 학위를 따는 데 성공하지는 못했을지언정 이렇게 최소한의 대학 문화를 받아들였던 이들, 어쩌면 학업을 시작할 때 확보한 책 몇 권을 아직 가지고 있을 이들 모두가 지식 측면에서든 사고방식 측면에서든 사회적 관계 측면에서든 그 문화에서 아무것도 끌어내지 못했을 법하지는 않다.

바로 이 불행한 전직 학생들, 혹은 문법 소학교 수준을 넘어서 본 적이 없는 또 다른 이들이 여기서 우리가 살펴보려는 직업들의 대열을 채웠을 것이다. 여기에는 위에서 말했듯 흔히 학예부조차 다녀본 적이 없는 학교 교사, 외과술사와 이발사, 대소인뿐 아니라 (특히 소도시에서는) 일부 변호사, 시골 본당 신부와 하물며 대리 신부와 전속 사제, 끝으로 말단 서기나 공증인 같은 모든 종류의 필경사가 속한다. 이 마지막 부류에서 몇몇은 학예 석사 학위를 보유했을 수 있지만, 법학에서 준교사 자격이나마 가진 이는 극히 드물었다. 이들은 주로 이미 자리 잡은 공증인의 일터에서 도제식으로 훈련받았던 것이다. 하지만 그 밖의 사항에 대해서는, 적어도 성문법이 존재하는 나라라면, 사회뿐 아니라 문화에서 공증인의 중요성을 과소평가할 수 없을 것이다. 1327년이면 시스테롱에 공증인 20명이 있었고, 영광의 정점에 오른 1338년 피렌체의 법률가·공증인 조합Arte dei Giudici e Notai에 등록된 공증인 600명은 말할 것도 없다.[93] 15세기 중반, 사정이 저 때만큼은 좋지 않았던 이 시기에도 약 5000명의 주민이 살던 아를에 공증인 22명이, 인구가 그 세 배 정도였던 리옹에는 공증인 78명이 있었다.[94] 프랑스 남부 문서고에 남은 14~15세기 공증 대장 더미는 실재했던 양에 비하면 극히 일부에 지나지 않는데(최대 25퍼센트), 그럼에도 지중해권 그 어디서건 이런 유의 개인이 편재하고 있었음을, 살아가다 마주치는 어떤 사소한 상황에서도 있는 힘을 다해 증서를 써대는 이런 이들로 인해 모든 사람이 모든 순간마다 문서와 법률 규범을 참조해야 했음을 상상하기에는 족하다.

바로 저들, 경외심의 거리 같은 것으로 여타 주민과 분리될 일 따위는 없는 인물들을 통해서 주민 대다수는 분명 매우 약화된 형태로나마 당시 지식 문화의 메아리를 접할 수 있었고, 교회와 국가 상위 단계에서 지식 문화에 토대를 둔 이론을 실제로 적용하기로 결정했을 때 그 여파를 일상생활에서 조금이라도 체감할 수 있었다.

방금 언급한 공증 문서, 더 폭넓게는 법률이나 규정과 관련된 모든 형태의 글은 내용에서든 형식에서든 로마법에서 차

용한 몇 가지 요소를 은연중에 실어 날랐다. 공증인의 역할은
거기서 그치지 않았다. 자신의 주 업무와 겸해 다소간 산발적
으로 관리인, 법원 사무관, 대소인, 서기 같은 직책을 맡아 개
인이나 촌락·도시 공동체에 봉사하는 일은 그에게 흔했던 것
이다.

전혀 다른 영역을 보자면, 가장 범상한 설교조차도 예화 모
음집이나 도미니코·프란치스코회 견본 설교문의 자양을 흡
수하면서 적어도 기초 개념에서는 스콜라 철학과 신학의 가장
중요한 지향과 합류했다. 끝으로, 외과술사와 이발사의 의료
활동이 아무리 경험적이라고 한들, 아리스토텔레스나 갈레노
스의 자연학과 생리학이 제공하는 도움을 암묵적으로나마 받
아들이지 못할 정도는 아니었다.

3. 지식의 사회적 영향력: 이의異意인가 통합인가?

따라서 교양인 엘리트 사이에서 표명되고 전파되던 지식의 정
치·사회적 실효성에 대한 질문이 정말 첨예하게 제기되는 것
은 바로 이들 "매개적 지식인"의 층위에서다.

교양인 엘리트 쪽에서는, 통합을 향한 그들의 의지는 사실
거의 의심할 여지가 없다. 그들이 꼭 얌전하고 엄격히 순응주
의적인 계층의 면모를 보여서가 아니다. 잘 알려져 있듯 대학
도시, 그중에서도 파리·볼로냐·옥스퍼드·툴루즈·오를레앙
처럼 가장 큰 곳에서는 "타운과 가운town and gown", 즉 도시 주
민과 (상위 학부 소속을 포함한) 교사·학생 사이의 갈등이 비

록 영속적인 일은 전혀 아니었으나 예외적인 일도 아니었다. 대학인들은 독신으로 해당 도시에서 거의 언제나 이방인이며 자신의 학문과 (면책 보장처럼 여겨진) 특권을 뽐내는 젊은 남성들의 수선스러운 무리를 이루었고, 주저 없이 길거리와 술집에서 큰 소란을 일으키면서 기회가 닿는다면 순찰대원들, 점주들, 귀족이나 유지의 저택 하인들과 드잡이할 태세였다. 간혹 유혈이 낭자하고 사망자마저 유발하는 이런 싸움은 현장에서 대개 대학인들의 패배로 끝났지만, 이들은 교회 소속이든 왕 소속이든 으레 자기들 손을 들어주던 법정으로 적수를 끌고 다님으로써 보복하는 것이 예사였다. 15세기에 상황이 조금 바뀌기는 했다. 각자가 내세울 수 있는 개인적 지위나 집단적 특권을 불문에 부치면서 근대 국가가 모든 왕국 신민에게 더욱 엄정한 정치 질서를 강제하던 이때, 왕국 판사는 이러한 정치 질서와 점점 더 양립 불가능해 보이는 여러 가지 비행을 예전만큼 기꺼이 사면하지 않았다.

하지만 어떤 경우든 대학인들의 무질서에 전복적 색채를 부여할 수는 없을 것이다. 오로지 젊음의 혈기에 기인한 것이 아니라면, 무질서의 기원에는 거의 항상 대학인의 조세상 혹은 사법상 특권을 확언하거나 수호하려는 의도가 있었다. 따라서 기성 질서를 문제시하기는커녕 자신이 사회 특권층에 속함을 분명히 하려는 것이었고, 한낱 성민 등급으로, 더 나쁘게는 지역 당국의 자의적 처분에 노출된 "외지인aubain" 등급으로 떨어지지는 않겠다는 학인들scolares의 욕망을 드러내는 것이었다. 게다가 지역 당국도, 당국의 직접 기반이 되는 지역 주민도 이 점을 놓치지 않아서, 중세 말 민중 운동이 일어날 때면 학생은 흔히 다른 권세가 및 특권층과 나란히 도시민의 처단 표적이 되었다. 그것이 벌써 1251년 오를레앙에서 벌어진 일로, 이때 일종의 민중 십자군인 "목동들Pastoureaux"은 주교나 주교 밑의 참사원들과 함께 학생들도 가차 없이 공격했다. 1382~1387년의 혼란스러운 시기에, 이번에도 오를레앙 시에서 도시 폭력 사태가 다시금 학생들과 그들의 특권을 겨냥했다. 1355년 옥스퍼드("성 스콜라스티카 축일의 학살")나 1332년과 1427년 툴루즈에서도 같은 양상이다. 몽펠리에에서 1379년 끔찍한 조세 반대 폭동이 일어나 앙주 공작의 대리인들이 학살당했을 때, 대학인 중에는 가만히 있는 이도 도망치는 이도 있었지만, 어차피 세금을 내지 않는 자신과 아무 상관이 없는 항의 운동을 지지하는 자는 사실상 없었다.

대학에서 나와 성직자나 관리 경력을 시작한 뒤에도, 식자층이 전보다 더 전복과 이의의 편으로 기울어졌던 것 같지는 않다. 물론 국가나 (교회 대분열 시기의) 교회 꼭대기에서 권력을 장악하기 위해 투쟁하는 파벌들 가운데서 입장을 취하는 일은 간혹 있었다. 옥스퍼드에서는 이미 13세기에 대학인 중 일부가 왕의 편에 서는 동안 다른 일부는, 1215년에나 1250년대에나 반란 영주들에게 공감을 표했다. 14~15세기 파리에서도 왕정 충성파를 지지하는 대학인이 있는가 하면 나바르 왕[95] 당파가 있고, 오를레앙 공작 편이 있는가 하면 부르고뉴 공작과 잉글랜드인들 편이 있었다. 정치에 참여했던 몇몇은 목숨을 잃거나 유배를 당했지만, 대학인들은 대체로 가장 철저한

숙청마저도 피해 갔던 듯하다. 승자 진영에 가담하는 데서 이들은 군 지휘자나 금융업자보다 대개 더 훌륭한 솜씨를 보였던 것이다.

어쨌든 여기서도 이런 식의 정치 참여를 두고서 그것이 진정으로 기성의 사회·정치 질서를 비판하는 선택이라고 말할 수는 없다. 식자들이 열망한 것은 자신의 학설에 맞게, 자기 자신의 이해 관심을 소홀히 하지 않으면서 기성 질서에 더 잘 봉사하는 것이었다. 그들이 권력자에게 제기할 만한 비난은 주로 부당하거나 위험한 질서를 강제한다는 것이 아니라, 자신들에게 충분히 주의 깊게 귀를 기울이지 않는다는 것, 권력기관 안에 충분한 자리를 마련해 주지 않는다는 것이었다. 로베르 포시에가 썼듯이, "대학인들이 자신들에게 충분히 관심을 갖지 않는다고 비난하며 기성 질서에 적대적인 태도를 취한다고 한들, 그들은 지배계급에 속한다. 아니면 그들은 조금씩, 결국 모두가 지배계급에 가담하게 된다. (……) 생생한 사회적 요구를 일깨우는 데 여러 차례 기여한 그들은 정작 이 요구를 쟁취하기 위해 사용되는 일체의 폭력을 어김없이 단죄했다".[96] 이미 말했듯, 중세 말 사회에서 식자들이 반드시 권력자는 아니다. 하지만 적어도 권위자였고, 폭력을 혐오했으며, 사회 위계를 뒤흔들 위험을 무릅쓰고 기존 질서를 교란하기보다 기존 질서에 봉사하고 그것을 개선하는 쪽이 성미에 더 잘 맞았다. 이 위계 속에서 그들의 위치는 그다지 나쁘지 않았고, 더 높이 올라가려는 열망도 품었던 것이다.

이상의 조건을 감안할 때, 그들이 지식에서 본질적으로 통합과 현대화의 힘을 알아보았다는 것, 거기서 사회·정치적 응집의 연결고리를 찾아냈다는 것, 그리고 프랑스 왕 샤를 5세처럼 자신들과 신념을 공유하고 몇 가지 개혁에 열려 있는 "현자" 왕을 대화 상대로 두었을 때만큼 행복한 적이 없었다는 것은 의심의 여지가 없다.

위에서 언급한 "매개적 지식인들"도 마찬가지였을까?

이 질문은 훨씬 더 섬세한 대답을 요구한다. 부인할 수 없는 점은 중세 말, 이 수준에 위치한 여러 개인에게서 그들 지식의 불완전한 성격이, 그와 동시에 지식의 진정한 담지자에 대한 열등감과 하등하거나 적어도 모호한 사회적 위치에 대한 의식이 좌절감을 낳을 수 있었다는 것이며, 이 좌절감은 항의나 반체제의 성격을 띤 생각과 행동의 원천이 되었다. "좌절한 지식인intellectuels frustrés, alienated intellectuals"은 구체제 위계 사회에서 잠재적인 혹은 공공연한 전복을 추동한 고전적 행위자의 일부인바, 이 인물형 가운데 몇몇이 중세 말 이단과 민중 봉기의 역사에서 모습을 드러낸다.[97]

이들을 언제 어디서나 찾아볼 수는 없다. 일부 봉기, 특히 1358년 프랑스 자크리Jacquerie나 1381년 잉글랜드 "농민들Peasants", 뿐만 아니라 1378년 피렌체의 치옴피Ciompi처럼 가장 짧고 가장 격렬했던 봉기의 지도자들은 오직 해당 계층의 대열에서만 나왔던 듯하며, 단지 경우에 따라 "수입을 잃은cassés de gages" 전직 군인이나 어느 몰락 귀족이 그들에게 합류했을 따름이다.[98] 그렇지만 다른 여러 운동에서는 이론적 토대의 맹아와 함께 약간의 문자 활동을 제공한 문사들 혹은 반독 문사들이 존재했던 흔적이 드러난다.

사실을 말하자면, 봉기와 문해력 literacy —영미권 저자들의 번역하기 곤란한 개념을 빌려 쓰자면—사이에 존재했을 이 관계가 지금 남아 있는 문헌에서는 은폐되는 경향을 띤다. 봉기자나 이단이 글을 남겼더라도 그것이 사정없이 파괴되었기 때문인데, 아마 적에 대한 증오보다도 경멸에 의한 희생양이었을 것이다.[99] 하지만 사건을 주의 깊게 검토해 보면 그런 글이 최소한 암암리에 현존했다는 것을 확인하게 된다.

먼저 중세 말 종교적 반체제 운동의 경우를 들어보자. 그러한 운동은 프랑스 왕국 내에서는 변경 지역에서만 어느 정도의 파급력을 가졌고(푸아 백작령의 마지막 카타리파, 도피네의 발도파), 이 사실은 "매우 기독교적인" 프랑스 왕의 이미지에 분명 보탬이 되었다. 반면 이탈리아, 잉글랜드, 신성로마제국 등 다른 곳에서는 이런 운동이 상당한 기세를 띠기도 했다.

여기서 탁발 수사들이 매우 빈약한 역할만 담당했다는 점은 놀랍다. 신학적 교양이나 웅변가로서의 훈련으로 인해 그들은 그들의 말을 들으러 온 군중의 불만을 자극하기보다 기성 질서를 정당화하거나 민중의 조급한 요구 가운데 몇 가지를 회유하는 쪽으로 기울었던 듯하다.[100] 겉보기에나마 전복적인 경향을 조금 찾아볼 수 있는 것은 오로지 공식 교회와 단절할 지경에 이르렀던 프란치스코회 영성파의 경우뿐이리라. 하지만 이조차 자세히 들여다보아야 한다. 예컨대 장루이 비제가 잘 보여주었듯, 나르본 수도원 신학 강사였던 랑그도크의 영성파 수사 베르나르 델리시외Bernard Délicieux가 카르카손 종교 재판관들에 맞서 대중을 선동하려 했을 때, 주위에는 주로 상인, 법률가, 공증인이 모여들었다. 이 역설적 결합은 필시 프랑스 남부에서 왕권과 교회권이 점차 영향력을 가중하는 모습을 바라보던 도시 엘리트의 불안감을 드러내는데, 종교적·사회적이기보다도 훨씬 더 지역주의적이고 정치적이었던 이런 항의 운동을 프란치스코회 극단주의가 지원하는 상황은, 얼마나 의식적이었든, 어떤 회유récupération가 있었음을 보여주는 신호가 아닌가?[101]

더 많은 경우, 조직화된 이단은 잉글랜드의 존 위클리프John Wycliff, 1330?~1384나 더욱이 보헤미아의 얀 후스 같은 대학 재속 성직자 교사의 교설과 가르침에 기원을 둔다. 교회에 의해 쫓기고 특히 후자의 경우 처형까지 당했지만, 이 두 사람이 생전에 진정한 민중적 종교 운동을 낳지는 않았다. 이런 운동은 그들 사후에야 그들에 대한 기억을 다소간 직접적으로 참조하면서 발전했다.

잉글랜드에는 롤라드파Lollards가 있었다. 교회의 부에 대한 맹렬한 비판을 복음주의에 더한 이들 민중 설교가 중에 윌리엄 테일러William Taylor나 피터 페인Peter Payne 등 옥스퍼드 학생 출신이 몇 명 있었음은 알려진 바다. 직접 운동에 참여하지는 않았지만 상서 로버트 릭Robert Rigg을 비롯하여 대학의 신학 전임 교수도 여럿 이 운동에 어느 정도 공감을 표했으며, 캔터베리 대주교들이 오랫동안 매우 강력한 단속을 벌인 끝에, 30여 년 뒤에야 대학에서 이단의 요인 일체가 축출된다. 롤라드주의는 엄밀히 말해 학문적 이단이 아니었다. 하지만 그 운동에 영감을 준 자들이나 그것을 전파한 자들 가운데 저들 식자가 존재했다는 사실로 인해, 롤라드주의는 그와 유사한 다른 운동에서 흔히 나타나는 반지성주의를 조장하지 않았다. 롤라드파 설교가들은 오히려 다량의 수고본 소책자를 제작하고 전파하는 일을 크게 중요시했고, 모든 신자가 (글을 읽을 줄 안다면) 접근할 수 있도록 성서의 속어 번역을 독려했다.[102]

보헤미아의 경우, 프라하 대학은 얀 후스의 기억에 끝까지 충실했다. 그렇지만 앞서 보았듯 (대학 신학자들이 전면에 내세운 양형兩形 영성체[103]라는 핵심 문제를 벗어나면) 체코 민족 운동에서 대학은 가장 온건하고 가장 덜 비정통적인 흐름에 속했다. 이 점은 후스주의 안에서도 극단주의적이고 민중적이며 진정 혁명적인 세력을 형성한 타보르파의 맹렬한 비판 거리가 되었으나, 대학이 바젤 공의회 및 황제 측과 함께 준비한 타협안이 1436년 협정 Compactata으로 추인받은 것은 그 덕분이다.

교회와 공공연하게 단절하지 않은 다른 흐름의 신앙·영성 운동도 있었다. 가장 전통주의적인 프란치스코 제3회[104]는 말할 것도 없고, 라인강 유역 "신의 친구들 Amis de Dieu"이나 플랑드르 남녀 베긴회 béghards et béguines처럼 다소간 신비주의에 물든 이들 운동은 전통적 교회 제도 가장자리에서 발전했고, 어느 정도 교회 제도를 문제시하는 일도 없지 않았다. 특히 네덜란드와 부르고뉴 공작령의 경우가 그랬다. 흔히 이런 운동도 일정한 교양을 갖춘 이를 우두머리로 세웠는데, 해당자가 꼭 일급 교사였던 것은 아니다. 경애로운 하위스브룩 Ruysbroeck

Admirabilis, 1293~1381처럼 독학자에 가까운 이들이 있었던 반면 다른 이들은 대학을 거치기도 했는데, 일례로 현대적 신앙의 창시자이면서 (비록 이후에는 옛 동학들의 오만과 헛된 학문에 대해 매우 험한 말을 하게 되지만) 파리의 학예 석사인 헤르트 흐로테Geert Grote, 1340~1384가 그렇다.[105] 더욱이 이들 신앙 운동은 개인적 독서와 학업을 우대했다. 헤르트 흐로테가 설립한 공동생활 형제회 등 일부는 앞서 보았듯 매우 효율적이고 혁신적인 학교 그물망을 갖추었고, 그것은 몇 가지 측면에서 전통적 대학의 결점에 대한 대안으로 제시되었다.

그러므로 중세 말, 제도 교회의 위기에 대응하면서 신자들의 종교적 열망—기독교 지식의 원천 자체, 즉 성서를 직접 접하려는 방향을 포함하여—을 충족시키려던 정통적이거나 비정통적인 온갖 개혁 운동 안에서 식자들, 특히 그중에서 가장 보잘것없는 처지에 있던 자들은 자기 자리를 갖고 있었다.

정치적 항의와 봉기 운동에도 식자들의 자리가 있었다. 여기서 문제 삼아야 하는 것은 몇몇 유랑 설교가보다도 변호사, 필경사, 공증인의 세계다. 흔히 대학 학위도 없고 관리나 고위 성직자만큼 확실한 지식과 사회적 입지를 갖지도, 특권과 고정 수입을 누리지도 못했지만, 따라서 간혹 실제로 유복한 생활을 할 때조차 경제·정치적 정세의 우여곡절에 노출되지 않을 수 없었지만, 그럼에도 이들이 지닌 문법·법률 지식이나 문서 경험, 또 대인 관계 기술은 선언문을 작성하고 요구 사항 목록을 초벌하고 회중에게 장광설을 펼치거나 협상을 개시할 능력을 주기에는 충분했다. 흔히 민중 계층 출신인 그들은 아직 이 계층과 가까웠기에 쉽게 신뢰를 얻었다. 정치 생활에서 지식의 중요성이 증대하고 있음을 어렴풋이 의식하던 민중은 기꺼이 그들에게 의지하여 자신의 열망에 형태를 부여하고 상급 당국과 대화를 개시하려 했다.

중세 말 민중 운동의 우두머리로 추대된 저들 반ǂ 문사 중 예외적이기는 해도 원형이 될 만한 인물이라면 콜라 디 리엔초Cola di Rienzo, 1313~1354를 꼽아야 한다.[106] 로마의 술집 주인 아들로 태어난 콜라는 젊은 시절 한 친지에게서 공증인 일을 배웠다. 그러고는 이 기예를 발휘하는 틈틈이 독학자로서 역사가나 고대 시인을 기초로 한 어느 정도의 문학 교양을, 더하여 약간의 로마법을 익혔다. 어떻게 보면 그는 이탈리아 초기 인문주의, 즉 페트라르카의 인문주의에 결부된다. 반면 그의 종교적 신념은 상당히 진부하고 전통적이었다. 이렇게 해서 그가 우두머리 중 한 명으로서 이끌게 된 민중 당파는 상인, 장인, 공증인, 하급 성직자를 아울렀고, 교황의 부재를 틈타 로마를 통치하며 자기들의 사적 이해만을 추구하던 영주 가문들에 맞섰다. 콜라의 강령은 로마에 안정적이고 공평한 체제를 수립하여 전 이탈리아 재통합의 중심으로 삼자는 것이었다. 두 차례(1347년과 1354년)에 걸쳐 콜라는 권력을 장악하는 데 성공했다. 그러고는 "호민관tribun"이라는 고대식 호칭을 달고 장엄한 포고문이나 알레고리가 넘쳐나는 공공 의식을 대거 동원하여 자신의 정책을 실행에 옮기고자 애썼다. 하지만 이내 교황 클레멘스 6세와 황제 카를 4세로부터 버림받은 뒤 귀족들의 공격에 무너졌고, 1354년 10월 8일 군중에 의해 살해당했다.

14~15세기 서구 곳곳에서는 다른 민중 선동자들도 모습을 보인다. 콜라만큼 비극적이지도 파란만장하지도 않지만 사회적 상황과 정치적 야심에서는 그와 비교될 만했다. 한 예만 거론한다면 르네 페두가 훌륭하게 연구한 공증인 장 드 콩데시Jean de Condeyssie가 있는데, 그는 1436년 리옹 "난리rebeyne"의 주역 가운데 하나였다.[107] 이웃한 돔브에서 리옹으로 옮겨 온 공증인 장 드 콩데시는 대학 학위는 없지만 훌륭한 웅변가이며 결혼을 잘한 덕택에 유복하게 살았다. 그렇지만 그는 자신과 생활환경을 공유하면서 증서를 써달라고 청하는 직인들과 여전히 친하게 지냈고, 오래전부터 전통적 자치시 정신에 대한 애착을 공공연히 표출하기도 했다. 그러니 새로운 물품세를 부과하려는 왕국 관리들뿐만 아니라 직접세인 타유taille세[108]를 회피함으로써 소비에 대한 세금이 가중되는 결과를 초래한 부자들에 맞서 리옹 민중이 들고 일어났을 때, 장 드 콩데시에게 도움을 요청한 것은 극히 자연스러운 일이었다. 장 드 콩데시는 민중의 분노를 한 방향으로 유도하여 균형 잡힌 정부의 복원을 쟁취함으로써 너무도 온순하게 왕명에 순종하는 상인·법률가 과두 집단의 권력을 직인 계층이 나누어 갖게 하려 했다. 그러나 이렇게 자치시의 자유를 수호한다는 것은 시대착오적이었다. 전쟁을 승리로 이끄는 데 필요한 조세상의 노력이 저지되는 것을 용납할 수 없었던 샤를 7세는 군대를 보내 도시를 점령하게 했고, 장 드 콩데시는 "난리"의 다른 우두머리들과 함께 체포되었다.

어쨌든, 반反성직자주의 설교자로 돌변한 성직자들이나 얼결에 호민관 행세를 하는 공증인들도 그들이 속한 집단을 정말로 대표한다고 할 수는 없다. 중세 말에 수가 늘어난 이류 문사 대부분은 무엇보다도 사회 안에 통합되어 신분 상승을 이루는 데 관심을 쏟았다.

전체적으로 보면 이들도 나름의 능력을 바쳐 교회나 국가에 봉사하고자 열의를 다했다.

본당 사제는 시원찮은 설교를 하기 일쑤였지만 그래도 최선을 다해 교회의 교육 사업에 참여했다. 그는 신자들 사이에 최소한의 기독교 교양과 정통 교리 및 성직자에 대한 존중을, 또한 한 세계관의 기초 요소들을 퍼뜨렸는데, 실상 꽤 잡다한 이 전통적 세계관은 본당 사제뿐 아니라 성인전, 예화 모음집, 상용 백과사전으로도 전달되었다.[109] 《캔터베리 이야기》(1386년경) 서문 467~528행에서 제프리 초서는 그가 무대에 올린 순례자 32명 가운데 가장 호감이 가는 인물을 한 시골 신부parson로 육화했다. 대학에서 공부를 하지는 않았어도 자기 양 떼의 교육에 마음을 쓰는 성스러운 사람이었다.

이는 또한 배운 사람, 성직자로서
진정 그리스도의 복음을 설교했다.
그는 열의를 다해 본당 신도들을 가르쳤다.[110]

또한 그는 자기 말에 행동의 모범을 더하여, 멈추지 않고 이 지상에서부터 하느님 왕국을 키워나간다.

다른 한편, 속인 학교 교사의 수준은 앞서 말했듯 천차만별이었지만 흔히 추측하는 것보다 더 많은 수의 주민(적어도 그 중 남성)에게 읽기, 나아가 쓰기의 기초를 가르쳤다.

끝으로 법조인, 하급 왕국 관리, 공증인은 국가가 근대화되고 강화되는 과정에서 효과적인 행위자들이 되었다. 하기야 박사들이 로마법을 되살린들 무슨 쓸모가 있었겠는가, 공증인들이 그것을 실무 문서에 재도입하지 않았더라면? 고등법원 판결문과 왕의 칙령으로 무엇을 했겠는가, 그것들을 공포하고 실행에 옮길 순찰대원들이 없었더라면? 그중 무능한 개인도 있었고 주민들에게 참을 수 없을 만큼 난폭하게 굴 때도 있었지만, 어디서나 법규에 대한 존중을 강제하고 국가적 사법·주권이 편재하도록 하는 데 이들은 커다란 기여를 했다. 바로 그들 덕분에, 군주에게 충성을 바쳐야 하고 국가에 복종해야 한다는, 조상 전래의 "자유"나 지방 세력가의 위세를 해치는 한이 있더라도 "공공선"을 우선시해야 한다는 통념이 조금씩 풍속 안으로 들어왔다. 또한 국왕에 대한 외경심에 더해, 언제라도 지고한 권력에 도움을 호소할 수 있다는 생각도 자리 잡았다.

내가 여기서 다루는 보다 평범한 식자는, 대학 학위 취득자나 왕국 고위 관리와 마찬가지로, 이 역할에서 자기 자신과 가족의 이득을 찾아낸 만큼 더욱 기꺼이 그것을 수행했다.

어떤 이들은 단순 "실무"에 반드시 필요한 수준의 앎을 넘어서는 지적 호기심을 표현함으로써 자기들도 넓게는 문사의 세계에 속함을 드러냈다. 이미 언급한 콜라 디 리엔초는 역사와 법률 서적을 풍부하게 읽었고 인문주의자들과 친분을 맺었다. 직업을 수행하는 데 꼭 필요한 기술적 저작 몇 권만 소유한 이가 많았지만, 어떤 이들은 학위 취득자와 경쟁할 만한 장서를 소유하기도 했다. 15세기 초 노르망디의 평범한 학교 선생 리샤르 드 바조크Richard de Bazoques는 136개의 인상적인 저작 목록을 남겼는데, 아무래도 그가 실제로 소유했고 읽기까지 한 책의 목록이라기보다 일종의 "이상적 장서bibliothèque idéale"에 해당했다.[111] 하지만 그것은 적어도 이 인물이 지녔던 최신의 서지학적 지식과 지식욕을 입증한다. 다른 이들은 무시 못 할 장서를 실제로 소유하기도 했다. 시칠리아의 도서 목록들은 우리에게 테르미니의 학교 교사 니콜라 데 라부아지오Nicola de Rabuazio의 소장품 25권, 또한 몇몇 공증인 소유의 썩 훌륭한 소규모 "서가"를 확인시켜 준다. 평균을 내면 20권, 1449년 스테파노 데 아빌리노Stefano de Avillino에게서는 88권에까지 이르는데, 메시나에서 활동한 이 공증인은 법학 서적뿐 아니라 몇 권의 설교문과 연대기, 단테 한 권에 토마스 아퀴나스도 한 권 갖고 있었다.[112]

어떤 이들은 저자의 위상에까지 오른다. 가장 훌륭한 변호사들, 잉글랜드의 경우 법원장 출신 보통법 변호사들Common lawyers은 실무적 "문제 사례집questions"(예컨대 1370~1400년대 파리 고등법원 변호사 장 르 코크Jean le Coq의 저작)[113]과 소송 절차 논고를 만들었는데, 이 저작들은 법학부 박사들의 학문적 요강과 주해에 유용한 짝이 되었다. 그들은 여기서 매우 실제적인 기술과 함께 동시대 문제에 대한 관심, 나아가 서민의 어려움에 대한 감수성과 같이 자신의 매개적인 사회적 위치에 걸맞은 특징들을 드러냈다. 가령 앙드레 구롱은 피에르 앙티불Pierre Antiboul, ?~1357 이전이라는 평범하고도 전형적인 인물을 조명한 바 있다. 이 "법 전문가jurispérit"는 몽펠리에에서 얼마간 공부한 다음 변호사가 되어 드라귀냥에 자리 잡았다. 그곳에서 그는 1340년 《세금론Tractatus de muneribus》을 집필했다. 학문 저자에 대한 탄탄한 지식과 함께 당시의 구체적 상황에 대한 경험으로부터 자양을 얻은 앙티불의 《세금론》은 세금 앞에서의 평등을 위한 힘찬 변론이며, 귀족에게 주어지는 부당한 조세 감면과 특권, 또 관리의 난폭함에 대한 훌륭한 비판적 논증이다. 요컨대 앙드레 구롱의 표현에 따르면 이것은 "당시 농촌의 비참과 사회적 불의"에 민감했으며 이 문제를 "프로방스 귀족과 그의 종복들, 또한 무능함으로 비난받던 당시 일부 실무가들"의 책임으로 돌리는 한 실무가의 저작이다.[114] 하지만 피에르 앙티불은 혁명가도, 데마고그 군중 선동가도 아니다(적어도 그렇게 될 기회가 없었다). 그가 열망하던 더 정의로운 정치 질서를 그는 필시 군주(이 경우 프로방스 백작)의 더욱 효과적인 활동에, 달리 말하면 사회 위계의 전복이 아니라 국가의 강화에 기대했을 것이다.

단연 더 높은 수준에서, 그렇지만 국가의 성장에 우호적인 근대화 개혁주의의 견지에서는 앞의 경우와 비교해 볼 수 있는 예로서, 중세 말 잉글랜드의 가장 위대한 법률가이며 공법 전문가인 존 포테스큐John Fortescue, 1390?~1479? 경을 떠올릴 수 있다. 유명한 《잉글랜드 법률 예찬De laudibus legum Anglie》과 《잉글랜드 통치*The Governance of England*》의 저자인 그는 옥스퍼드나 케임브리지가 아니라 런던 링컨장(주요 법원장 4곳 중 하나)에서 교육받았으며, 왕좌부에 자리 잡기 전에는 오랫동안 법정 변호사sergeant at law나 조사관으로서 실무자 직분을 수행했다.[115]

점점 더 형식화되어 대학 교과의 위상에 근접한 지식, 그러면서도 (텍스트가 대개 현지어로 된 이 분야에서) 보다 실제적이고 현대적인 스타일을 유지한 지식에 대한 열망은 중세 말 외과술사에게서 특히 뚜렷하게 찾아볼 수 있다. 적어도 이탈리아 의학부들의 권역에는 중세 말에 몇 종류의 외과술 학교가 존재했던 듯한데, 파리나 몽펠리에에 그런 학교가 존재했었는지는 더 의심스럽다. 몇몇 외과술사가 집필한 논고들은 장차 큰 성공을 거둔다. 가장 잘 알려진 인물인 앙리 드 몽드빌Henri de Mondeville의 《외과술*Chirurgia*》(1306년경)은 곧 프랑스어, 프로방스어, 영어, 독일어로 번역되었다.

문화적 상승뿐만 아니라 사회적 상승도 있었다. 식자층의 상이한 범주 사이에 반드시 엄청나게 큰 부의 격차가 있지는 않았다. 교육, 혹은 신이나 군주에 대한 봉사가 영예의 원천이며 어느 정도 안전성의 보장이라는 점을 부인할 수 없지만, 앞서 보았듯 언제나 보수가 매우 좋지는 않았다. 민간 영역에서 활동하며 근근이 생활하는 실무가들도 있었지만, 훌륭한 고객층을 확보한다거나 이득이 되는 결혼을 성사한다거나 땅 혹은 상업에서 얻은 수입으로 직업적 수입을 보충하는 데 성공함으로써 상당히 유복한 삶을 손에 넣은 이들도 있었다.

어떤 변호사들은 매우 부유했다. 이미 언급한 장 르 코크는 귀족으로, 연금과 금리 외에 적어도 파리 근처 영지seigneuries 5곳과 봉토fiefs 2곳, 더하여 바로 수도 안에 저택 한 채와 집 두세 채를 소유했다. 게다가 이처럼 유복한 변호사들은 더 존경받는 관직 세계에 접근하는 것이 불가능하지 않았다. 파리에서나 툴루즈에서나 고등법원 앞에 자리 잡은 변호사가 종심 법원의 판사까지 된 경우는 많지 않았던 반면, 그보다 중요성이 낮은 법정의 재판관 자리를 맡는 일은 흔했다.

똑같이 주목할 만한 것이 몇몇 피렌체 법률가의 재산이다. 리차르도 디 프란체스코 델 베네Ricciardo di Francesco del Bene, 1369?~1411가 쓴 놀라운 《회상록Ricordanze》에 따르면, 1407년 그는 자신의 일에서 350플로린을 벌어들였고, 거기에 몇 가지 공무를 맡아 받은 봉급, 그리고 집과 토지에서 나오는 소득물을 합치면 500~600플로린에 이른다. 비교 삼아 상기하자면, 당시 메디치 은행 피렌체 지부의 순수익은 1100플로린을 넘지 못했다. 그렇다고 리차르도가 예외적인 명성을 지닌 법률가도 아니었다. 다만 소속 가문이 피렌체 과두 집단에 확고히 붙박인 덕에 훌륭한 고객층을 꾸릴 수 있었다.[116]

공증인 사이에서도 돈이 궁한 말단 서기가 있는가 하면, 딱 보기엔 더 상류층에 속하는 법조인이나 상인과도 필적할 만한 상당한 재산가도 있었다. 툴루즈를 예로 들 때, 1335년 재산 대장에 따르면 공증인 35명의 재산은 30~934투르 리브르 사이에 폭넓게 걸쳐 있었다. 즉 그중 가장 부유한 자들은 대상인과 같은 수준이었다.[117] 1380년 생플루르에 뒤랑 세세Durand

Saysset라는 이가 있었는데, 대학 학위 없이 평범한 공증인으로서 일터를 떠난 적이 없다시피 고된 삶을 살았던 그는 1575리브르 가치의 부동산을 소유하여 다른 모든 법조인을 넘어섰고, 오직 상인 2명에게만 뒤처졌을 따름이다.[118]

실무 계층 사람들은 스스로의 지위나 재산이 학위 소지자, 고위 관리, 고위 성직자 수준에 이르지는 못할지라도, 이 야심을 아이들에게 물려줄 수 있었다. 이런 사회적 상승 과정에 대해서는 다음 장에서 재론하겠지만, 당장 말할 수 있는 점은 한두 세대 만에 실무직에서 관직으로 옮겨가는 사례가 무척 빈번하기에 이를 사회적 신분 상승의 한 가지 고전적 절차로 간주해야 한다는 것이다. 공증인이나 대소인의 아들이 학업과 명예의 길로 나아갈 때 이용할 수 있었던 것은 부친의 지원금이 다가 아니었다. 출신 환경 덕분에 그는 또한 단출한 규모의 장서를, 몇몇 인맥을, 학문 교과에 대한 어느 정도의 친숙함을, 즉 최소한의 "사회 자본"과 "문화 자본"을 흔히 누릴 수 있었다. 그것은 다른 신참에 비해 분명한 강점이었다.[119]

이는 사실상 식자층 집단 내부에서 일어난 신분 상승이라고 말할 수 있다. 이런 유형의 신분 상승이 존재했고 빈번했다는 사실은 이 집단의 응집력, 역동성, 개방성을 보여준다. 물론 다른 수준의 경로로 여기에 침투할 수도 있었다. 어떤 이는 곧바로 대학과 학위에, 고위 성직자직과 고위 관직에 접근했다. 반면 다른 이, 실무자 계층에서 가장 보잘것없는 이는 스스로가 결정적 한 걸음을 내딛을 수도, 자식에게 내딛게 할 수도 없어 사다리의 아래에 남았으며, 심지어 집단에서 이탈하여 장인직이나 상업의 세계로 돌아가기도 했다. 하지만 대다수는 일정한 수의 공통된 문화적 실천을 중심으로 하여 수립된 연속체 속에 있었다.

복무를 이탈한 사제, 데마고그 변호사, 신랄한 대소인, 민중 계층 가까이 남은 공증인이 여기저기서 다소간에 전복적인 기성 질서 비판을 위해 제각기 자기 능력을 바칠 태세가 되어 있었을 수야 있다. 그렇지만 대다수 식자의 경우, 어떤 수준에서 고찰하든, 그들의 심정은 통합의 역할을 받아들임으로써만 자기 존재를 확립할 수 있다는 쪽에 가까웠다. 오래된 봉건사회를 대체하며 형성되어 가는 새로운 사회 속에서 그들에게는 핵심적인 역할이 요청되었다. 조그만 부락과 시골 오지까지, 어디서나 통제와 복종의 그물망을 작동시킴으로써 군주와 도시와 교회가 사법 질서를 강제할 수 있도록 하는 역할이었다. 이 사법 질서야말로 그들의 존재 이유였다. 그들이 없었다면, 다시 말해 그들이 자발적으로 협력하여 다양한 형태의 행위를 일상적으로 수행하지 않았다면, 탄생기의 근대 국가는 자신을 받아들이게 하고 자신에게 복종하도록 할 수단은커녕 자신을 알릴 수단조차도 갖지 못했을 것이다. 중세 말의 새로운 사회·정치적 조절 과정에서 식자층은 엘리트들 편에 섰고, 그들 대부분의 눈길은 부인할 수 없이 엘리트들이 있는 방향에 고정되어 있었다.

그러나 동시에, 식자들이 바깥 사회와 단절되어 군주의 변덕 아니면 스스로가 품은 이기적 목표의 변덕만을 따르는 벼슬아치와 사제의 협소한 카스트가 되어버리지 않을 수 있었던 것은 바로 저 "매개적 지식인" 계층이 폭넓게 존재하며, 상위 국가 질서와 평범한 신민 사이에서 중계와 이행을 책임졌기 때문이었다. 상위 범주 문사들의 밑받침이 된 것, 그런 문사들이 사회 속에 자리 잡을 수 있도록 충분히 넓고 개방적인 기초를 제공한 것이 바로 이들, 헨트의 헨리쿠스가 말한 시골 박사들이었다. 새로운 사회·정치적 게임의 규칙을 구상하는 데 출발점이 되는 이론 지식을 다분히 경험적인 방식으로나마 전파하며 구체적 일상에 적용하는 일, 요컨대 그 지식이 만장일치는 아니라도 그럭저럭 합의된 방식으로 수용되게 하는 일을 맡은 것 역시 이들이었다.

제3부 사회 현실과 자기 이미지

이 책의 제1부에서, 우리는 중세 말 서유럽에서 식자들을 정의하는 특징이 무엇인지 살펴보았다. 제2부에서는 식자들이 지적 능력에 따라 당시 사회에서 어떤 직분을 맡을 수 있었는지 살펴보았다. 그리하여 우리는 그들에게 다소간 배타적으로 할당된 역할을 확인할 수 있었고, 뿐만 아니라 이런 역할의 수행이 사회적인(그리고 정치적인) 동역학 속에, 즉 이 시대의 일반적 변동의 동역학 속에 기입되어 있었음을 짐작할 수 있었다. 달리 말한다면, 그 역할 자체가 앞선 세기들에는 (적어도 같은 방식으로, 같은 중요성을 띠고는) 존재하지 않았던 새로운 역할이다. 이 역할을 맡은 이들이 그것을 창조했고, 역할을 맡는 동시에 그것에 형태를 주었다.

하지만 역할이 새롭다 한들, 사람도 그러했는가? 사회 무대 위 식자 집단의 출현이 일반화된 상승과 쇄신의 현상에 조응했을까? 문화적 변동이 일어나고 그때까지 알려져 있지 않던 혹은 거의 발전되지 않던 직분들이 등장했을 때, 사회의 민중 및 서민 계층에서 나온 개인과 가족이 그 덕분에 사회의 위계질서를 타고 올라가며 옛 엘리트들을 강제하여 이들 가운데

맞아들여지고, 심지어 이들로부터 이런저런 자리를 넘겨받을 수 있었을까? 아니면 (어차피 결코 엄격히 폐쇄된 적은 없는) 이 옛 엘리트들의 기능적 재전환, 적응, 근대화가 위계질서의 연속을 보장했을 따름인가?

쉽게 짐작하듯 실제로는 두 가지 답안이 시간과 장소에 따라 가변적인 비율로 실현되었을 것인바, 그 폭을 가늠해 보아야 한다(7장). 그런데 사회 역학力學을 이루는 날것 그대로의 소여들만큼 중요한 것이 상승 혹은 변동의 현상에 수반된 표상들, 자신과 타인에 대한 표상들이다(8장). 중세 말 식자들의 이미지는 어떠했는가? 때로 알아볼 수 없이 흐려지기도 한 그들의 기원이 이 이미지에 흔적을 남겼는가, 지워지지 않는 성직자의 인장을? 그들의 이미지는 남들이 그 새로움을 잊게끔 구귀족층의 생생한 색깔로 치장되었던가? 혹 우리의 식자층이 이미 나머지 사회로부터 스스로를 구별하는 데, 스스로를 있는 그대로 내보이는 데 성공하지는 않았는가? 즉 살아가고 말하고 생각하는 고유한 방식을 지닌, 고유한 습속habitus과 가치관을 지닌, 요컨대 자기 자신과 자신의 역사적 역할에 대해 나름의 의식을 지닌, 새롭고 복잡한 사회적 구성 요소로 드러났던가?

7장

새로운 사람들인가 상속자들인가?

중세 말 식자층의 사회적 기원이라는 문제는 얼핏 간단해 보이며, 그 어려움은 무엇보다 문헌의 부족에서 유래할 듯 여겨진다. 사실 이 문제는 몇 가지 이론적 어려움 역시 야기하는바, 이에 대해 곧바로 한마디를 해두어야 한다.

1. 사료와 방법에 대한 질문

식자층의 기원이 문제로 제기되는 건 그것이 명백히 새로운 집단으로서 중세 말의 수 세기 동안 강한 확장세를 보였기 때문이다. 식자층이 맡은 직분들도 국가의 근대화, 교회의 중앙집권화, 문화의 진보 등으로부터, 더 폭넓게는 사회와 경제의 복잡성이 증대하는 과정으로부터 새로 생겨났다. 그렇다면 이렇게 새로운 직분을 떠맡은 사람들이 어디선가는 나왔어야, 달리 말하자면 더 오래된 사회 집단에 출신을 두었어야 할 것 같다.

사실을 말하면, 이미 지적했듯 식자 집단의 성장 추이와 폭을 정확히 가늠하기는 불가능하며, 게다가 이 두 요소는 때와 장소에 따라 상당히 가변적이었다. 동시대인들도 이 집단의 성장을 의식했지만 아무래도 과장하는 경향이 있었다. 그나마 잘 알려진 사례인 프랑스 왕국 관리의 예를 살펴보면, 역사적 탐구는 중세 말 동안 두 차례 두드러진 양적 성장 국면이 있었음을 시사하는 듯하다. 첫째는 1250~1314년간이며(즉 성왕 루이에서 미남왕 필리프에 이르는 근대 국가의 탄생 시기), 둘째는 15세기 후반, 즉 백년전쟁에서 빠져나오면서 왕권을 "재건reconstruction"하고 강화하는 시기였다. 이 두 국면 사이에는, 비록 정치적 위기가 있을 때마다 관리들의 "무한한 무리multitude infinie"를 규탄하는 것이 관례이기는 했지만, 적어도 절대 수치상으로는 준準 정체 상태가 이어졌을 것이다(사실 이런 정체 상태가 매우 뚜렷한 상대적 상승을 막지는 못했다. 같은 시기 왕국의 전체 인구가 전염병으로 인해 절반 이상 감소했기 때문이다).[1]

식자층이 어떤 사회적 출신으로 구성되어 있었는가에 대해 의문을 던지게 하는 또 다른 요인은 앞서 보았듯 아직도 그중 상당 부분이 교회인이었다는 사실이다. 즉 이 집단이 단순한 상속 과정을 통해 재생산될 가능성은 배제되었다.

이상의 난점들은 어디서 유래하는가? 사실 그것들은 중세 역사에 대한 인구학적·사회학적 연구 일체가 겪는 난점들이다. 우리가 여기서 연구하는 성직자와 문사의 부모가 누구였는지 밝혀줄 문서들이 물론 없지는 않다. 지중해권에서는 공증 사료에 포함된 수많은 계약서, 재산 목록, 유언장이 풍부한 가족 관계 정보를 제공한다. 다른 곳에서는 편지와 교황청 청원서, 조세 명부, 사법 문서, 등기·금리 대장 등이 유사한 도움을 줄 수 있다. 그러나, 오늘날에 전자정보화가 필수인 인물지 사전을 편찬하겠다는 목표로 이런 자료를 모으는 일이 매우 긴 호흡의 작업이며 따라서 이날 이때까지 매우 부분적인 결과물에밖에 이르지 못했다는 점에 더하여, 그것을 기반으로 진정한 양적 연구를, 더군다나 상당히 긴 기간을 대상으로 한 연구를 구축한다는 것은 어려운, 심지어 불가능한 일이 아닐지 우려할 만하다.

사실 내가 방금 언급한 사료들은 심하게 불완전하지 않을 때조차 연속적인 경우가 매우 드물어서, 대개는 서로 띄엄띄엄 떨어진 날짜에 찍은 즉석 사진 몇 장을 제공할 뿐이다. 달리 말하면, 가장 민중적인 경우부터 가장 귀족적인 경우까지 있을 수 있는 사회적 출신의 폭이 얼마나 넓게 열려 있었는지를 이들 사료로 그럭저럭 가늠해 볼 수는 있다. 가지각색의 경우를 다소간 파란만장한 사례로 예시해 보일 수도 있다. 그러나 각각의 사회 범주가 차지하는 비율을, 하물며 시간 속에서 그것이 변화하는 과정을 평가하기란 불가능에 가깝다.

여기서 문제는 문헌이 온전히 남아 있지 않다는 점만이 아니다. 대개의 사료는 그 성질에 따라 특정 유형의 사회적 출신을 우대했을 것이기 때문이다. 전반적으로 문헌에 출현할 가능성이 가장 높은 것은 당연히 가장 권력이 강하고 가장 부유한 이들이다. 어쨌든 그저 이름으로만 남는 대신 자세한 신원이 밝혀지고, 또 역사 때문이든 재산 상태 때문이든 이미 알려진 가문과 연결될 가능성이 가장 높은 것이 바로 그들이다. 그러므로 아래 다시 거론될 귀족 출신 식자들은 비교적 확실하게 식별될 수 있을 법하다. 반면 도시 출신이든 시골 출신이든 다른 사회 범주들에 대한 지표는 우발적으로 포착될 따름이어서 제대로 된 통계 작업의 대상이 되기 어렵다.

여기에 당연히 덧붙여야 할 것은 일반적 부류의 난점으로, 중세 사료에서 쓰이는 "사회적" 어휘군이 직업적 혹은 경제적 범주보다 훨씬 더 자주 법적 지위를 가리킨다는 사실이다. 예를 들어 15세기 독일 대학 문서들은 학생들을 "부자divites"와 "빈자pauperes"로 구분하지만, 사실 이 말들은 어차피 모호하기 짝이 없었을 사회적 분류를 가리키지 않았다. 단지 한편에는 등록금을 정상적으로 낼 만한 지불 능력이 있는 학생, 다른 한편에는 등록금을 면제받은 학생을 구별했을 따름이며, 면제의 구실이 되는 가난은 순전히 일시적인 것이었는지도 모른다. 거기다 반半 빈자semipauperes 혹은 반 부자semidivites도 있었는데, 비용을 할인받거나 지불 기한을 연장받는 정도의 혜택만을 얻은 이들이 해당한다. 이런 식의 분류에서 독일 대학 출신 학위 취득자들의 정확한 출신 지표를 끌어내는 일이 얼마나 무모한지 납득할 수 있을 것이다.[2]

중세의 사회적 어휘군에서 통용되는 단어 몇 가지의 모호함 혹은 다의성도 언급해 두자. 가령 성민burgensis, 선생magister, 성직자clericus 등이 그렇다.[3] 앞으로 보게 될 것처럼 "귀족"이라는 개념조차, 옛 귀족과 새로운 귀족, 상속된 지위와 획득된 명성이 흔히 구별되지 않을뿐더러, 그 용법이 만만찮게 까다롭다.

요컨대 중세 문사 인구 집단의 사회사는 숱한 불확실성에 노출되어 있는 것으로 보인다.

끝으로 한 가지 더, 어휘군이 아니라 방법의 난점을 지적해야 한다. 역사학자에게는 우선 자신이 연구하는 개인들을 고찰한 다음 그들을 사회적으로 규정하기 위해 직계 선조나 후손과 견주어보는 경향이 있다. 이렇게 하여 그는 사회적 상승이나 재생산의 동역학을, 심지어는 시대에 잘 적응하지 못한 몇몇 집단의 점진적 도태를 포착하고자 희망한다. 하지만 특히나 중세 말 사회처럼 결속력이 강한 사회를 대상으로 할 때 고려해야 하는 것은 사실 가족 구조 전체, 그중에서도 방계(삼촌, 형제, 사촌)와 인척 가문이다.

장인의 아들이 신분 상승을 통해 식자층에 진입한다는 사실은 이 장인의 아들이 특별한 인맥을 전혀 누리지 못했는지, 아니면 애초에 신부 삼촌이 있어서 책을 몇 권 빌려주거나 그를 주교에게 추천해 줄 수 있었는지에 따라 의미가 달라진다. 상인 아들이 법복과 사법계 인사들의 세계로 옮겨간다는 사실은 그것이 집안의 오랜 소명을 버린다는 뜻일 수도 있고, 혹은 이 신진 법률가가 단지 집안의 막내로서 여전히 상업과 사업에 매진하는 형제들과 달리 학업의 길을 택한 것일 수도 있기에, 항상 같은 방식으로 해석될 수 없다.

같은 유의 예를 얼마든지 더해볼 수 있다. 이로 인해 제기되는 문제를 함구할 수는 없지만, 그런 예들이 역사학자의 작업에 불편을 초래한다는 점은 분명하다. 가족 관계 전체를 고려한다는 것은 인물지 연구에 상당한 부담을 주기 마련이고, 수량화할 수 있는 결과에 도달하리라는 희망은 한층 더 요원해

지고 만다.

더욱이 이 점에서는 가족조차 충분한 단위가 아닐 것이다. 모든 중세 사회는 이웃 및 후원 관계의 다양한 그물망으로 구조화되어 있는바, 가족도 그 안에 다시 위치시켜 보아야 한다. 학업으로 식자층 사이에서 명예로운 자리에 이른 장인의 아들을 다시 예로 들어보자. 오늘날 우리는 이 신분 상승이 대학 등 교육기관에 의해 중세 말까지 유지되던 비교적 개방적인 구조 덕분에 가능해진 능력주의적 성취의 훌륭한 예라고 해석하고 싶을 수 있다. 이 판단은 필시 시대착오적이다. 지적 능력이나 성격이 어땠는지는 차치하고, 장인의 아들이 학업을 할 수 있었던 것은 위에서 말했듯 아마 그에게 신부 삼촌이 있던 덕분이든지, 더 그럴 법하게는 그의 가족이 자체로는 보잘것없어도 어느 강력한 수도원의 영향권에 속한 덕분이든지, 그도 아니면 아버지가 어떤 고위 인사의 피보호자나 어쩌면 하수인이었던 덕분일 확률이 매우 높기 때문이다.

예컨대 놀라운 사실로, 많은 중세 대학 학숙이 창립자 가족 외에 명시적으로 이름을 밝힌 (창립자의 고향이거나 숫제 그가 영주로 있는) 마을 두세 곳에서 인원을 모집했다는 점이 확인된다. 아를 대주교 가스베르 드 라발Gasbert de Laval이 1341년 툴루즈에 세운 학숙에는 생피에르드나작(카오르 교구) 출신 아이들의 자리가, 추기경 장 드 도르망이 1370년 파리에 세운 학숙에는 도르망(수아송 교구) 출신 학생들의 자리가 있었다. 두 고위 성직자는 자신만큼 유복하지 못한 동향인들의 아들들을 잊지 않았던 것이다. 펠레그리 학숙(카오르)을 보면, 그중 상당 부분이 1365년 창립자인 위그Hugues 그리고 레몽 드 펠레그리Raymond de Pélegry가 남겨준 바로 그 소유지에서 태어난 어린 문법학도들을 맞아들이는 데 배정되어 있었다.[4] 재산과 능력이 똑같다면, 이런 마을의 농부 아들이 이웃 마을의 농부 아들보다 대학에 갈 확률이 훨씬 더 컸으리라는 점은 명백하다.

이런 유의 가설을 더 늘어놓을 필요도 없다. 이 가설들은 순전히 이론적이지만도 않다. 앞의 내용이 충분히 보여주었을 터, 중세 말의 사회 역학에서는 여러 요인이 작동 변수로 개입할 수 있다. 따라서 이 역학을 해석하기란 정말이지 까다롭고, 어쨌거나 앞으로도 오랫동안 통계적 접근을 불허할지 모른다. 그러므로 아래에서 나는 주로 질적이고 기술記述적인 언급 몇 가지를 제시하는 데 그친다.

2. 학업의 길

모두가 학업에 접근할 수 있어야 한다는, 가난하지만 능력 있는 학생이 학업으로 신 또는 군주를 섬기는 높은 직분에 오를 수 있어야 한다는 생각은 중세 말 수 세기 동안 낯선 것이 아니었다. 다양한 대학 규정, 교황의 교서, 왕의 칙령 등에서 그 메아리가 울린다. 1224년, 황제 프리드리히 2세는 법학을 공부하러 나폴리 학당에 오는 모든 이에게 부lucrum, 고귀함nobilitas, 좋은 인간관계amicitiarum favor를 약속했다.[5] 교황 베네딕토 12세는 1336년, 몽펠리에 박사들이 지나친 시험 응시료를 요구하여 가난하되 능력과 품위를 갖추고서 정당하게 더 높은 곳에ad altiora 오르기를 열망하는 학생을 낙담케 한다고 비난하기도 한다.[6]

고위 귀족을 섬기는 몇몇 소설가나 연대기 작가들은 나름의 방식으로 이 생각을 확인시켜 준다. 이들은 "미천한 출신de petite estrace" 사람들이 왕의 총애를 얻고 본래 왕국의 가장 위대하고 가장 유서 깊은 가문을 대표하는 이들에게 돌아갔어야할 주군 곁의 자리를 차지하는 데 분개했다. 일찍이 《운문 연대기》(1306년경)에서 시인 조프루아 드 파리는 미남왕 필리프의 영주들에게 다음의 대사를 맡긴 바 있다.

우리는 고꾸라졌다,
천민들과 개종자들[개종한 유대인들]에 의해.
하찮은 놈들이 오더니
궁정의 주인 노릇을 하게 되었다.
(…)
궁정에서는 우리를 합당히 대하지 않아,
농노, 천민, 변호사 나부랭이가
황제인 양 굴게 되었다.[7]

"성직자와 기사의 논쟁débat du clerc et du chevalier"은 12세기까지 거슬러 올라가는 문학 장르지만, 중세 말에도 그 시사성을 온전히 간직했다. 궁정 저자들의 펜 아래에서 기사는 그의힘, 충실함, 용기 덕분에 으레 대결에서 승리를 거두었다. 가령

1456년, 순수하게 기사적이고 궁정적인 환경의 산물이었던 앙투안 드 라 살Antoine de La Sale이 쓴 소설 《꼬마 장 드 생트레Le Petit Jehan de Saintré》에서 "수도원장 나리Seigneur Abbé"의 간계와 맞붙은 동명 주인공이 그렇다.[8] 하지만 누가 눈치채지 못할까, 삶의 구체적 현실에서 겪는 숱한 낙담을 이런 문학적 보상으로 감출 수는 없다는 것을. 더욱이 우리가 다루는 시대에 이렇게 규탄받는 벼락출세자가 속세에 물든 고위 성직자나 추잡한 수도승이기만 한 것은 아니다. 훨씬 더 흔한 부류는 말이 번드르르한 학생이나 영악한 변호사("파틀랭 선생maître Pathelin"[9])이며, 끝으로 덧붙이자면, 학위와 학문에 긍지를 느끼면서 스스로가 이제 국가의 원활한 작동에 불가결한 존재임을 확신하는 박사가 있다.

사회적 야심이 학업의 길에 뛰어드는 이의 가장 흔한 동기 중 하나였다는 사실은 논쟁의 여지가 없다. 앞서 말했듯 무사무욕한 일반 교양이라는 생각 자체가 당시 사람들에게는 퍽 낯선 것이었다. 마치 "유학"이 지적·직업적 훈련의 도구인 만큼이나 여러 장소를 방문하고 여러 사람을 만나면서 그 이미지로 기억을 살찌우고 성품을 계발할 기회이기도 하다는 생각이 낯설었던 것과 마찬가지다. 다소간 깊이 학문 교과를 공부하느라 힘쓰고 또 이 수련 과정이 고생스러움을 숨기지 않는 이들은, 이런 유의 학업이 영예로운 것이자 사회·정치적으로 유용한 것임을 확신했고, 그로부터 최대한으로 자기 자신의 이익을 끌어내면서 친지들, 즉 빈번히 재정적으로 학업에 보탬을 준 이들도 득을 보게 하려 했다. 그도 그럴 것이, 특히 평범한 가족에서 아이 한 명에게 학업의 길을 열어준다는 것은 모두가 사정이 허락하는 만큼 힘을 보태야 할 고된 사업이었을 테니 말이다.

학업과 학위를 통해 사회적 신분 상승을 이룬 사례는 없지 않으며, 때로 눈부실 정도다. 물론 엄밀히 말하면 출생에 대해 우리가 아무것도 알지 못하는 한 무리의 사람들이 있는데, 많은 경우 이 사실 자체가 평범한 출신을 암시하는 지표가 된다. 다만 지금은 저들에 대해 말하기보다 고전적인 예를 몇 가지 상기하기로 하자. 13세기 초 잉글랜드의 위대한 신학자이자 고위 성직자였던 스테파누스 랭턴과 로베르투스 그로세테스테Robertus Grosseteste는 둘 다 농부의 아들, 어쩌면 농노의 아들이었다. 로베르 드 소르봉Robert de Sorbon이나 한 세기 반 이후의 미래에 상서가 될 장 제르송도 비슷한 출신이다. 추기경인 니콜라우스 쿠자누스는 아버지가 모젤강의 옹색한 뱃사공이었다.

눈치챘겠지만 이들은 모두 신학자이고, 이들의 훌륭한 경력은 본질상 교회를 배경으로 한다. 그만큼 주목할 만한 것은 아니며 수도 더 적지만, 법률가들과 의사들 사이에서도 유사한 예를 발견할 수 있다. 14세기 말 파리 고등법원의 인문주의자 사무관 니콜라 드 베이는 농노의 아들로서 도르망 학숙을 나왔고, 1413~1418년간 제1의장을 지낸 동시대의 또 다른 도르망 출신 인사인 로베르 모제Robert Mauger 역시 범상한 집안 태생이었다.[10] 아비뇽 교황 3명을 돌본 위대한 의사 기 드 숄리아크Guy de Chauliac, 1300?~1368의 경우, 전승에 따르면 어린 시절제보당에 있는 농장의 한낱 심부름꾼 아이였다고 한다.

어쨌거나 이들은 예외적인 경우다. 반면 더 평범하기는 해도 그만큼 의미심장한 가족적 도정들도 있다.

패스톤 집안을 예로 들어보자. 잉글랜드 동남부(노리치 지역)의 이 가족은 천여 통에 달하는 주목할 만한 편지 모음을 남겼다. 1440~1490년 사이에 걸친 편지들을 통해 이 가문이 4세대 동안 사회적으로 상승하는 과정을 따라가 볼 수 있다.[11]

유복한 자유농인 클레멘트 패스톤Clement Paston이 그 시작이었는데, 고향 마을에서 그대로 따온 이름이었다. 그는 하나뿐인 아들 윌리엄 패스톤William Paston, 1378~1444이 법원장에서 법학을 공부하는 돈을 대줄 수 있었다. 법률가로서의 재능 덕분에, 또한 아버지에게 물려받은 뒤 자신이 여기저기서 사들인 땅으로 더 커진 토지를 경영하면서 윌리엄은 (노퍽 공작과 노리치 주교를 섬기는) 법조인이자 왕국 관리로서 성공하여 런던 민사 법원Court of Common Pleas에서 경력을 마무리했다. 그의 유해는 노리치 대성당에 묻혔다. 여기까지는 개인적 성공에 불과했지만 다음 세대부터 안정화되어 가족의 소명으로 자리 잡는다. 윌리엄 패스톤의 네 아들은 아버지와 똑같은 공부를 했다. 그들은 먼저 케임브리지 학예부를 나왔고, 다음에는 (분명 대학의 법학부보다 선호된) 런던 법원장 한 곳에서 보통법을 익혔다. 이들 중 2명은 젊어서 독신으로 죽었지만, 다른 2명은 아버지와 비슷한 경력을 밟아 연이어 혹은 동시에 대영주들의 법률 조언자이자 왕국 관리로 활동했다. 하지만 사회적 상승은 계속되었는데, 점점 더 높은 급의 주인을 섬기는 한편으로, 운이 따르면서 소유지 역시 확장되었다. 존John, 1421~1466은 자신의 주인인 유명한 대장 존 패스톨프John Fastolf 경의 토지 가운데 상당 부분을 물려받았고, 형제인 윌리엄 2세William Jr., 1436~1496는 매우 훌륭한 귀족 가문 딸과 결혼하고 의회에 자리를 잡았다.

제4세대를 대표하는 것은 주로 존의 아이 7명이다. 핵심적인 것은 모두 손에 들어왔고, 가족의 운명이 분기한다. 남자아이 2명이 기사로 서임되었으니 귀족 신분은 완전히 확보됐다. 이들은 궁정에 드나들고 자기 저택을 경영한다. 또한 군인으로서 장미전쟁의 전투에 참여했으며, 그 결과 내전의 우여곡절에 노출된다(하지만 지나친 피해를 입지는 않았다). 아들 하나만 순수한 법률가로 남아 아버지와 할아버지의 전통을 잇는다. 다른 아들 2명은 일찍 죽었는데, 그중 하나는 대학과 교회의 진로를 밟기로 되어 있었다. 딸들의 경우, 한 명의 짝은 격이 떨어지는 평범한 농업 관리인이었지만 그래도 매우 유복한 사람이었고, 다른 한 명은 패스톤 집안 사람들과 딱 비견될 만한 훌륭한 법률가 가문 상속자와 결혼했다. 마침내 16세기, 패스톤 집안은 법률과 관직을 완전히 저버리고서 노퍽의 중요한 토지 영주가 되었다. 17세기에는 야머스 백작 작위를 획득했다.

이처럼 모범적인 성공을 확보하기 위해서는 물론 여러 요인이 결합되어야 했다. 분명 이들에게는(남자들뿐 아니라, 임무를 받아 떠나거나 의회에 참석한 저 남편들 대신 가족의 재산을 관리하던 아내들에게도) 강단과 영민함이 없지 않았다. 하지만 그만큼 분명한 사실은 바로 법률가로서의 능력, 즉 법학 공부가 두 세대, 심지어 세 세대에 걸친 사회적 상승의 지속을 보장했다는 점이다.

패스톤 집안의 역사는 다른 한 가지 점에서도 주목할 만하다. 비록 자석에 끌려가듯 런던을 향해, 그리고 궁정을 향해 이끌리기는 했지만, 왕국 관직을 수행했다는 사실만으로 그들의 성공이 설명되지는 않는다. 장미전쟁 시대, 즉 잉글랜드 왕정의 위기와 같은 시대를 살았던 것은 사실이지만, 단지 그 이유만으로 그들이 늘 군주에 대한 봉사를 어느 대영주에 대한 봉사로 보완하지는 않았을 것이다. 지방 세력가에 대한 그들의 충성이 언제나 완전무결하지도 않았다. 다만 분명한 것은 그들이, 중앙 정부의 권역에서든 고향인 노픽 권역에서든, 귀족들 사이 파벌이나 도당에 끈을 대지 않고서 성공할 수 있으리라는 상상을 해본 적도 없으리라는 사실이다.

따라서 패스톤 집안의 역사는 중세 말 박사나 고위 성직자, 혹은 법복 계층의 사회적 신분에 대해 여기저기서 이루어진 보다 일반적인 조사가 가르쳐주는 사실들과 전혀 배치되지 않는다. 르네 페두가 연구한 리옹 법조인들의 경우에서든 엘렌 미예가 연구한 랑 참사원들의 경우에서든, 사회적 상승 과정의 규모가 상당했다는 점을(이들 중 대다수는 출신이 분명치 않거나 적어도 범상했다), 후원 관계나 가족 관계 그리고 학위 같은 요소가 때로는 서로 결합되기도 하면서 결정적인 역할을 했다는 점을 똑같이 관찰할 수 있다. 랑의 참사원들 가운데서 구귀족 출신의 퇴조(14세기 초에서 15세기 초 사이 26퍼센트에서 5퍼센트로 감소)는 학위 소지자들의 부상(같은 기간 동안 그 비율이 43퍼센트에서 86퍼센트로 증가)과 정확히 대칭을 이룬다.[12]

15세기 말까지, 다양한 이들 그룹은 출신이 비교적 보잘것 없지만 대학 학위를 소지한 신참들에게 아직 몇 퍼센트 정도의 자리를 내어주었다. 그렇지만 고립된 개인, 이를테면 무에서 나온 개인이 이런 사회적 상승의 이득을 보는 경우는 거의 없다시피 했다. 명예롭게 식자층 사이에, 그중에서도 고유한 의미의 성직자층 바깥에 자리를 잡으려면 몇 가지 선결 조건이 동시에 갖추어져야 했다.

어떤 파벌에 소속될 것, 아니면 적어도 유효한 인맥과 권력의 그물망 하나쯤은 가까이 둘 것이 그 조건 중 하나다. 다른하나는 최소한의 재정 자원을 확보할 수 있어야 한다는 것이다. 가족에게 그런 자원이 없다면, 그리고 당사자가 학숙 장학금이나 교회 성직록, 유급 관직 등을 (적어도 아직은) 얻지 못했다면, 그럴 때 기대해 볼 수 있는 것이 바로 보호자나 후원자의 지원금이었다. 13세기 이래 프랑스 왕과 잉글랜드 왕은 학생 몇 명에게 기부금을 전하는 일을 아까워하지 않았다. 하지만 젊은 피보호자 몇 명을 건사할 책임을 지는 데서 전통적으로 가장 너그러웠던 이들은 한편으로 교회인, 다른 한편으로 군주 휘하의 고위 관리로, 대개 그들도 학위 소지자였다.[13]

어쨌든 대학 공부를 하지 않고 식자 세계의 상층부에 진입하기란 거의 불가능했는데, 대학 공부에 돈을 대려면 반드시 밑천이 필요했다. 바로 이 점이, 다른 곳에서처럼 여기서도, 사회적 상승이 흔히 여러 단계에 걸쳐 이루어진 까닭을 설명한다. 앞 장에서 언급했듯, 첫 단계에는 자주 공증인직이 놓인다. 1350년 이후 피렌체에서 나타난 새로운 법조인 가문 중 적어도 17퍼센트가 이 경우에 해당했다.[14] 리옹의 경우, 르네 페두는 수치를 제시하지는 않았지만 중세 말 법률가가 "대다수 별볼 일 없는 공증인 집안에다가 [도시의] 바깥 출신"이었다고 추정한다. 그가 재구성한 여러 가계도를 신뢰한다면 상승 추이가 언제나 일정하지는 않았다. 공증인직에서부터 법학 박사 학위와 법관직에 이르기까지 가르보Garbot 집안에서는 세 세대, 팔미에Palmier 집안에서는 두 세대가 필요했다. 반면 오리야크Aurillac 집안과 빌리우Bullioud 집안에서는 한 세대로 족했다. 그렇지만 성공이 같은 가족 안에서조차 어김없이 찾아오지는 않았다. 리옹 법복계에서 잘 알려진 다른 이름, 벨리에브르 집안의 예가 의미심장하다. 앙투안 벨리에브르Antoine Bellièvre의 두 아들 중 위고냉Hugonin의 태생에서는 기나긴 공증인 계보밖에 나오지 않았다. 반면 바르텔레미Barthélémy는 학업의 길을 밟았고, 그 덕분에 아들과 손자들이 리옹 대주교 법정에서, 다음에는 그르노블 고등법원에서 자리를 차지했으며, 그중 클로드 벨리에브르Claude Bellièvre와 그에 뒤이어 장 벨리에브르Jean Bellièvre가 돌아가며 그르노블 고등법원 제1의장이 된 이후에는 바르텔레미의 증손자 퐁폰 벨리에브르Pomponne Bellièvre가 17세기 초 프랑스 상서가 됨으로써 성공의 정점을 찍을 것이었다.[15]

위에 인용한 르네 페두의 말이 시사하듯, 사회적 유동성과 지리적 유동성을 완전히 분리할 수는 없다. 식자, 특히 어느 정도 수준을 갖춘 식자들은 자연스레 정치·행정 차원에서든 종교·문화 차원에서든 국가나 지역의 수도 역할을 하는 도시에 몰려들었다. 역으로, 그중 가장 범상한 이들(신부, 공증인, 이발사, 순찰대원)을 제외한다면, 평범한 마을이나 촌락에서 식자는 전무하지는 않더라도 드물었다.

이런 유동성의 첫째 국면은 자주 "유학"으로 나타난다. 게다가 학업을 마친 바로 그 도시에 남아 경력을 쌓고 뿌리를 내리는 이들도 있었다. 그것이 예를 들어 리무쟁 출신 엘리 브로예Hélie Brolhet의 경우로, 오트가론 도청 문서고에 보관된 일종의 사적 증서 대장[16] 덕분에 잘 알려진 인물이다. 페리고르 학숙 장학금을 받아 툴루즈에 공부하러 온 그는 그곳에서 법학 박사 학위를 취득하고 15세기 전반에 도시의 주요 변호사 중 하나가 되었으며, 그의 두 아들 역시 툴루즈에서 법학을 공부했다. 여기까지는 꽤 흔한 이주 경로로, 마시프상트랄 남쪽 가난한 땅에서 랑그도크 지방 대도시로 내려오는 재능 있는 아이들은 언제나 있었다. 확실히 더 눈길을 끄는 것은 포메라니아인 자크 로칠드Jacques Rothschild, 1390~1455, 소위 "앙줄리Angeli"의 모험이다. 그는 머나먼 캄민 교구에서 의학을 공부하고자 몽펠리에까지 왔다. 그는 대단한 성공을 거두어, 몽펠리에에 자리 잡고, 교수가 되고, 이어서는 20년 이상 대학 상서를 지내는 한편 결혼을 해서 뿌리를 내림으로써 몽펠리에의 훌륭한 법률가·의사 가문에 시초가 되었다.[17] 이런 예를 여럿 들기는 쉬울 것이다.

다른 이들은 관직을 손에 넣기 위해 이주했다. 평범한 문법학교 교사조차 자주 외부에서, 때로는 아주 먼 곳에서 왔다. 엑상프로방스의 경우, 중세 말에 활동했다고 알려진 문법학교 교사 중 누구도 해당 도시, 심지어는 해당 교구 출신이 아니었다.[18] 더욱이 덧붙여야 할 사실로, 교회에서든 세속에서든 일부 직책에서는 경우에 따라 승진 혹은 좌천 처분을 내림으로써 인사이동을 빠르게 하는 것이 관례였다. 아비뇽 교황들은 끊임없이 주교를 한 임지에서 다른 임지로 이동시켰고 프랑스 왕도 거의 같은 속도로 감사와 지사를 돌아다니게 했다. 많은 경우 식자가 도시에서 유서 깊은 명사 집안들의 전통적 연대 관계에 포함되지 못하고 외따로 떨어진 신참 같은 모습을 보이는 것도 납득할 만하다. 바로 그것이 앞서 언급한 소송에서, 즉 15세기 중반까지도, 몽펠리에 상인들이 법률가와 공증인은 행정관직을 맡을 수 없게 해야 한다고 주장할 때 내세운 주요 불만 사항 중 하나였다.[19]

3. 직종 전환, 적응, 재생산

확실히 식자층의 세계는 중세 말까지, 나라마다 상황이 매우 다르기는 해도 중세 사회에서 가장 유연하고 가장 열린 계층 중 하나였다. 그럼에도 당시 엘리트층을 형성하던 모든 집단처럼 식자층 또한 자기들끼리 폐쇄화되어 상속 카스트로 자리 잡는 경향을 띠었다. 비록 곧 보게 될 것처럼 이 경향이 언제나 불완전하기는 했지만, 14세기가 되면, 또 15세기에는 더더욱,

의사와 특히 법률가 사이에 진정한 문벌이 형성되기에 이르렀다. 집안 사이의 숱한 결혼 관계로 결속되어 서로를 강화한 문벌들의 발전 과정은 여러 시대에 걸쳐 추적해 볼 수 있다. 동료의 시대에 이어 상속자의 시대가 오고, 가족애가 단결심과 겹쳐진다.

그렇지만 따지고 보면 진부하기도 한 이 "재생산reproduction" 현상이 중세 문사들의 사회사에서 가장 흥미로운 측면은 아니다. 앞에서 보았듯 이들이 중세 말 사회 상층부에서 점점 더 요직을 차지했다면, 이 새로운 집단이 순전히 새로운 사람들의 상승을 통해 만들어진 것이 아니라, 적어도 부분적으로는 전통적 엘리트의 "직종 전환reconversion"이 낳은 결과물은 아닌지 물어볼 수 있다. 이 계층은 경제 · 정치 · 문화적 변동에 맞서 예로부터의 우위를 영속시키고자 했던 것이다.

실제로 인물지 연구에 따르면, 상승보다는 수평적인 혹은 적어도 비스듬한 "미끄러짐glissement"을 통한 충원 유형이 적어도 두 가지가 있었다는 것을 볼 수 있다.

첫째 경우는 넓은 의미에서 "상업marchandise" 출신 식자들에 해당된다. 숱하게 기술된 바 있는 이 고전적 과정은 대개 상인들의 욕망으로 설명된다. 이들은, 더욱이 중세 말의 위축되고 불확실한 경제 속에서, 자기 아이에게 더 높은 재산 수준은 아닐지언정 적어도 더 안정적이고 더 명예로운, 경우에 따라 귀족 서임으로 가는 발판이 될 수 있는 입지를 확보해 주고자 했다. 예를 들기는 쉬운데, 하나만 꼽자면 르 비트 집안이 있다. 15세기 초반 리옹에서 가장 부유한 가문이었다가 차후 파리로 올라가게 될 이 법률가들은 1340년 무렵에 죽은 포목상 바르텔레미 르 비트Barthélémy Le Viste의 자손이었다.[20]

하지만 중세에 상업에서 학업과 관직으로 넘어가는 것이 때로 언급된 것만큼 흔한 일이 아니었을 수 있다는 점은 차치하고라도, 이미 확인된 사례들을 보건대 몇 가지 뉘앙스를 덧붙여 이 과정을 기술해야 한다.

우선, 좁은 뜻의 상업으로부터 학업으로 옮겨가기 전에 흔히 중간 단계로 재정 관련 직책을 거치고는 했다. 이를 통해 벌써, 지식 세계까지는 아니라도, 어쨌든 군주와 정치권력에 대한 봉사의 세계에 접근할 수 있었다. 전형적인 경우로, 필리프 볼프가 분석한 바 있는 툴루즈의 이잘기에Ysalguier 집안을 예로 들어보자.[21] 13세기 말 환전상이자 상인이었던 이잘기에 집안 사람들은 14세기 초, 지사의 조언자이자 왕국 징세관이 되어 귀족 서임장을 획득한다. 그리하여 14세기 후반 대학에 발을 들이고, 이잘기에 집안에 여러 명의 법학 학위 취득자가 등장한다. 왕에게 봉사하는 동시에 사는 도시에도 봉사하면서, 그들은 온갖 수석 관리직을 역임했다. 불행하게도 이잘기에 집안은 너무 일찍 이 길로부터 벗어나게 된다. 그중 몇 명은 15세기 초 전투의 모험을 좇아 백년전쟁의 마지막 요동 속에 빨려 들어가고, 토지 영주 노릇을 택한 나머지는 봉토 운영을 잘못했다가 15세기 후반부터 파산 상태로 내몰린다.

두 번째 불가결한 지적으로, 행정이나 교회의 경력을 위해 상업을 포기하는 것이 일반화된 현상은 아니었다. 전반적으로 보면 숱한 가족이 여전히 오래된 소명에 충실했고, 심지어 구성원 일부가 상업 바깥에서 경력을 쌓게 된 가족 내에서도 마찬가지였다. 이미 언급한 르 비트 집안이야 단번에 모든 상업 활동을 그만두고 학업과 관직에 매진한 것으로 보이지만, 다른 집안에서는 여러 세대에 걸쳐, 방계로든 아니면 친형제 사이에서든, 법조인과 사업가가 공존하는 모습을 흔히 볼 수 있다. 노엘 쿨레가 재구성한 프로방스 주요 가문 몇 곳의 계보도가 이 점을 잘 예증한다.[22] 15세기 엑상프로방스에서는 매해 법률가 중 20~40퍼센트가 상인 딸과 결혼했고, 그 사이에서 태어난 아이들 중 4분의 1이 마찬가지로 상인이 되었다.

그러므로 15세기 푸아티에 같은 경우를 일반화할 수는 없다. 이 도시에서는 침체에 빠진 경제 활동을 압도하고 종교·대학·행정 직분들이 승리한 덕분에, 법조인들이 거의 독점적으로 시 정부를 장악했을 뿐 아니라, 도시 과두집단에서 점차 대상인들을 배제해 나갔다.[23]

또 다른 종류의 미끄러짐은 바로 사회 엘리트층 내부에서 일어난 것으로, 원래의 입지를 벗어나 학업과 지적 능력에 의해 제공되는 새로운 입지로 옮겨가는 현상이었다. 이 현상을 기술하기는 더욱 까다롭다. 그것은 바로 귀족 계급 내부에서 발생하는데, 이때 분석을 어렵게 하는 것은 귀족 개념 자체의 복잡함이다.

어느 식자가 까마득한 옛날부터 부인할 수 없이 귀족에 속한 어느 유서 깊은 "봉건" 가문 상속자임을 보여줄 수 있다면 일이 비교적 간단하다. 유명한 신학자인 에지디우스 로마누스는 로마 귀족층에서 가장 걸출한 가문인 콜로나Colonna 가문에 속했고, 성 토마스를 배출한 아퀴노Aquino 백작가도 시칠리아 왕국에서 거의 그만큼 존경받는 귀족 집안이었다. 하지만 이런 경우는 비교적 드물고, 결과적으로는 별 의미도 없다. 해당되는 것이 몇몇 예외적인 비非장자에 지나지 않을뿐더러, 따지고 보면 이들은 어차피 조상 전래의 관습에 따라 교회에서 경력을 쌓기로 되어 있었다.

보다 적절한 방법은 식자들 가운데 "구舊가문vieilles familles"과 결부된 이를 찾아보는 것이다. 라우로 마르티네스가 중세 말 피렌체 법조인들에 대한 책에서 그런 작업을 했다. 그는 1350년이라는 연도를 임의적 분할선으로 삼아, 그 전부터 확인되는 "옛 가문anciennes familles"과 이후에야 나타나는 "새 가문nouvelles familles"을 구분했으며, 후자는 다시 토착 가문과 속지contado 출신 가문으로 구분했다.[24] 이 기준에 따라, 그는 피렌체의 법률가 중 귀족 집안 출신이거나 적어도 유서 깊은 집안 출신이 40퍼센트를 차지한다고 산정할 수 있었다.

그러나 이 수치는 상대적인 가치밖에 갖지 못하며, 라우로 마르티네스의 방법도 그렇다. 여기서 단 하나의 연도로 모이는 것이 실제로는 점진적이고 지속적인 과정이기 때문이다. 사실 식자 가운데는 언제나 일정 비율의 "귀족"이 있었다. 어떤 이들이 귀족을 자칭한 것은 그들의 직무가 그것을 허락했기 때문이었다. 즉 그들은 공식적으로 귀족 서임을 받았거나, 맡은 직분의 위상에 즉각적으로 따라붙는 일종의 사회적 인정을 누렸다.[25] 다른 이들이 귀족인 것은 선조가 다소간 오래전부터 귀족이었기 때문이다. 실상 중세에는 귀족 계급에 진입할 수 있는, 혹은 적어도 귀족으로 인정받을 수는 있는 방법이 많았다. 유서 깊은 성주나 기사 가문들 외에도, 영지를 획득하거나 군주에게 봉사함으로써 법적으로든 사실상으로든 귀족을 자칭하고 귀족의 생활 방식을 택하며 그 영예를 주장할 수 있는 가문들이 있었다. 일부 지역, 특히 지중해권 유럽에서는 도시 유지층도 동일 선상에 놓인다. 이는 말하자면 도시 주민 중 가장 유서 깊고 가장 안정적인, 생활 방식에서 기사 세계와 가장 가까운 계층이다.

이들 귀족과 유지 가문 중 일부는 전사나 지주로서 고래古來의 소명을 여전히 충실하게 고집했다. 하지만 다른 일부는 빠르든 늦든 결국 학업을 수행하여 지식 세계에 진입했다. 그리고 한번 자리 잡은 관습이 사라지는 일은 드물었다. 따라서 교육·문화 유형의 연속성은 목표 경력 유형의 연속성으로 쉬이 전환되었다. 대학 학위를 취득하고 법관직을 맡는 것이 첫 단계였든 아니었든, 곧 법복 귀족이라 불릴 계층의 형성 과정은 이처럼 상위의 지적 능력을 소지한 이들에게 유리하게 진행되었다. 바로 이 능력이 귀족 자격의 신구 여부보다도 이들을 훨씬 더 잘 정의했다.

그러므로 새로운 사람들이 사회적으로 상승했다고만, 아니면 유서 깊은 "봉건" 가문들이 직종 전환을 했다고만 말하는 것은 지나친 단순화다. 관건은 사회 엘리트층을 문화와 국가의 변동에 점진적이고도 광범위하게 적응시키는 것이었고, 이 일은 군주와 교회에 대한 봉사의 새로운 형태들, 민간적이고 학문적인 형태들에 대한 가치 부여를 고래의 귀족 관념과 결합함으로써 이루어졌다.

이때부터 법복계 대가문들은 자연스럽게 영속적으로 지배적 위치를 유지하는 경향을 띤다. 하지만 중세에 이 집단의 확립이 엄격히 생물학적 재생산에만 토대를 둔 적은 결코 없었다. 새로운 사람, 늦게서야 지식 세계 상층부에 도착했지만 그만큼 더 그 안에 포함되려 안달하는 사람을 위한 문은, 조금 좁아지기는 했어도 아직 열려 있었다. 경력이 차단되었다는 것, 식자층 세계가 협소한 세습 카스트로 재편되었다는 것, 그 귀결로 흔히 규탄되어 왔듯 15세기 대학이 사회적 폐쇄성을 띠게 되었다는 것 등은 역사학적 신화에 불과하며, 최근 연구에서 점점 기각되고 있다.

이처럼 꽤나 복잡한 사회 현상에 대해 여기 개괄한 분석은 특히 프랑수아즈 오트랑이 훌륭하게 연구한 파리 고등법원 인사들의 전형적 사례에 기초한다.[26] 하지만 중세 말 수 세기 동안 유럽 주요 국가들에 존재했던 같은 유의 여러 집단에 대한 연구들이 이 분석을 반박하지는 않는 듯하다. 혹자는 예를 들면 잉글랜드 왕권 주요 행정 업무의 속인 담당자 중 귀족gentleman 작위의 비중이 헨리 5세Henry V, 1413~1422와 헨리 6세1422~1471년 재위기에 유의미한 상승세를 띠었다는 점을 강조했다.[27]

그렇지만 발전 과정을 서로 비교해 볼 수는 있어도 모든 곳에서 같은 연대기가 나타나지는 않는다. 마찬가지로 두 집단, 즉 한편으로는 신참들과 다른 한편으로는 유서 깊은 집안의 후손으로서 이미 탄탄한 기사나 박사의 계보에서 태어난 이들

에게 주어진 자리가 어디서나 같은 것도 아니었다. 이런 사항
들은 어떤 지위를, 어떤 시대를, 어떤 나라를 고려 대상으로 삼
느냐에 따라 달라진다. 오래된 학교 그물망이 갖추어져 있고
뚜렷이 도시화된 권역, 예컨대 지중해권에서는 일찍부터 구귀
족에 속하지 않는 이에게도 훌륭한 경력을 쌓을 수 있는 가능
성이 열렸다. 그럼에도 바로 같은 지역에서 일찍부터 기사 귀
족 사이에서도 학업 수행이 퍼져나갔다는 점을 12~13세기 이
탈리아와 프로방스 법률가들에 대한 모든 연구가 보여주고 있
기는 하다.[28]

　신성로마제국이나 중부 유럽 지역의 상황은 반대였다. 보다
고답적인 구조를 지닌 이 지역에서는 중세 말까지 구귀족 계
급이 정치적으로 중요한 자리들에 대한 접근권뿐만 아니라 지
식 문화에 대한 접근권을 장악했는데, 지식 문화가 큰 시간과
비용을 소모하는 유학과 결부되었기 때문이다. 게다가 식자의
수도 다른 곳보다 적었으므로, 새로운 사람들은 오랫동안 엄
격히 제한된 자리만을 차지했다. 1400년 프랑스 남부 대학들
에 다니는 학생 중 귀족은 고작 5퍼센트 남짓에 불과했지만,
볼로냐 대학 "게르만 지역반" 구성원 가운데서는 18퍼센트가,
리에주 교구에서 확인되는 학위 취득자 중에서는 그보다도 높
은 비율(25퍼센트)이 귀족이었다.[29]

　그마저도 학생들, 즉 야심이나 성취가 제각각인 초년생들의
경우에 지나지 않는다. 그런데 앞서 보았듯 식자층 세계는 강
하게 위계화되어 있었다. 그리고 지배적인 위치에 가까워질수
록 구귀족이든 신귀족이든 귀족을 칭하는 이들의 비율도 높아

졌다. 15세기 프랑스에서 모든 고등법원 판사가 출신과 무관하게 귀족이었다는 것은 거의 확실한데, 당연히 이 집단 내에서는 얼마나 오래된 귀족인지를 두고 갈등이 있었다. 반면 범상한 수준으로 내려갈수록 귀족은 드물어졌다. 유서 깊은 가문의 아들은 명예가 떨어져 보이는 이런 자리를 경멸했고, 동시에 이런 직무들 또한 종사자가 귀족 신분을 자칭할 만한 영예를 제공해 주지 않았다.

따라서 다시 한번 확인하는 것은 식자층의 사회적 입지가 출신보다는 그의 능력과 정치적 역할에 부여되는 가치에 달려 있었다는 사실이다. 이미지와 표상의 이 복잡한 작용이 어떤 이에게는 신분 상승을 허락하는 한편으로 다른 이의 이적移籍과 적응을 용이하게 했다. 그러니 책의 마지막 장은 논리적으로 중세 말 식자층의 "사회적 상상계imaginaire social"에 할애될 것이다.

8장
야심과 표상

지적 능력을 갖추었다고는 해도, 중세 사회 식자들이 새로운 것을 사고하는 데서 동시대인들보다 더 훌륭히 준비된 것은 아니었다. 그들 자신의 출현에 대해서도 마찬가지였다. 따라서 스스로의 사회적 입지를 정당화하기 위해 그들은 자연스레 전통적 분류법에 기댔고, 집단적 특유성을 부각하며 그것을 인정받기 위한 노력은 매우 점진적으로, 때로는 서툴게 진행되었다.

그럼에도 식자들에게 사실상 일말의 의혹도 불러일으키지 않았던 한 가지는 어쨌거나 학력이 있는 한 그들이 사회의 특권적인 상층 위계들 속에 위치한다는 생각이었다. 그러니 자기들이 품은 야심을 정당화하고 자기들이 영위하는 생활 방식의 원칙을 규정하고자 할 때, 그들은 애초부터 바로 이 위계들, 즉 성직자와 귀족 편에서 준거와 모델을 구했다.

1. "성직도"[30]

중세 말, 또한 그 이후까지도 식자 대부분에게는 성직자의 특색이 뚜렷이 남아 있었다. 물론 12세기부터 15세기까지 전반적인 경향은 세속화를 향했다. 하지만 이 과정은 해당 개인이 속한 범주와 지역에 따라 매우 상이한 추세를 따른다.

1150년대, 볼로냐 최초의 세속법 박사들은 동시대인들이 보기에 이미 속인의 모습이었을 것이다. 그들은 결혼한 가장이었고, 노동(교육과 법률 자문)의 결실로 먹고살았다. 영리적이고 속된, 황제의 포부에 지나치게 우호적인 그들의 교과에 대해 교회가 품은 의혹 역시 성직자 세계와 이 최초의 "법학 영주들seigneurs ès-lois" 사이의 분리를 재촉할 수밖에 없었고, 딴은 후자의 입지가 도시 엘리트들 사이에서 끊임없이 확고해지고 있기도 했다. 적어도 지중해권에서는 의사들 역시 곧 법률가들을 따라 때 이른 세속화의 길에 들어섰다.

하지만 어디서나 사정이 같지는 않았다. 유럽 북반부 지역들에서는 세속 법률가를 포함한 다수의 법률가가 오랫동안 성직자로 남아 있었다. 그 덕분에, 이론상으로는 속된 성격의 전공을 택했음에도 불구하고, 교회에서 훌륭한 경력을 쌓는 일도 다반사였다. 파리의 경우, 대학의 의학 교수는 1452년에야 결혼할 권리를 획득했다.

어쨌든, 중세 말까지 교회인들은 어디서나 식자층 가운데 높은 비중을 차지했다. 일찍부터 세속화된 남부 사회에서조차 그랬다. 법률가들과 의사들이 상석을 점했다고는 하나, 분명히 이 지역에서도 인원이 가장 많은 곳은 교회법학부였고, 아울러 이 학부에서는 당연히 교수 중에서든 학생 중에서든 절대다수가 성직자와 수도자였다. 툴루즈, 몽펠리에, 아비뇽에서는 14세기 말까지도 교회법 학생이 전체 인원의 57~75퍼센트를 점했다. 여기에 더해, 이미 사제 서품을 받은 재속 성직자 학생들은 말할 것도 없거니와, 학생 중 16~29퍼센트가 정규 참사원이나 수도승이었다는 사실과 교수도 흔히 정규 성직자층에 속했다는 사실을 고려하면, 이들 남부 대학도 교회법 학부로 인해 매우 강한 성직자 색채를 띠었다. 따라서 동시대인들에게는 교회에 봉사하는 데 우선적으로 뜻을 둔 교회인과 수도자로 북적거리는 곳이라는 인상을 주었을 것이다.[31]

더욱이 교회에 대한 봉사에서만 그랬던 것도 아니다. 공직, 특히 최고위의 여러 공직도 중세 말, 그리고 이후까지 계속 교회인들에게 맡겨졌다(왕의 자문회, 종심 재판소, 회계실, 재무국 등). 이런 유의 일자리가 당시에는 그들의 종교적 소명이나 신분과 양립할 수 없는 것으로 여겨지지 않았음이 분명하다. 따라서, 이 교회인들이 충성을 다해 군주와 국가에 봉사하기는 했지만, 그들이 맡은 공직에는 그들 자신의 눈에도 동시대인들의 눈에도 어느 정도 교회의 색채가 남아 있었다.

여기서 아마 반론이 제기될 수 있는데, 중세 말 사회에서 성직자 자격은 독신이 의무화된 대품 보유자(사제, 부제, 차부제)나 종신 서원을 한 수도자에게만 한정되지 않았다. 성직자의 범위는 그 밖에도 여러 범주의 개인을 포괄했고, 실상은 이들이 거의 언제나 다수였다. 그리하여 소품 보유자 혹은 삭발례만 받은 이는 성직자 신분의 법률적·조세적 특권을 누리면서도(일단 이론적으로는 그랬는데, 세속 사법은 그것을 점점 더 달가워하지 않았다) 그에 따르는 제약은 극히 일부만 감수했다. 이들은 어떠한 사목·성사 의무에도 얽매이지 않았고, 성직록 임지에 부임하지도 않고서 쉽게 교회에서 소득을 받았고, 심지어는 이 성직록을 포기하기만 하면 결혼도 할 수 있었다.

성직자 인구의 이 가장자리 지대는 자주 과밀해서, 14세기 초 랭스 같은 도시에서는 전체 남성 인구의 15퍼센트에 달했다.[32] 우리가 보기에 이 지대가 특별히 종교적 성격을 띠었던 것 같지는 않지만, 당시의 심성과 사회적 관습에서 "성직도"가 무엇을 표상하는지를 가늠해 보아야 한다.

여러 위계로 구획된 사회 안에서, 성직자의 특권은 상징적이면서 실제적인 이중의 가치를 통해 그 수혜자의 지위를 정의하는 데 크게 기여했다. 자신의 신분을 인정받기 위해 모든 "성직자"가 택해야 할 몸가짐(진중한 말과 절제된 태도, 삭발, 길고 어두운 색의 옷, 무기 소지 거부)은 거의 즉각적으로 사회적 구별의 효과를 낳았다.

하지만 "성직도"는 이를 넘어서는 문화적 가치였다. 물론 이상화하지는 말자. 이미 언급한 랭스의 예를 다시 들자면, 피에르 데스포르트가 확인하기로 도시와 그 주변의 "기혼 성직자" 다수가 사실 문맹이었다. 대주교 산하 세속 법원의 사법관들조차 훌륭한 부르주아 가문 출신 기혼 성직자들로서, 프랑스어를 읽을 수 있고 관습법을 알기는 했지만 라틴어는 몰랐기에, 소송 절차에서 라틴어를 사용하여 자신들을 곤경에 빠뜨리지 말아달라고 대주교와 참사원들에게 간청하고는 했다.

그럼에도 최소한 이론적으로는, 또한 빈번하게는 실제로도, "성직도"는 다른 범주의 인구에게서는 그저 선택 가능한 비필수 과정, 심지어는 무상한 오락에 지나지 않는 특징을 함의했다. 즉 이 책의 1장에서 보았듯 글쓰기와 라틴어의 숙달, 지식 문화의 기본 교과에 대한 앎, 책의 소유 등이다. 한데 이 모든 지식 자체가 어느 정도 종교의 특색을 간직했고, 전적으로 교도권教導權의 판단에 따라 결정되는 정통 교리의 요구에 종속되어 있었다. 물론 세속법이나 의학 같은 일부 영역에서 이 요구에 답하려면 의례적으로 신의 가호와 기독교의 전통적 덕목을 들먹이는 정도의 미미한 수고로 충분했던 듯하다. 하지만 더 근본적으로 이들 지식은 여전히 교회가 인정하고 재가한 전체 틀 속에 기입되었고, 교회 당국에 의해 설립되거나 추인된 학교와 대학에서 교육되었으며, 요컨대 기독교적 문화 질서에 속했다. 다른 모든 면에서라면 완전히 속인의 삶을 영위하는 식자조차도 그의 특유한 지적 실천에 준거할 때면 여전히 "성직자"라 칭해졌다는 사실은 의미심장하다. 가령 프랑스에서는 상서국과 회계실의 필경사와 공증인을 "왕의 성직자clercs du roi"라 불렀고, 마찬가지로 도시에서 시 정부의 보수를 받으며 배석 판사와 법률가(1450년경 리옹에서 쓰인 한 텍스트에 따르면 "법학의 성직자이자 현자clers et saiges en droit") 직분을 맡은 이들을 "성직자 판사conseillers clercs"라 불렀다.[33]

2. 귀족

"성직도"가 중세 말 식자층 대부분이 공통으로 자임한 지위였던 데 반해 "귀족noblesse"은 하나의 지평에 해당되었으며, 그들 중 가장 재능 있는 혹은 가장 야심 찬 이들에게는 완전히 접근이 불가능한 건 아니었다.

식자층에게 귀족이라는 준거가 행사하는 인력은 이미 보았듯 그들의 대열에 여러 귀족이 포함되어 있었기에 더욱 컸다. 유서 깊은 귀족 집안 출신으로서 교육이나 관직으로 "직종 전환한" 이들이 있었고, 어명으로드든 단지 사회적 인정의 효과로드든 귀족 신분을 획득한 이들이 있었다. 끝으로는 귀족 서임된 이의 아들이나 손자뻘인 신흥 귀족, 즉 법복 귀족의 배아로서, 학업과 세속적 직분의 관례에 충실하면서도 "귀족 신분état noble"을 자랑스레 여기며 칭호와 문장을 과시하는 이들이 있었다.

이처럼 다양한 사회적 과정은 앞 장에서 분석되었던바, 여기서 재론할 필요는 없다. 반면 상기해야 할 것은 이들 귀족 식자가 결국은 집단 전체에서 소수에 지나지 않았고 특히 고위 성직자, 군주의 조언자, 종심 재판소 판사와 변호사 등으로 이루어진 얇디얇은 상층부에 집중되어 있었다는 사실이다. 실제로는 오직 이 좁은 엘리트층에서만 귀족의 수가 많았고, 특히 15세기에 뚜렷하게 다수를 점했다.

따라서 그들 중에, 특히 수뇌부에 신분이—오래되었든 아니든—확실한 귀족들이 몇 명 있었다고 해도, 이들의 존재만으로는 귀족 모델에 대한 식자층의 열광도, 나아가 일부 식자에게 제공된 귀족 서임 절차의 혜택조차도 설명할 수 없다. 내 생각에 여기서 작동하는 것은 사회적 우월성의 패러다임으로서 귀족 신분이라는 통념 자체이며, 또한 한창 약진하고 있는 한 집단의 동역학 자체가 창출하는 압력이다.

식자들이 귀족 신분에 대해 느끼는 집단적 열망은 (비록 이 열망이 실제로 구체화된 것은 그중 소수였지만) 상보적인 두 가지 방식으로 표현되었다. 하나는 귀족에게 경의를 바치며 상석을 양보하는 것이고, 다른 하나는 귀족과 동화되고자 하는 것이다. 지식의 귀족성, 그리고 지식을 담지한 사람의 귀족성을 확언하는 이는 그만큼 공공연히 귀족을 향한 존경심을 드러냈다. 이 미묘한 이중 기제가 작동하는 모습은 식자들이 개입하고 있는 모든 기관, 즉 교회 참사회, 법정, 상서국 등 어디서나 다소간 분명하게 볼 수 있다. 이 점을 분석하기 위해 대학의 예를 들어보자. 이곳에서는 저 기제가 말하자면 본래 형태로, 즉 중세 사회 지식 엘리트 훈련 과정의 구성 요소로서 작용한다.[34]

14~15세기의 대학 규정을 보면 귀족 학생에게는 온갖 특권과 이점이 주어졌다. 계보를 증명하는 서류를 제출하거나 단지 "귀족 신분에 걸맞은 모습tenant l'état noble"(모피 옷, 충분한 수의 하인 등)으로 귀족임을 증명해야 한다는 조건이 있었다. 특권은 우선 명예에 관련된다. 다시 말해 귀족 학생은 강의실 앞줄에 앉고 대학 예배 행렬에서 학위 취득자, 학사, 준교사와 나란히 행진할 수 있었다. 더 실질적인 이득을 보장하는 특권도 있었다. 예컨대 대학 자문회에서 학위 취득자들과 나란히

자리할 수 있는 권리(마치 귀족에게는 결정하고 명령을 내리는 천부적 적성 같은 것이 있다는 듯), 대학인을 위해 마련된 성직록에 비非귀족 학우보다 우선적으로 지원할 수 있는 자격 등이었다. 반면 학업 체제나 시험 응시 및 학위 취득 자격 조건에서는 귀족과 비귀족 사이에 공식적으로 엄격한 평등이 유지되었다.

하지만 보다시피 귀족 학생에게 주어진 특권은 비귀족에게도, 적어도 학위 소지자로서 지적 적성을 증명한 이에게는 이득이 되었다. 모든 점에서 귀족의 우선권이 받아들여진 것은 아니었다. 귀족 작위와 대학 학위 사이에는 세심한 대응표가 만들어졌다. 하급 학위(준교사 자격) 혹은 영예가 떨어지는 학부(학예부, 의학부)에서 받은 학위로는 소귀족과 같은 수준에 놓였고, 법학 학사 학위는 대귀족과 동등한 위치를 보장했다. 끝으로 법학·신학 박사들과 학장들은 어느 대학 공식 행사에서든 지위를 불문한 모든 귀족에 앞서 언제나 첫 줄에 자리했다. 1389년 그리스도 성체 축일 대행렬에서 대학 구성원들의 자리를 정하기 위해 작성된 빈 대학의 한 규정은 이 상응 체계를 매우 뚜렷하게 명시했다. 의학 석사는 소귀족minores illustres과, 법학 전임은 중간 귀족simplices illustres과, 신학자는 공작 및 백작과 함께 걸어가기로 되어 있었다. 끝으로 학장은 행렬 맨 뒤에서 홀로 행진하면서 모든 이의 눈앞에 대학과 지식의 비길 데 없는 위상을 나타내 보일 것이었다.[35]

한 격언에 따르면 "박사는 기사와 맞먹는다Doctorat vaut chevalerie". 이처럼 지식과 귀족 신분이 동등하다는 화두는 규정이 인가하는 제도적 관례 밑에 함축된 생각으로 그치지 않았다. 이 화두는 몇몇 주해자에 의해 명시적으로 전개되었다. 여러 저자는 박사 학위를 완성된 지식의 구체적 표현으로 간주하며, 이 학위가 하나의 진정한 신분status, 더 정확하게는 위계ordo로 가는 통로를 열어준다고 생각했다.[36] 박사 학위 수여식의 엄숙한 의례에 대해 봉토 수여식이나 기사 서임식과의 유사성을 시사하기는 어렵지 않았다(박사 상징물 전달, 맹세, 수여자와 취득자의 입맞춤 교환, 잔치와 선물, 신규 진급자의 공식 강의 등). 볼로냐의 양법학in utroque jure 박사로 곧 밀라노 대주교, 이어서 추기경이 될 시모네 다 보르사노Simone da Borsano는 《클레멘스 교황령집》 주해 서문(1370년경)에서 "박사 신분status doctorum"에 대해 길게 고찰한다.[37] 박사의 특권, 특히 조세 분야 특권을 상기한 다음, 시모네 다 보르사노가 결론 짓기로 박사는 그의 위상 덕분에 기사보다 한 발 앞서 있고("박사가 기사보다 우위에 있어야 한다"),[38] 20년 이상 법학을 가르친 박사라면 공작이나 백작과 같은 대접을 받아야 한다. 하기야 마땅히 그래야 하듯 온갖 로마법 인용구로 뒷받침된 이런 포부가 이미 한 세기 전부터 카스티야에서 현왕 알폰소 10세의 《칠부법전》(P. II, t. 31, § 8)에 모습을 드러내었다는 점, 14세기 이탈리아와 프랑스의 숱한 법률가가 이를 근거로 삼아 "법학 영주seigneur ès-lois, dominus legum"니 "법학 백작comte ès-lois, comes legum"이니 하는 칭호로 자신을 높이기도 했다는 점을 지적해 두자.

로마의 법lex에서 차용한 문구들 외에, 지식과 귀족 신분의 동일시를 정당화하는 근거는 무엇이었는가? 우선 지식에, 더 정확하게는 고대로부터 계승되어 교회의 인정을 받고 일반 학당에서 교육된 정규 지식들에 통념상 결부된 위상이 있을 것이다. 법은 고대 로마의 존엄maiestas이 지녔던 것과 같은 모종의 신성함의 매개체이자, 사회·정치적 삶의 주권적 조절 장치였다. 신학으로 말하자면 계시Révélation의 의미를 드러냈고, 거의 아무 오류 없이 교도권을 밝혀주었다(적어도 교회 대분열 전까지는 그렇게 믿었다). 이렇게 드높은 학문에 숙달하는 것이 비천한 자는 물론이려니와 그저 범상한 자의 소관일 리 없었다. 길고 어려운 학업 시기를 대가로 치러 고생스럽게 손에 넣은 학문의 신성한 보고를 지키고 글이나 교육으로써 다른 이에게 전달하는 이는 극히 당연하게도 바로 이 학문에 의해서 귀족이 되었다. 식자의 귀족 신분은 그의 "권위auctoritas"에서 비롯했다.

하지만 이 귀족 신분은 봉사 개념과 결부되며, 법률가의 경우는 더 그랬다. 봉사는 초기 중세 이래 귀족 개념의 구성 요소이기도 했다. 14세기 이탈리아의 위대한 법률가들인 바르톨루스와 발두스는 박사와 군주 사이가 기능적이라고 할 만큼 긴밀한 관계로 이어짐을 역설했다. 이 측면은 위에 언급한 텍스트에서 박사의 소명을 다룰 때 시모네 다 보르사노 역시 강조했던 것이다. 시모네는《칙법전》의 여러 인용문에 근거해, 군주와 그의 궁정 및 법정에 바로 접근할 수 있다는 것이 박사의 특권 중 하나임을 상기하기도 했다.[39] 이 책의 4~5장에서 보았듯, 국가에 대한 봉사가 대학 공부의 유일한 존재 이유는 아니라도, 그로부터 귀결되는 가장 일반적인 진로 중 하나였다는 것은 사실이다. 그만큼 이 화두는 중세 말 식자들에게 큰 반향을 얻었다. 그런데, "법률가란 무기 없는 기사도의 기사다"[40]라는 13세기 말 오를레앙 교수 레비니의 야코부스Jacobus de Ravanis의 말마따나, 법을 무기로 국가에 봉사하는 식자는 군주의, 그리고 공공선이라는 것의 가공할 위엄에 나름 동참한다는 기분을 느꼈다. 이 근접성도 식자의 귀족 신분을 상정하게 해주는 것이었다.

이리하여 귀족 모델이 식자층에게 무엇을 의미하는지 더욱 잘 가늠해 볼 수 있다. 이 모델은 그들이 스스로에 대해, 또 사회 속에서 스스로의 위치에 대해 품는 이미지를 그려내는 데 기여했으며, 동시에 그중 가장 진취적인 이들의 구체적 야심에 뚜렷한 목표를 제공했다.

육체적 차원, 즉 혈통과 상속은 여기서 일단 본질적인 것이 아니었다. 이때의 귀족이란 차라리 각자의 적성이나 봉사와 결부된 개인적 종신 신분과도 같았다. 이미 말했듯 식자들이 거의 언제나 가족 안에서 지위의 대물림을 보장하려 했던 것이야 당연한 일이다. 하지만 박사의 아들이 귀족이라면 그것은 단지 박사의 아들이어서가 아니라, 대개는 본인이 박사이기 때문이었다. 식자의 귀족 신분이란 따라서 능력이나 직분과 불가분한 신분이었다.

그렇다고는 해도, 여느 귀족 신분처럼 식자의 귀족 신분 역시 명백하게 안정, 특권, 사회적 평판의 동의어였다. 어느 수준에 위치하든 식자는 자기 지위에 맞게 처신하는 데 필요한 특권, 특히 조세 특권을 소리 높여 요구했다. 경제적 이득도 있었지만, 이런 특권의 효력은 실제적인 만큼이나 상징적인 것이었다. 그들이 다른 이들(학생, 재판 대상자, 납세자)에게 요구하던 존중과 공경의 표시(찬양조의 수식어, 경의를 드러내는 몸짓)도, 체면을 잃지 않기 위해 지켜야 하던 생활수준도 마찬가지다. 가장 범박한 층위, 순찰대원이나 공증인의 층위를 벗어나기만 하면, 학업·공직을 상업·사업 활동과 겸하는 위험을 무릅쓰는 이들은 드물었다.[41] 위그 조사르Hugues Jossard는 예외다. 아르브렐의 건실한 농부 집안 아들이자 사위인 이 법학 준교사는 관리로서 훌륭한 경력을 쌓았고, 리옹의 지사 보좌관과 왕국 판사 직분에까지 이르렀다. 이리하여 그는 1398년 귀족으로 서임받을 수 있었다. 하지만 그럼에도 불구하고 그는 후일 자크 쾨르의 손에 들어갈 팜파이 광산에 선구적으로 재산을 투자했다. 물론 장사나 장인직과 달리 광산 경영이 필연적으로 귀족의 신분 상실을 초래하는 활동이라 여겨지는 일은 전혀 없을 것이다. 하지만 마찬가지로 학위 취득자였던 그의 두 아들은 관직과 광산을 모두 버리고 토지 경영과 군무로 방향을 틀었다.

그런데 위그 조사르만큼 규모 있는 사업가로 변신한 식자가 소수라면, 다른 한편 귀족 안에 받아들여지고 거기서 자기 자리를 지키면서 가족도 대대손손 머무를 수 있도록 하기 위해, 대부분의 식자가 자신의 지적 역량과 군주에 대한 봉사에만 기대지 않았다는 점을 강조해야 한다. 사회적 상승의 길에 들어선 다른 인구 범주들(부농, 상인, 부르주아, 군인)과 마찬가지로, 파벌에 가담하고 지참금을 좇아 유리한 결혼을 하며 저택과 성, 봉토를 사고 영주의 권리를 행사하는 등 특별하다고는 할 수 없지만 이미 검증된 절차를 식자도 무시하지 않았다.

끝으로 강조되어야 할 특징은 식자가 자신의 귀족 신분에 대해 품은 이미지와 당시 사회 현실 사이에 여전히 존재하던 격차를 잘 보여준다.

일부 가족의 경우, 지적 능력을 근거로 주장된 귀족 신분은 해당 개인에게게만 종신적으로 적용되었기에 금세 상실될 수도 있었다. 14~15세기 수많은 법률가를 배출한 몽펠리에의 르뷔피 집안을 예로 들어보자. 가장 잘 알려진 자크 르뷔피Jacques Rebuffi는 14세기 말 "법학 백작"을 자칭했다. 그러나 가족의 운이 더 높이 뻗어나가지는 못한다. 법률가로서 수준이 그만 못한 다음 몇 세대의 르뷔피 집안 사람들은 더 이상 같은 칭호를 내세우지 않았고, 귀족으로 여겨지지도 않았던 것으로 보인다.[42] 훨씬 더 유명한 예로, 볼로냐 주석가 오도프레두스Odofredus, 1200 이전~1265의 집안도 딱히 운이 더 좋지는 않았다. 14세기 초, 저 위대한 법률가의 손자들과 증손자들은 두 세대에 걸쳐 기사 칭호를 획득하는 데 성공했다. 하지만 안드레아 파도바니의 표현대로 "오도프레두스 집안 역사에서 귀족 신분이라는 짤막한 막간"은 다시 닫혔고, 이후 세대 후손들은 부르주아식으로 향신료와 견직물 거래에 매진했다.[43]

역으로, 가장 눈부신 성공을 거둔 법조인 가문에서 학업과 관직 수행이 몇 세대에 그치는 경우도 간혹 있었다. 집안의 지위가 확고히 자리 잡히기만 하면, 구성원들은 법복 활동을 접고 더 전통적인 귀족 모델에 전적으로 매진하고는 했다. 이 모델은 오롯이 한편에 토지 경영, 다른 한편에 군무로만 이루어졌다. 바로 그것이 15세기 말, 위에서 보았듯 툴루즈의 이잘기에 집안, 리옹의 조사르 집안, 노픽의 패스톤 집안에 똑같이 일어난 일이다.[44] 식자나 관리 중에서도 걸출하며 이미 충분히 개성을 띠는 몇몇 집단만이, 예를 들면 마를Marle 집안이나 오르주몽Orgemont 집안 같은 프랑스 고등법원 인사들 정도만이 다른 귀족 유형과 뚜렷이 구별되는 법복 귀족의 특유한 소명을 매우 지속적으로 충실하게 간직하는 데 충분할 만큼 경제·사회적으로 높은 위치에 도달했으며, 강한 자기의식을 획득했다. 파리 고등법원 인사나 여타 왕의 성직자에게서 눈에 띄는 바, 자신들이 특유할 뿐만 아니라 안정적이고 동질적인 사회 집단을 형성한다는 의식은 특히 유언장에서 잘 드러난다. 샤를 6세 시대의 수많은 유언장이 보존되어 있는데, 그중 수많은 조항은 유산 상속 외에도 친인척 관계를 튼튼히 하며 지적·정치적 소명을 영속시키기 위한 것이었다.[45]

그와 같은 연속성의 사례가 드물기는 해도, 몇 세대를 넘겨 차별성 없는 귀족 신분 속에 흡수되는 것이 중세 말 식자가 가질 수 있는 사회적 야심의 유일한 형태였다고 생각하는 것은 정확하지 않을 것이다.

3. "제4신분"

《에세》(제1권 23장)에서 "소송을 다루는 이들의 제4신분qua-triesme estat de gens maniants les procès"이 이제 "귀족 집단과는 별도의 집단un corps à part de celuy de la noblesse"을 이룬다고 말할 때, 몽테뉴는 문제를 잘 포착했다.[46] 이미 한 세기 전부터, 식자층·법조인·관리로 이루어진 이 "제4신분"의 대두는 부인할 수 없는 사회적 현실이었다. 하지만 이것이 단지 구귀족층과 성직자층의 전통적이고 적법한 우선권을 갑자기 망각한 국가의 최근 발전상에 기인한—많은 이들이 보기에 건강치 못한—혹 덩어리 같은 것만이 아님을, 사회 안에서 "별도의 집단"이 탄생하는 과정임을 동시대인들이, 또 당사자들 자신이 얼마나 의식하고 있었을까?

사실을 말한다면, 식자층 집단의 특유함에 대한 의식화는 앞에서 보았듯 이들이 여전히 스스로를 성직자로 여기면서도 귀족 신분을 열망했다는 사실과 배치되지 않는다.

이 의식의 전조는 멀리까지 거슬러 올라간다. 이미 12세기, 도시 학교 성직자는 마리도미니크 슈뉘 신부가 보여주었듯 교회 소속을 포기하지 않으면서도 여타 성직자층으로부터 자신을 구별 지으려 애썼다. 학인scolares과 선생magistri, 더 야심적으로는 철학자philosophi 같은 용어가 일찍부터 그의 고유한 지위를 규정하는 데 쓰였다. 추후에는 대학이 이 지위에 효과적인 제도적 틀을 제공하지만, 어떤 점에서 이 틀은 교회 당국의 직접적 통제를 함의하는 만큼 환원적이기도 했다.[47] 법률가들, 그중에서도 이탈리아인들이나 이탈리아 모델의 영향을 받은 이들이 스스로의 지식뿐 아니라 사회 속에서의 위치와 정치적 역할이 갖는 독창적 성격을 의식하게 된 것도 기실 그만큼 오래된 일이다. 최초의 볼로냐 주석가들에게서 이미 그 흔적을 찾아볼 수 있다.

그러나 식자들의 이 자기의식이 이후로 꾸준히, 지속적으로 발전했는지는 분명하지 않다. 그들의 수가 계속 늘어났고 사회적 영향력도 증대하기는 했지만, 점점 더 강하게 구속해 오는 교회와 정치의 틀 안에 자기들 편에서도 점점 더 깊이 편입되던 상황이, 또한 스스로가 엘리트층에 속함을 우선적으로 드러내려는 욕망이 그들의 해방에 제동을 걸고, 그들이 스스로에 대해 품은 이미지를 흐리게 할 수 있었다. 그럼에도 몇 가지 사항이 눈에 띄는데, (언제나 회고적 작업의 손쉬운 이점을 남용하려는 유혹에 시달리는) 역사가뿐만 아니라 동시대인들에게도 필시 지각될 수 있었을 이들 사항은 중세 말 수 세기의 사회 안에서 식자의 특유성이 무엇으로 이루어져 있었는지를 개략적으로 그려 보인다. 보다 뚜렷한 설명을 위해 우리는 이 특유한 성격들을 네 항목으로 나누어 보기로 하겠다.

1. 첫째 양상은 고답적으로 보일 수 있지만, 언제고 매우 두드러진 것이었다. 그것은 근본적으로 도회적인 양상이다. 우리가 여기서 고려하는 식자는 늘 누구보다도 도시인이었다. 평범한 실무자 몇몇이 마을이나 촌락에 거주할 수는 있었지만, 그들만 제외한다면 식자들을 만날 수 있는 곳은 대개 도시, 그것도 도시 한가운데다. 그들은 그곳에서 공부했고, 그곳에

서 직분을 수행했다. 학교에 드나드는 경우가 아니라면, 식자들은 공공장소나 관리들의 거처에서, 즉 대성당과 부속 건물, 군주의 저택이나 성, 시청이나 시 집회소에서 하루를 보냈다. 거기에 자기 집무실을 갖고 있지 않은 이들도 그 마당과 복도를 쏘다녔다. 자신의 일터 혹은 "사무소"에서 고객을 맞는 실무자 역시 법정과 행정관청 소재지에서 너무 멀리 떨어져 있을 수 없었다. 중세 말 어느 정도 규모가 있는 도시에 대해 수행된 모든 사회 지형학 연구에서 볼 수 있듯, 식자는 도시에 학교 구역이 있다면 그곳에(가령 파리의 생트주느비에브 언덕), 아니면 권력의 장소와 지근거리에 있는 구도심에 거주하기를 선호했다. 예를 들면 리옹에서 박사와 학사, 공증인 대부분은 재판소 구역에, 즉 생장 대성당 바로 북쪽, 로안 저택이라 불리던 지사 법정 건물 주위에 거주했다.[48]

더욱이 식자들은, 앞의 여러 장에서 보았듯, 할 수 있는 만큼 활동적으로 도시의 공동체 활동(형제회confréries)이나 정치 활동에 참여했다. 유서 깊은 상인 과두 집단에 의해 접근이 가로막힌 곳만 아니라면 어디서든 도시 관직을 장악했고, 이 역시 그들이 항시 도심에 거주했음을 뜻한다.

도시 안에 부동산을 얻는 것이 우선이었겠지만, 식자들은 앞서 말했듯 시골에 땅을 사는 데도 거리낌이 없었다. 그러나 그들은 귀족 대열에 끼고자 애쓰면서도 다수의 귀족과 달리 시골 거처에 장기간 머무르는 취미는 없었던 듯하다. 그런 생활은 대개 그들이 수행하는 관직이나 시 정부 직책과 양립할 수 없었을 것이다.

식자와 도시 사이의 끈질긴 관계가 어디서보다 눈부시게 드러나는 곳은 몇몇 이탈리아 도시, 특히 볼로냐다. 13~14세기에는 이 도시 야외 광장에 위대한 법학 교수들의 무덤이 세워졌다. 대리석 기둥과 저부조로 장식된 장엄한 고대풍 기념물의 화려함은 박사들의 영광이 도시 자체의 역사와 주민들의 자기의식을 구성하는 요소 중 하나였음을 잘 말해준다.[49]

2. 식자 계층의 둘째 특징은 약간의 시대착오를 무릅쓰고 간단히 말해서 전문직업화professionnalisation라 부르려는 것이다. 장인과 상인 계층에도 아마 이 개념을 적용할 수는 있을 것이다. 하지만 우리의 관심사, 즉 사회·정치 엘리트의 경우 확실한 것은 구귀족과 식자층 사이의 다음과 같은 차이다. 구귀족은 정해진 직무를 맡아 군주를 섬길 때조차 특별한 교육도 받지 않고 시간제로, 말하자면 "아마추어"로 행동했다. 식자층의 특징은 이들이 자신의 노동과 전혀 다른 관계를 맺는다는 것이다. 노동이 교육, 공무, 민간 영역 활동 중 어디에 해당되든 마찬가지다. 식자층에게는 흔히 학위로 보장된 자신의 지적 능력과 자신이 수행하는 사회적 기능 사이에 거의 필연적인 관계가 있었다. "아마추어" 귀족과 달리 이들이 흔히 딱딱하고 전문 기술적인 성격을 띤 책무에 질겁하지 않았던 것도 이 필연적 관계를 통해 설명된다. 학창 시절부터 그들은 이 전문 기술을 숙달하도록 배웠기 때문이다. 이 까닭으로, 14세기에는 여러 행정 직분에서 옛 귀족층이 퇴조하는 대신, 더 유능하면서도 기꺼이 전일제로 군주에게 봉사하는 데 매진하는 새

로운 관리들이 대두했다.

　이상의 발전 과정은 나라에 따라 뚜렷이 혹은 약하게 드러난다. 잉글랜드에서는 수많은 공무를 여전히 지역 젠트리 구성원에게 맡겼다. 반면 프랑스는 단연 왕국 관리들의 나라였다. 전통적 지역 엘리트와 사회적으로든 지리적으로든 흔히 무관했던 이들은, 어쨌든 지적 능력과 동시에 군주에 대한 헌신적 봉사와 고유한 단결심으로부터 스스로의 권위를 끌어냈다. 근대적 공직 개념은 바로 14세기 프랑스의 왕국 관리들과 함께 등장한다. 이 개념을 이루는 요소들은 하나씩 따져 본다면 으레 교회에 기원을 두고 있을 것이다.[50] 하지만 그 요소들을 한데 조합해 보면 어떤 진정한 지위의 윤곽이 드러나며, 이 지위에는 괄목할 만한 장래가 약속되어 있다. 우선 관리들은 군주의 의지뿐 아니라 당사자의 개인적 야심에 의해서도 좌우되는 복잡한 전략에 따라 진정한 의미에서 영광의 행로cursus honorum를 한 단계씩 밟아갈 수 있었다. 그들은 흔히 어느 정도의 지리적 유동성을 대가로 치르면서, 연이어 점점 더 중요한 자리를 맡아 영예와 함께 보수를 높일 수 있었다. 성직록과 교회직 보유자들을 위해 생겨났을 경력carrière 개념은 이렇게 하여 군주와 국가를 섬기는 모든 이에게 확장되었다.

　마찬가지로, 교회에 봉사하든 군주에게 봉사하든, 식자층은 그 대상의 존엄majesté을 나누어 받는다고 말할 수 있다. 따라서 그들은 나름대로 교회체나 정치체의 일부를 이루는 것으로 여겨졌다. 또한 그런 자격에 의해, 직분의 틀 안에서 행동하기만 한다면, 개인적으로는 책임을 지지 않으면서 그들이 봉사하는 기관의 신성함에 의해 보호받는다고도 여겨졌다. 교회는 주민이나 세속 권력의 침해 일체로부터 자신의 성직자들을 지켰다. 군주는 그가 거느린 종복의 일신에 대한 모든 위해를 불경죄crime de lèse-majesté로 간주하기에 이르렀다.

식자와 법복 계층이 제공하는 봉사를 특징짓는 마지막 요소는 이 참여가 보통은 기껏해야 종신적인 것, 언제라도 해지 가능한 것이라는 점이다. 개인적인 충성 맹세가 부과되든지, 토지나 다른 현물에 기초한 소득이 부여되든지, 그도 아니면, 우리가 다루는 시대 막바지에 나타나는 경향대로, 사실상 직책이 세습되든지 하는 일이 없지 않았지만, 14~15세기 동안 교회나 군주에 대한 봉사는 전통적인 봉건제의 틀에 편입되지 않았고, 그 틀이 때로 소위 말하는 "혼종 봉건제féodalisme bâtard"형태로 쇄신되었다고 해도 마찬가지였다. 성직자와 공직자는 대개 현금으로 지급되는 수당을 받았고, 군주는 마음에 들지 않는 관리를 아무 때라도 파면할 수 있었다(적어도 이론적으로는 그를 "청취"하고 나서, 즉 자기변호의 기회를 제공하고 나서만 그럴 수 있었지만).

3. 중세 말 사회에서 식자층에 특유한 것으로 여길 만한 셋째 특징을 이번에도 어느 정도 성급하게 시대착오적으로나마 정치화politisation라 부르려 한다. 반복하거니와 모두가 교회나 군주에게 봉사했다는 것이 아니며, 모두가 그러기를 바랐다는 것조차도 아니다. 특히 로마법이 일찍이 자리 잡은 지역에서는 사회·경제생활의 일상적 조정 과정에서 지식의 사적 활용

이 오래전부터 한자리를 인정받아 왔고, 많은 이가 권력의 일반적 기능 작용에 영향력을 행사하겠다는 야심 없이 개인적 활동을 추구했다. 그럼에도 전반적으로 보면, 식자층 대다수는 결국 어떤 식으로든 기존 권력기관에 봉사했을 것이며, 사적 활동을 영위하는 이도, 가령 공증인이나 변호사조차도 자신의 활동을 통해서 규칙 존중에 토대를 둔 질서의 수립을 촉진하는 데 다소간 의식적으로 관심을 기울였을 것이다. 저 규칙 자체가 바로 그들이 배운 지식 문화의 정규 교과에서 유래했다. 즉 그들은 우리가 오늘날 법치 체제라 부르게 될 것의 단초를 놓으려 했다. 사람들이 무엇이라 하든, 이전 체제가 단지 힘과 자의의 지배였던 것은 아니다. 그러나 당시의 규칙이란 봉건사회의 규칙이었고, 그 기원이 되는 여러 가지 관습적·종교적 통념들이 합리적 고려로부터 유래한 것은 결코 아니었다. 식자들의 부상과 함께 목도하게 되는 것은 또한 어떤 정치적 합리성의 부상이다.

식자들의 "정치화"를 잘 보여주는 것이 (가장 넓은 의미에서, 즉 교회론을 당연히 포함하는) 정치 문헌에 대한 관심으로, 일찍이 12세기부터 나타난 이 경향은 13세기 로마법의 승리, 뒤이어 아리스토텔레스주의의 승리로 강화된다. 그들의 서가에는 거의 언제나 그런 저작의 자리가 있었다. 중세 말 수 세기 동안 유럽에서 근대 국가가 탄생할 때 그 대두에 기여하고 거기서 이득을 취한 것이 식자들만은 아니지만, 식자들이 거의 모두 근대 국가와 결부되어 있었다는 사실은 부인할 수 없다. 식자들의 "정치화"는 그들의 현대성이 드러난 가장 인상적인 형태 가운데 하나였다.

4. 하지만 중세 말 식자들에게서 가장 뚜렷하게 특유한 것을 찾으려면 최종적으로는 바로 그들의 문화에 눈길을 돌려야 한다. 우리는 위에서 이 문화가 전통적 교회 문화에 빚진 모든 것을 거론했고, 그것이 어떤 식으로든 교회의 여러 심급과 정통 교리의 요구 조건에 의해 감독되었다는 점도 덧붙였다. 우리는 또한 이 문화가 기회만 닿는다면 오래된 귀족적 기사도 문화로부터 거리낌 없이 몇 가지 장신구를 빌렸다는 사실도 상기했다. 하지만 그런 것으로 식자들의 문화에 특유한 면모들을 은폐할 수는 없다. 이 특유성이 단지 이들 교과의 내용에, 특히 교회마저 그 해방과 약진을 받아들이기를 주저한 철학과 법학의 내용에만 있는 것은 아니다. 특유성은 문화적 실천들 자체, 즉 지식과 식자들이 맺는 구체적 관계에도 있으며, 바로 그것으로 우리는 이 집단을 정의했다.

이 실천들은 이미 말했듯 수고스러운, 전문적인, 직업적인 면모를 특징으로 한다. 그들에게서 지식의 실천은 노동이 되며, 여기에는 고유한 규칙과 검증된 방법이 있다. 그 목적성은 더 이상 시인의 심미적 향유나 수도자의 경건한 되새김질이 아니라, 사회적으로 유용한 앎을, 구체적인 지향, 대개 정치적인 지향에 따라 조직된 앎을 획득하고 작동시키는 것이다.

다른 한편, 중세 말 식자층의 문화적 실천들에는 개인주의적이라고는 하지 않아도 명백히 개인적인 측면이 있다.[51] 구전적이며 집단적인(즉 가족이나 학교 단위로 이루어지는) 수련

형식이 통상 전제되었다고는 하지만, 결국 이런 실천 과정에서는 개인 작업(기억과 글쓰기)과 개인적인 책 소유가 생략될 수 없었다. 흔히는 자격과 학위 취득도 빠지지 않았는데, 정말이지 고된 시련을 개인적으로 감수한 끝에 얻어낸 자격과 학위는 신원이나 출신에 따라 붙는 온갖 차별과 무관하게 그 소유자의 지적 능력을 보장했다.

이 "개인주의"가 물론 점점 더 복잡하고 유동적인 중세 말 사회에서 나타난 유일한 개인주의는 아니지만, 그것은 어쨌든 신자들의 신앙생활에도 고유한 표식을 새겼다. 성직자와 속인을 불문하고 식자들은 특정한 유형의 신앙을 개시했는데, 그것은 종교적 감정의 내면화, 외적 관례에 대한 상대적 무시, 개인적인 독서·명상·기도에 대한 극도의 가치 부여 같은 특징을 띤다. 끝으로 행동거지의 근엄함과 신중함은 이후로도 오랫동안 식자의 표식으로서, 권력자의 거만함이나 사업가의 자기과시에 대비될 것이다. 현대적 신앙이, 이후에는 에라스무스식 복음주의가 이 계층에서 빠르게 호의적 반향을 얻은 까닭을 쉽게 파악할 수 있다.

그들의 수입 규모는 결국 가지각색이며 사회 위계 속에서 그들의 위치란 어차피 흐릿하다. 따라서 그런 것들보다는 그들의 정치적 전망과 문화·종교적 실천을 통해서라야 중세 말 식자들의 가장 내밀한 야심을, 그리고 자기 자신에 대해서나 당시 사회에서 스스로의 역할에 대해서나 그들이 지녔던(그리고 타인에게 제시했던) 이미지를 가장 잘 포착할 수 있을 것이다.

박사에서 인문주의자로: 연속과 혁신

중세와 르네상스 사이의 급진적 단절이라는 낡은 낭만주의적 관념은 오래전부터 더 이상 유효하지 않다. 15~16세기 유럽 문명이 중대한 변동과 쇄신을 겪었다는 사실을 부정하지는 않지만, 오늘날 역사가는 우선 연속성에 방점을 찍는다. 그까닭에, 우리의 관심 영역을 보자면, 오늘날 누구도 스콜라학에 대한 로렌초 발라, 에라스무스, 요한네스 로이흘린Johannes Reuchlin, 1455~1522 등의 빈정거림을, 혹은 소르본 당나귀들Sorbonagres에 대한 라블레의 농담을 문자 그대로 받아들이지 않는다. 이런 논쟁이 교과 조직에 대해 실제로 존재했던 토론을 환기한다는 점은 부인할 수 없지만, 그럼에도 중세 말 수세기 동안 등장한 식자 집단이 근대 초엽에 그저 살아남기만 한 것이 아니라 확연한 사회·정치·문화적 연속성 속에서 상당히 입지를 강화했다는 것은 분명하다.

식자층 역사의 이 새로운 국면을 연구하는 것은 또 다른 책의 주제일 것이다. 여기서는 다만 결론을 대신하여 중세의 유산 가운데 서기 1500년이라는 전환점에서 고스란히 살아 있었던 것, 앞으로도 여러 세기 동안 약간의 혁신과 조정을 대가로 치르면서 초장기 지속의 역사적 현상으로 이어질 모든 것을 환기해 보고자 한다.

1. 자신만만한 지배자

15세기 말 유럽 여러 나라, 특히 거대 국민 왕정들에서는 인구와 경제가 재도약하고 전쟁과 국내의 소요가 끝나면서 국가의 성장이 재개되는 모습을 볼 수 있다. 이 움직임이 특히 눈부시게 진행된 곳은 '두 가톨릭 왕' 아래 통일되어 그라나다 왕국 정복, 뒤이어 아메리카 정복에 나서게 될 스페인이지만, 루이 12세Louis XII, 1498~1515의 프랑스, 튜더Tudor 왕조의 잉글랜드에서도 같은 현상을 볼 수 있다. 어디서나, 중앙 정부 기구의 발전과 맞물려 지역 행정 역시 강화되었다. 프랑스에서는 지방 고등법원 수가 늘어나면서(1443년 툴루즈, 1453년 그르노블, 1463년 보르도, 1476년 디종, 1502년 엑상프로방스, 1515년 루앙 등) 주요 지역의 수도마다 율사 엘리트층이 출현했으며, 지역 사회에 확고히 자리 잡은 이들 주위에는 직급은 낮아도 야심만만한 법원 사무관, 변호사, 대소인, 말단 서기 등이 하나의 세계를 꾸렸다. 예를 들어 상리스에서 1450년 2명이던 변호사는 1539년 16명에 이른다.[52] 비록 이곳저곳, 가령 리옹이나 루앙에서, 경제의 약진 덕분에 여러 상인 거부가 재산을 지켜내거나 되찾기도 했지만, 많은 도시에서는 법조인들이 전례 없이 강한 입지를 확보했다. 자신의 직책과 학위와 훌륭한 장서를 자랑스러워하는 이들은 탁월한 지배계급이 되어 왕에게 봉사함과 동시에 자기 자신의 이해를 챙겼다.

이처럼 우호적인 정세의 혜택을 법률가들만 누린 것도 아니다. 교육받은 사제와 수도자, 의사, 글쓰기에 숙련된 서기, 새로운 생각에 트인 학교 교사 등은 어디서나 쉽게, 점점 더 많은 일거리를 찾을 수 있었다.

식자 집단의 성장이 가속되고 있음을 보여주는 뚜렷한 지표로, 1500년 전후 교육기관의 수 역시 늘어났다. 16세기 초 대학 설립이 어느 정도 제자리걸음을 하는 것은 사실이지만 (1501~1550년 사이 유럽 전체에서 신설 대학은 26개뿐이고, 흔히 주변적이거나 이류 수준이었다), 기존 대학들의 인원수는 독일을 제외한 다른 곳에서 15세기 동안 침체기를 겪다가 세기 끝 무렵인 1480년부터 상승세를 회복한다. 16세기 초 파리 대학에 다니는 학생은 1만 2000~1만 3000명이라는 전대미문의 수치에 이르렀던 듯하다(그중 6분의 5는 학예부 소속이었다). 다른 한편으로는 새로운 학숙들이 세워지는가 하면 이미 존재하던 다른 학숙들은 일부 강의를 점차 독차지했다. 무엇보다 이 당시에는 전前 대학 혹은 비非대학 학교 및 학숙이, 때로 "김나지움gymnases"이라는 고대풍 명칭을 달고 수를 늘려 갔다. 일반 학당이 없는 여러 도시에서는 바야흐로 계몽된 법조인들이 지배하는 시 정부가 대규모 문법·수사학 학숙 창설을 장려했고, 이 가운데는 보르도의 기옌 학숙(1533년)이나 스트라스부르의 요한네스 슈투름Johannes Sturm 김나지움 (1538년)처럼 수준이 탁월한 기관이 많이 있었다.

식자의 수가 빠르게 증가함에 따라, 자연스레 "새로운 사람들"의 새 세대가 이 세계에서 길을 낼 수 있었다. 이들은 으레 학업의 길을, 아니면 앞에서 우리가 기술한 다른 사회적 상승 경로를 따랐다. 그렇지만 식자 집단이 사회 속에서 점점 더 자리를 확고히 할수록 안정화 경향은 강화되었을 뿐, 전혀 수그러들지 않았다. 점점 더 권위주의화되어 가는 정치권력은 매관매직이 성행하거나 식자층 세계 상층에서 귀족 서임이 일반화되는 데 유리하게 작용했고, 곧 이 두 요소의 효과가 중첩되면서 직책의 세습과 특권적인 사회적 지위의 세습이 보장될 수 있었다. 비록 그 인원의 사회적 구성이 꽤 개방적이었다고는 해도—16세기 중반까지도 파리에서 귀족 학생은 10퍼센트 미만, 관리 아들은 25퍼센트 미만이었던 반면, 대다수는 상인, 장인, 유복한 농부의 아들이었다[53]—대학은, 더욱이 학숙은 점점 더 노골적으로 사회 엘리트 재생산에 복무하기 시작했다. 스페인에서 살라망카·바야돌리드·알칼라데에나레스의 6개 대학숙colegio mayores은 왕국 고관 가문들에 의해 독점되었는데, 장래의 왕국 통치 자문회 구성원에게 거의 의무적인 경유지로 자리 잡았다.[54]

즉 전체적으로 보면, 근대 초입의 유럽을 특징짓는 경제·정치적 변동은 앞선 세기들 동안 식자들이 획득한 지위와 유리한 사회적 입지를 전혀 의문시하지 않았다. 오히려 식자들은 어느 때보다도 그들의 봉사가 절실한 국가와 교회의 후원을 등에 업고, 당시 사회에서 점점 더 지배자로서 자신만만한 모습을 띠었다. 이 상황을 뒤흔들기 위해서는 그들의 능력과 영예에 바탕이 되는 지식 자체에 근본적으로 이의를 제기하는 수밖에 없을 것이었다. 하지만 그것이 정말 가능했는가?

2. 새로운 생각들, 새로운 사람들

물론, 15세기에서 16세기로 넘어오는 동안 식자 집단이 사회적 구조에서든 정치적 기능에서든 눈에 띄는 연속성을 누렸다고 해도, 이 집단에 일차적 특유성을 제공하던 지식 자체의 정의가 비교적 짧은 시간 동안 크게 변모했다는 것은 사실이다.

그럼에도 이 변동을 돌아보고 그 여파를 정확히 가늠하기에 앞서 우선 강조해야 할 점은 이런 변동 때문에 몇 가지 영속적 특징을 놓치지 말아야 한다는 것이다. 이런 특징들은 대학 기관의 견고함, 그리고 문사 계층에서 가족 전통의 지속에 의해 뒷받침되었다. 아리스토텔레스 논리학, 로마법과 교회법, 스콜라 신학 등 중세 지식 문화의 핵심 교과는 여전히 대학 교육 과정의 기초로, 따라서 지식 엘리트의 상당 부분이 받는 교육의 기초로 남았다. 마찬가지로 현지어가 여러 점에서 부인할 수 없이 승리를 거두었음에도 불구하고, 신성한 언어이자 지식의 언어로서 라틴어의 우위가 진정으로 의문시되지는 않았다. 인문주의에 의한 문헌학의 부흥이 라틴어에 새로 생기를 주기까지 했다.

그렇다고 지식 문화의 장에서 이루어진 지적 쇄신이 덜 중대한 것은 아니었다. 이탈리아 북부와 토스카나에서 15세기, 심지어는 14세기 말부터 등장한 이 운동은 1500년 무렵 사실상 전 유럽을 석권했고, 학업 순례peregrinatio academica가 재개되어 온갖 학생, 예술가, 문사가 다시금 알프스 이남에 몰려들었던 만큼 더욱 기세등등했다. 간추려 말하자면, 인문주의가 일단 본질적으로는 문학·문헌학 운동이었다는 점만 상기하자. 꾸준한 고전 애독에 기초를 둔 언어 학예들(문법과 수사학)을 다시금 현양하면서, 그리고 변증술의 오래된 우위나 전문 기술화된 중세 문법의 투박함을 기각하면서, 인문주의자들은 곧 여타 고대 언어, 특히 초기 중세 이후 서구에서 사실상 잊힌 그리스어와 히브리어로, 더 넓게는 히브리어권과 그리스·라틴어권을 아우르는 고대의 전모로 호기심을 넓혔다. 이탈리아에서 처음으로 우수한 그리스어 학자와 히브리어 학자가 등장한 것은 15세기 중반 무렵이었다. 16세기 초에는 이들을 유럽 도처에서 보게 된다. 몇 명만 예로 들자면 파리의 아리스토텔레스 출판인인 자크 르페브르 데타플Jacques Lefèvre d'Étaples, 1450?~1537, 독일에 히브리어 연구를 복원한 로이힐린, 그리고 특히 누구보다 유명한 에라스무스가 있다. 인문주의가 개시한 문헌학 부흥에서 사과quadrivium 학문은 꽤 뒤늦게, 그것도 비교적 제한된 범위에서만 혜택을 누렸을 뿐이지만, 다른 지식 문화 교과들은 이로써 심대한 변형을 겪었다. 철학의 경우, 자연 철학에서든 도덕·정치 철학에서든, 플라톤과 스토아학파가 재발견되면서 중세 아리스토텔레스주의의 준독점 상태가 종언을 고했다. 법학에서 인문주의 문헌학은 유스티니아누스 법전에 대한 더욱 비판적이고 역사적인 독해를 촉진했다. 의학에서는 갈레노스의 텍스트를 더 잘 이해하게 됨으로써 아랍 저자들이 뒤로 밀려났다. 끝으로 신학에서는 성서 텍스트의 그리스어·히브리어 원전이 재발견됨으로써 신앙의 신비에 체계적으로 변증술을 적용하는 작업에 기초를 두었던 교리 신학이 퇴조하고, 성서 해석이 무대 전면으로 돌아왔다. 당시 개혁 열기에 힘입은 종교적 인문주의는 그 흐름에 속한 저자 대부분에게서 복음주의적 성격을 띠었으며, 그리스도의 순수한 본래 메시지를 되찾으려는 의지는 너무 부유하고 너무 중앙집권화된 기존 교회에 대한 신랄한(결국 원칙상 사뭇 전통적이기도 한) 비판과 흔히 중첩되었다.

전통적 역사 서술은 인문주의자 집단, 즉 새로운 사람들의 집단을 부동의 대학 구조에 매달려 혁신을 극단적으로 적대시하는 전통적 지식 엘리트, "몽매한 자들hommes obscurs"[55]과 즐겨 대립시켰다. 15세기 후반부터 16세기 초 사이의 기간이 유럽 전역에서 지적 토론이 특별히 활발했던 시기임은 부인할 수 없다. 이 토론이 격앙되기까지 한 것은 당시 텍스트들 자체가 터무니없는 과장을 서슴지 않았고 금방 신랄한 팸플릿이나 선언문의 기색을 띠었기 때문인데, 프랑스의 경우 라블레를 생각해 볼 수 있다. 일부 역사학자들은 거기에 속아 넘어갔다. 물론 어느 영역에나 보수주의자들이 있었던 것 역시 사실이다. 이들은 원칙에 의해서는 아닐지언정 사회적 유용성의 견지에서 새로운 생각에 이의를 제기했고, 그런 생각이 왕이나 교황의 권위에 끼칠지 모를 위험을 강조했다. 1433년 파비아에서 로렌초 발라가 경험한 것처럼 어떤 인문주의자들은 대학에서 거칠게 쫓겨났고, 쾰른·루뱅·에어푸르트의 신학자들이 로이힐린의 저작을 검열했던 것처럼 새로운 작품이 단죄받기도 했다. 게다가 인문주의 교과의 지지자들은 흔히 전통적인 대학의 틀을 피했던 듯하며, 그 대신 전례 없이 새로운 유형의 기관을 통해서 지적 토론을 발전시키며 저작을 발표하고는 했다. 15세기 말엽부터, 특히 이탈리아에서 친목회sodalitates와 우애 동아리, 아카데미, 군주나 주교의 궁정 같은 모임이 늘어났다. 이런 인문주의자 모임은 그저 아름다운 라틴어의 애호가들과 새로운 생각의 지지자들을 모아놓은 것이 아니었다. 여기서 이들은 옛 대학이 높게 치는 것과는 다른 종류의 사회성을 경험했다. 대학은 학위의 사회적 유용성과 동시에 학교에서 받는 수련의 가장 전문적인 면모에 방점을 찍었다. 반면친목회와 아카데미에서는 이런 제약 조건을 어느 정도 잊어버릴 수 있었다. 우정 숭배는 거친 변증술적 논박을 거부하게 하고, 애정 어린 교류와 전원의 여유otium를 장려했다. 아름다움에 대한 취향이 지적 노동에 일종의 무상성을 도입하여, 문사는 고대 문학과 예술의 걸작 혹은 그것을 모방한 현대 작품이 제공하는 심미적 즐거움을 향유했다. 끝으로, 자연에 대한 감정이 복권되면서 신체의 단련과 정신의 단련을 더 이상 분리하지 않는 경향, 지칠 줄 모르고 계속 "권위"를 편찬하는 한편으로 구체적 관찰의 자리를 인정하는 경향이 나타났다.

그렇지만 최근의 다양한 작업은 중세의 지식과 새로운 생각 사이의 위와 같은 대립이 다분히 억지스러운 것임을 보여주었다. 일단 위에서 몇 편의 강령적 텍스트를 근거로 소묘한 인문주의적 사회성의 이상적 화폭에 속아 넘어가면 안 될 것이, 이 집단도 사실은 중세 학교가 겪었던 것만큼 매서운 개인 간의 갈등으로 분열되어 있었기 때문이다. 뿐만 아니라 무엇보다, 16세기 전반기면 유럽 모든 나라에서 대부분의 대학이, 그 폭이 서로 다르고 하나같이 기꺼워한 것도 아니었지만, 새로운 교과에 문호를 개방했다는 사실이 오늘날 분명하게 드러난다. 대개는 가장 먼저 학예부가 수사학과 그리스어, 나아가 히브리어 강의를 개설했고, 상위 학부들이 그 뒤를 따랐다.[56] 이 과정에서 학숙이 자주 중요한 역할을 했다. 파리에서는 1530년 프랑수아 1세François I^{er}가 새로운 교과들(그리스어, 히브리어, 수학)의 교육을 위해 "왕립 강사 학숙collège des lecteurs royaux"[57]을 세웠을 때 대학이 이 기관을 자기 안에 수용하지 못하겠다고 버텨서 승리를 거두었지만, 루뱅 대학은 이미 몇 년 앞서 삼개어 학숙Collegium trilingue(1517년) 설립을 인정했다. 마찬가지로 알칼라데에나레스에는 세기 초부터 라틴어·그리스어·히브리어 교육에 전문화된 신설 대학이 존재하고 있었다. 더욱이 인문주의자 대부분은 대학을 나왔고, 그중 여럿은 대학에서 박사 학위를 따거나 가르치는 데 거리낌이 없었다. 바로그 에라스무스도, 파리 몽테귀 학숙에서 보낸 학업 시절에 대해 나쁜 기억을 간직하기는 했지만, 토리노에서 신학 박사를 땄고 케임브리지에서 가르쳤으며, 따져보면 당시 중요한 대학 도시 거의 모두를 방문했던 셈이다. 유명한 의사 파라켈수스Paracelsus, 1493~1541로 말하자면, 의학뿐 아니라 법학과 신학까지, 도합 3개나 되는 박사 학위를 보유했다.

그럼에도 아카데미나 궁정을 오가는 이들이 대학에서 실천되는 것과는 다른 형태의 사회성과 지적 노동을 접하기는 했을 것이다. 그렇지만 상이한 유형의 두 기관에서 마주치는 것은 기실 대체로 같은 사람들이었다.[58] 이들의 관심사가 바뀌거나 확장되었을 수도 있고, 생활 방식의 어떤 측면이 변화했을 수도 있다. 하지만 그들의 사회·정치적 염려는 여전히 똑같았다. 식자층 세계의 핵심 구성원도 아직 법률가와 관리, 의사, 서기와 공증인, 참사원과 수도자 등으로, 그들이 속한 집안은 으레 한 세대 혹은 여러 세대 전부터 학업에 투신해 왔다.

이 점에 대해 더 길게 서술할 필요는 없다. 내 의도는 다만 1500년 무렵 부분적일지언정 실제로 지식의 쇄신이 있었다는 점, 하지만 그렇다고 해서 이 지식에 숙달하고 그로부터 비롯된 능력을 발휘하는 데 존재 이유를 두던 이들의 집단이 구조 측면에서든 사회·정치적 기능 측면에서든 심대한 변동을 겪지는 않았다는 점을 보여주는 것이었다.

즉 중세에서 르네상스로 넘어오면서 식자 집단은 실질적으로 원래 모습을 유지했고, 그러면서도 새로이 태어난, 하기야 핵심에 있어서는 자기 내부에서 태어난 것이기도 한 여러 지적 흐름에 적응할 수 있었다. 또한 이 집단은 그때까지 꽤 낯선 범주에 속했던 개인들을 받아들이면서 확장을 시작하기도 했다. 사실을 말한다면 이 확장의 전조는 15세기, 심지어 14세기부터 감지되며, 다른 한편으로는 완전한 개화에 이르기까지 아직 오랜 시간이 걸릴 하나의 경향에 불과했다.

확장은 두 방향으로 이루어졌다. 우선 장인(최초의 독일·이탈리아 식자공과 인쇄공을 생각해 볼 수 있는데, 그들 중 일부는 학예부를 나왔다), 예술가(레오나르도 다 빈치와 뒤러의 경우는 분명 극단적이지만 의미심장하다), 기술자, 제작자—무기나 다른 분야—, 건축가 등이, 비록 그중에서도 아직 협소한 엘리트층의 이야기지만, 바야흐로 이들을 식자라 칭하기에 족할 만큼 세련되고 추상화된 형태의 지식 문화에 접근하기 시작하는 것을 볼 수 있다. 이와 같은 유형의 활동들이 사회·문화적 상승을 이루는 데는 인쇄술이 분명 큰 역할을 했다. 이들 활동이 종교·철학·문학·법학 등 전통 교과와 같은 위상을 가진다는 것은 16세기 초에는 아직 어림없는 일이었지만, 과학·기술 지식에 가치를 부여하고 그것을 사회적으로 인정하는 새로운 움직임, 서구 중세에 사실상 없다시피 했던 움직임이 개시되었음은 부인할 수 없다.

확장의 다른 방향은 귀족과 관련된다. 내가 여기서 말하는 것은 전통적 가치에 얽매여 있던 구식 군사 귀족 혹은 토지 귀족이다. 우리가 이미 보았듯, 이 귀족 집단은 오랫동안 라틴어 지식 문화를 무시했고, 용기·명예·너그러움 따위의 옛날 기사도 미덕 위에 덮인 얇디얇은 니스 칠—약간의 현지어 문학, 몇 가지 취미 예술—로 만족했다. 구귀족 출신으로서 중세부터 대학에 다니던 귀족은 그다지 수가 많지 않았고, 교회에 봉사하기로 되어 있거나 사법 관직 쪽으로 직종을 전환하고 있는 비非장자가 대부분이었다.

르네상스와 함께 먼저 이탈리아에서, 다음에는 알프스 북부에서도 사정이 조금은 바뀌었다. 물론 아직도 많은 귀족이 부끄러운 줄도 모르고 빈약한 교양을, 심지어 문맹 상태를 유지했고, 그렇지 않으면 그저 성직자층 대열이나 벌써 인원이 꽉

들어찬 법복계 대열에 합류해 보겠다는 이유로 공부를 하기도 했다. 하지만 12세기에 나름 알려지기는 했던 교양 있는 궁정 인사curialis, 즉 "궁정인courtisan"의 형상이 이 시기 다시 모습을 드러낸다. 비록 학위에 대해서나 학교 활동의 가장 전문적인 측면들에 대해서 어느 정도 경멸을 간직했고 기사적 삶의 전통적 매력(운동과 군사 훈련, 사교적 취미 예술, 궁정적 에로티시즘)에서 무엇 하나 포기하려 하지도 않았지만, 궁정인은 그럼에도 최소한 잠깐이나마 대학에 다니는 데, 대개 파리나 이탈리아를 향한 유학을 도모하는 데, 책을 수집하는 데, 새로운 교과(라틴어와 그리스어 문예, 웅변과 시, 자연학적 기물奇物, 심지어 가장 신심 깊은 이들이라면 순수한 원전 상태로 복원된 성서 연구)에 입문하는 데 더 이상 거부감을 느끼지 않았다. 만토바 출신 귀족으로 만토바와 우르비노 군주들의 궁정에서 거의 평생을 보낸 발다사레 카스틸리오네Baldassarre Castiglione, 1478~1529는 르네상스 시대 전 유럽에서 큰 성공을 거둘 저작 《궁정인의 책》(1524년)에서 현대 귀족의 이상화된 초상을 그릴 때 이와 같은 문화적 측면을 잊지 않고 포함시켰다.

내가 프랑스인들을 비난하는 것[프랑스혐오gallophobie는 페트라르카 이래 이탈리아 인문주의의 상용구 가운데 하나였다]은 문예가 군무에 해를 끼친다고들 여기기 때문인데, 내가 생각하기로 군인[즉 귀족]만큼 문사가 되기에 걸맞은 이는 없다. 그러므로 나는 한데 결합하여 서로를 돕는 (이는 매우 적절한 것이므로) 이 두 자질이 우리의 궁정인에게 갖추어지기를 바란다.[59]

이처럼 새로운 사회 범주로까지 학업이 확장되는 것을 한낱 유행으로 설명할 수는 없다. 그것은 식자층 집단의 확고한 사회적 입지를, 동시에 지식 문화의 강한 인력을 증명한다. 몇 가지 측면에서 근대화되기는 했겠지만, 이 지식 문화는 근본적으로 원칙에 있어 중세의 기원에 충실하다.

그러니 박사 시대에서 인문주의자 시대로 넘어오는 동안 단절이라 할 만한 것은 없었다―기껏해야 근대화, 적응, 개방 정도인데, 그런 것 없이는 사회적 역동성도 없다. 우리 서구 사회가 추상적 지식에, 또한 그 지식의 보존과 전파를, 경우에 따라 실제 활용을 책임지는 일을 업으로 삼는 이들에게 기꺼이 마련해 주던 자리는 이미 중세 말 수 세기 동안 그려진 것이었고, 이 그림은 아주 오랫동안 남을 것이었다.

이 선택에 대해 역사적 소송을 제기해 볼 수 있을 것이다. 선입견과 이기심 탓에 과학과 기술의 혁신에 제동을 걸었다고, 경제 성장을 늦추었다고, 정치와 종교의 제약을 과도하게 강화했다고 중세 식자들을―그리고 구체제 말까지 이어지는 그들의 상속자들을―비난해 볼 수 있을 것이다. 우리는 독자에게 판결을 맡긴다. 우리는 이 책에서 다만, 도덕적 평가를 내리지 않고, 어떤 인간 집단이 사회 무대 위에 등장하고 확립되는 과정을 기술하려 했다. 이 집단의 운명은 문화가 역사 속에서 어떤 자리와 어떤 파급력을 가질 수 있는지를 나름대로 예시한다.

옮긴이의 말

공부는 해서 무엇에 쓰나? 오래된 질문이다. 전하는 이야기로, 고대 그리스의 탈레스는 별을 향해 고개를 높이 들고 걷다가 우물에 빠지고 말았다. 하늘을 본다더니 자기 발밑도 살피지 못한다고, 하녀는 철학자를 비웃었다. 다른 예도 많다. 소크라테스는 독배를 들었고, 플라톤은 외면당했고, 아리스토텔레스는 망명지에서 쓸쓸히 죽었다. 예언의 능력만 받고 신뢰는 얻지 못한 카산드라에게서처럼, 진리는 자주 불행과 함께 왔다. 아니, 그것이 진리였나? 기껏 의견이거나 고작 억견으로 밝혀질 말과 생각에 그렇게까지 애써야 했나? 공부는 헛일, 지식의 역사는 환멸의 역사인가?

그러나 놀랍게도, 인간이 알기를 포기한 적은 없다. 앎에 대한 비웃음의 근원에도 어쩌면 경멸보다 앎의 힘에 대한 두려움이 클지 모른다. 앎이 존경의 근거가 되는 일, 나아가 권력의 원천이 되는 일도 있다. 다만 모든 앎에 그만한 값이 인정되는 것은 아니다. 그럼 누가 앎의 값을 판가름하나? 필요한 앎과 불필요한 앎이, 좋은 앎과 나쁜 앎이, 더 많은 앎과 더 적은 앎이, 즉 앎의 다양한 종류와 등급이 어떻게 구별될 수 있는가?

앎의 구별은, 하물며 구별의 제도화는 당연한 것이 아니다.

1200년 무렵이 전환점이다. 볼로냐나 파리 등지에 함께 모여 가르치고 배우고 토론하던 사람들이 있었다. 그들은 이 활동에 좀 더 분명한 형태를 주고자 했고, 자신들의 성취를 '학위'라는 자격으로 공인받으려 했다. 그렇게 대학이 출현했다. 이와 함께, 공부한 사람에게 마땅한 일이 있다는 생각이, 게다가 공부가 일일 수 있다는 생각이 등장하여, 부침을 겪으면서도 확고해졌다.

오늘날 당연하게만 여겨지는 이 제도, 이 생각은 중세의 유산이다. '암흑시대'로서 중세라는 고정관념에 대한 탁월한 반증이기도 하다. 아마 그 점이 자크 르 고프의 눈길을 끌었을 것이다. 그는 1957년에 내놓은 《중세의 지식인들》*에서, "생각하고 그들의 생각을 가르치는 것을 직업으로 삼는 자들"이 12세기 전후 유럽 몇몇 도시의 성당 학교에 모여든 뒤 13세기부터 지식인의 조합universitas으로서 대학을 정착시키고 그곳에서 스콜라 학문이 만개하다 사그라지는 길고 울퉁불퉁한 도정을 펼쳐낸다. '아날 학파école des Annales'가 배출한 20세기 역사학의 거장이 30대 초반에 집필한 이 책은 고전으로 남아, 수십 년이 지난 지금도 그 활기찬 서술로 중세에 젊음과 역동성을 되돌려 준다.

자크 르 고프와 자크 베르제 사이의 비교는 흥미롭다. 《서양중세문명》**에서 중세 전반에 대한 백과사전적 박학을 과시

---

* 자크 르 고프, 《중세의 지식인들》, 최애리 옮김, 동문선, 1999. 이 번역서는 2024년 2월 현재 안타깝게도 절판된 상태다.
** 자크 르 고프, 《서양중세문명》, 유희수 옮김, 문학과지성사, 2008.

하기도 했던 르 고프가 쉼없이 종교와 사회, 문화와 경제, 일상과 상상을 넘나든다면, 한 세대 뒤의 연구자 베르제는 평생토록 대학을 중심으로 한 중세 교육제도의 역사에 천착해 왔다. 1973년 출간된 《중세의 대학》*은 판을 거듭하며 필독서로 자리 잡았고, 1997년작인 이 책 《공부하는 인간: 중세 후기 유럽의 식자들》은 오랜 탐색과 성찰을 종합하는 완숙기 저작이다. 첫눈에는 화려함과 반짝임이 부족해 보일지 모른다. 하지만 평이하면서도 명료한 문장에는 틈틈이 유머가 스며 있고, 선별된 사례들을 쌓아 올려 어느덧 전체를 조망하게 하는 솜씨는 과연 대가의 것이다. 그 바탕에는 오랜 시간 한 주제와 씨름한 끝에 얻어낸 친밀감이 있지만, 친밀감이 엄정함을 해치는 일은 없다. 피할 수 없는 의문을 숨기지 않되 확실한 답과 불확실한 추측을 뒤섞지 않는 정직함, 전체의 양적 경향을 설득력 있게 개괄하면서도 서로 다른 경우의 질적 특수성을 잊지 않고 짚어내는 세심함, 문헌과 선행 연구에 기꺼이 발언권을 넘겨주는 겸손함은 직관의 날카로움이 사실의 무게로 지탱되어야 한다고 믿는 역사학자의 노고를 드러낸다. 이 노고는 모범적이고, 감동적인 데가 없지 않다.

물론 베르제는 여러 면에서 르 고프를 계승한다. 둘의 가장 큰 공통점은 사회사적 시각이다. 스콜라 학문에 대한 흔한 편견과 달리, 중세의 지식은 서재, 강의실, 도서관으로 이어지는 폐쇄된 대학 세계를 자주 벗어났다. "지혜가 숨겨져 있고 보

---

* 자크 베르제Jacques Verger, 《중세의 대학Les universités au Moyen Âge》, Paris, PUF, 2013.

물이 보이지 않는다면 둘 다 무슨 소용이 있겠느냐?"*는 성서의 지침을 중세인들은 진지하게 들었고, 실천에 옮겼다. 대학이 처음 모습을 갖추던 시점부터 교황권과 왕권이 보인 지대한 관심은 이미 그 시대에, 아니 어쩌면 그 시대에야말로 공부가 쓸모의 문제였음을 시사한다. 그리고 이 점에서 베르제는 르 고프보다 멀리 나아간다. 르 고프의 '지식인'이 어쨌거나 학교의 인간, 가르치고 배우는 인간이라면, 베르제의 '식자'는 학교 바깥에서 배움을 활용하는 이들, 배움을 밑천 삼아 교회나 국가나 도시에서 한자리를 얻어냈던 이들, 심지어는 풍월 수준의 학식으로 생계를 꾸린 초급학교 교사, 하급 관리, 공증인이나 외과술사 등 '매개적 지식인들'을 배제하지 않는다. 그들 없이 지식이 전파될 수 없었고, 유효할 수 없었기 때문이다. 혹은 이렇게 표현할 수도 있다. 교황권의 전성기를 지나 '근대 국가'의 탄생기로 이행하는 역사적 국면의 사회는 점점 더 다양한 유형의 식자로부터 협조를 얻지 않고서는 작동할 수 없는 사회가 되었다. 식자의 역사 뒤에서 사회 전체의 변동이 그려진다.

　이 책이 중세 후기, 즉 14~15세기에 초점을 맞춘 까닭도 그와 무관하지 않다. 물론 한편으로는 이른바 "중세의 가을"에 대한 기존의 폄하를 극복하는 것이 관건이다(르 고프 역시 이 시기를 일종의 에필로그로 취급한다). 하지만 더 중요하게는, 앞선 세기들의 혁신이 예외적 현상으로 그치지 않고 하나의

* 구약 〈집회서〉 20장 30절.

지속적 흐름으로 정착하는 것이 바로 이때이기 때문이다. 중세의 학문 세계를 거론할 때 쉽게 떠올릴 만한 영웅들과 업적들을 전면에 내세우지 않는 것도 같은 이유에서다. 토마스 아퀴나스는 지나가듯 너댓 차례, 오컴의 윌리엄은 단 한 차례 언급되고, 대신 몇 세대에 걸친 패스톤 집안의 신분 상승 이야기가 장장 세 쪽을 차지한다. 《신학대전》의 장엄한 구조가 아닌, 수고본의 가격과 서적 시장의 추이가 관심을 끈다. 철학사가 알랭 드 리베라는 이러한 접근법이 '지식인'을 다룬다면서 정작 '지적 문제'의 내용을 도외시한다고 불만을 표하기도 했다*. 하지만 사회사와 사상사가 반드시 서로를 배제하지는 않을 것이다. 베르제가 그려 보이는 것은 한 사유의 정점이 아니라 사유하는 인간들의 환경이며, 여기에는 물질적 환경이 포함된다. 더욱이 중세 식자들이 '공공의 선'을 위한 지식의 유용성에 얼마나 마음을 썼는지 생각한다면, 그들을 사회적 존재로 다시 자리 매기는 시도가 그들 자신의 이념에 어긋난다고는 할 수 없다. 베르제는 과거의 앎과 생각에 해상도 높은 배경을 제공한다.

마지막으로, 지금 한국에서 독자가 피할 수 없을 질문, 적어도 번역자가 작업 내내 떠올렸던 질문이 있다. 중세 식자의 역사는 우리에게 무엇을 가르쳐주는가? 어떤 이들은 끝없이 변화하는 현대 사회에서 여덟 세기 이상 묵은 대학 제도는 설 자리가 없다고 단언할 것이다. 또 다른 이들은 대학의 퇴행을 걱

* 알랭 드 리베라Alain de Libéra, 《중세 생각하기Penser au Moyen Âge》, Paris, Seuil, 1991.

정하며 그 기원에서 순수한 정신을 되찾으려 할 것이다. 사실 모든 시대의 인간은 자기 시대에서 결정적 위기를, 적어도 심대한 변화를 본다. 중세도 다르지 않아, 대학의 역사는 일찍부터 숱한 개혁reformatio의 역사다. 그런데 무엇을 위한 개혁인가? 책의 한 장에 "지식과 권력"이라는 제목을 붙이기도 한 베르제는 힘 있는 자들의 압력뿐 아니라 아는 자들의 욕심을 놓치지 않는다. 이상과 현실이, 이데올로기와 이해득실이 언제나 뒤얽힌다. 중세는 벌써 "별이 총총한 하늘이 갈 수 있고 또 가야만 하는 길들의 지도인 시대, 별빛이 그 길들을 훤히 밝혀 주는 시대"*가 아니었기 때문이다. 필시 그런 시대는 없었다. 중세인들은 중세라는 개념을 몰랐고, "우리, 중세인들"이라고 말하는 대신 "우리, 현대인들"이라고 말했다.** 그들의 현대 속에서 그들에게는 그들의 문제가 있었다. 그들은 문제를 해결해 보려 애썼으며, 성공하거나 실패하면서 또 다른 문제와 마주쳤다. 이 공통의 운명 속에서 우리는 중세의 식자를 만난다.

중세연구자라고 하지만, 나는 역사학도도 철학도도 아니다. 13세기 파리 대학 주변에서 활동한 속어 시인 뤼트뵈프Rutebeuf를 공부하다 보니 르 고프나 베르제 등을 조금 읽게 되었고, 얼결에 이 책의 번역을 맡았다. 읻다 대표 김현우 씨

---

* 게오르크 루카치, 《소설의 이론》, 김경식 옮김, 문예출판사, 2007, 27쪽.
** 에티엔 질송Étienne Gilson, 〈'현대'로서의 중세Le Moyen Âge comme 'saeculum modernum'〉, in Vittore Branca (dir.), *Concetto, storia, miti e immagini del Medio Evo*, Firenze, Sansoni, 1973, 1–10쪽.

의 신뢰가, 김준섭 씨와 김보미 씨를 비롯하여 편집과 디자인에 애써준 분들의 협력이 없었다면 마치지 못했을 일이다. 번역 초고를 원문과 한 문장씩 대조하며 즐겁게 읽어준 위효정의 몫은 특별하다. 모두에게 감사드린다.

　끝까지 남아 있을 잘못과 실수는 물론 다른 사람의 책임일 수 없다. 미리 양해를 구한다. 저자의 본뜻을 가리거나 독자의 앎을 훼방하지 않기를 바랄 뿐이다.

2024년 2월
문성욱

참고문헌

이어지는 참고문헌 목록은 비교적 짧다. 출간된 혹은 미간 상태에 있는 중세 문헌자료의 몇 가지 서지사항, 그밖에도 논의 도중에 제기된 이런저런 주장을 구체적 사례로 뒷받침해 주는 여러 책과 논문의 제목은 이미 이 책의 주석에서 확인했을 것이다. 몇 가지 예외를 제외하면 이들 저작은 아래의 참고문헌 목록에서 다시 언급되지 않는다.

이 목록은 핵심에 있어 주로 프랑스어로 된 작업, 이 책에서 거론된 주요한 역사적 문제들을 밝혀줄 수 있을 만큼 일반적이면서 동시에 그 안에서 더 오래된 연구에 대한 많은 참고서지를 찾아볼 수 있을 만큼 최신의 작업으로 제한된다. 다른 한편으로는 이들 작업 가운데서도 우리의 책에서 다룬 주제—즉 특정한 개인 혹은 집단에서 어떤 지적 능력과 어떤 사회적 실천의 결합 양상—자체를 전면에 내세운 작업만이 선택되었다. 기실 쉽게 이해할 수 있겠지만, 지식 문화의 역사에 대해서든 교육의 역사에 대해서든 참고문헌 전체를 여기 제시한다는 것은, 비록 축약된 형태로라도, 불가능하고 쓸모없는 일이 되었을 것이다. 하물며 사회·정치사 일반에 대한 참고문헌이라면 말할 것도 없다.

1. 문화, 교육, 책

a. 문화와 교육

Garin, E., *L'éducation de l'homme moderne. La pédagogie de la Renaissance (1400-1600)* (trad. fr.), Paris, Fayard, 1968.

Paul, J., *Histoire intellectuelle de l'Occident médiéval*, Paris, A. Colin, 1973.

Piltz, A., *The World of Medieval Learning* (trad. du suédois), Oxford, Blackwell, 1981.

b. 학교와 대학

Bellomo, M., *Saggio sull'università nell'età del diritto comune*, Catania, Giannotta, 1979.

Brizzi, G.P. et Verger, J., *Le università dell'Europa*, 6 vol., Cinisello Balsamo, A. Pizzi, 1990-1995 (특히 vol. 1, 4 et 5).

Cobban, A.B., *The Medieval Universities: their Development and Organization*, London, Methuen, 1975.

Cobban, A.B., *The Medieval English Universities. Oxford and Cambridge to c. 1500*, Berkeley-Los Angeles, The Univ. of California Press, 1988.

Grendler, P.F., *Schooling in Renaissance Italy. Literacy and Learning, 1300-1600*, Baltimore-London, The Johns Hopkins Univ. Press, 1989.

A History of the University of Cambridge, vol. I, D.R. Leader, *The University to 1546*, Cambridge, Cambridge Univ. Press, 1988.

The History of the University of Oxford, vol. I, *The Early Oxford*

Schools, éd. par J.I. Catto, Oxford, Clarendon Press, 1984, vol. II, *Late Medieval Oxford*, éd. par J.I. Catto et R. Evans, Oxford, Clarendon Press, 1992.

A History of the University in Europe, vol. I, *Universities in the Middle Ages*, éd. par H. de Ridder-Symoens, Cambridge, Cambridge Univ. Press, 1992.

Le Goff, J., *Les intellectuels au Moyen Âge*, 2ᵉ éd., Paris, Éd. du Seuil, 1985 (《중세의 지식인들》, 최애리 옮김, 동문선, 1999).

Schulen und Studium im sozialen Wandel des hohen und späten Mittelalters, éd. par Fried, J. (Vorträge und Forschungen, XXX), Sigmaringen, J. Thorbecke, 1986.

Schwinges, R.C., *Deutsche Universitätsbesucher im 14. und 15. Jahrhundert. Studien zur Sozialgeschichte des alten Reiches*, Stuttgart, F. Steiner, 1986.

Università e società nei secoli XII-XVI, Pistoia, Centro italiano di Studi di storia e d'arte, 1982.

Verger, J., *Les universités au Moyen Âge*, Paris, PUF, 1973.

Verger, J. (dir.), *Histoire des universités en France*, Toulouse, Privat, 1986.

Verger, J., *Les universités françaises au Moyen Âge*, Leiden, Brill, 1995.

c. 책과 장서

Glénisson, J. (dir.), *Le livre au Moyen Âge*, Paris, Éd. du CNRS, 1988.

Vernet, A. (dir.), *Les bibliothèques médiévales du Vᵉ siècle à 1530* (t. I de l'*Histoire des bibliothèques françaises*), Paris, Promodis, 1989.

2. 당대 사회에서의 식자층

a. 일반적 저작

Classen, P., *Studium und Gesellschaft im Mittelalter*, Stuttgart, A. Hiersemann, 1983.

Guenée, B., *L'Occident aux XIVe et XVe siècles. Les États* (Nlle Clio), 4e éd., Paris, PUF, 1991.

L'État moderne et les élites, XIIIe-XVIIIe siècles. Apports et limites de la méthode prosopographique, éd. par J.-Ph. Genet et G. Lottes, Paris, Publ. de la Sorbonne, 1996.

Poirion, D. (dir.), *Milieux universitaires et mentalité urbaine au Moyen Âge*, Paris, Presses de l'Univ. de Paris-Sorbonne, 1987.

Power Elites and State Building, éd. par W. Reinhard (The Origins of the Modern State in Europe, 13th-18th Centuries), Oxford, Clarendon Press, 1996.

b. 특정 국가·지역에 대한 사례 연구

Autrand, F., *Naissance d'un grand corps de l'État. Les gens du Parlement de Paris, 1345-1454*, Paris, Publ. de la Sorbonne, 1981.

Brucker, G., *The Civic World of Early Renaissance Florence*, Princeton, Princeton Univ. Press, 1977.

Bullough, V.L., *The Development of Medicine as a Profession. The Contribution of the Medieval University to Modern Medicine*, Basel-New York, S. Karger, 1966.

Fédou, R., *Les hommes de loi lyonnais à la fin du Moyen Âge. Étude sur les origines de la classe de robe*, Lyon, Publ. de l'Univ. de

Lyon, 1964.

Gelehrte im Reich. Zur Sozial- und Wirkungsgeschichte akademis-cher Eliten des 14. bis 16. Jahrhunderts, éd. par R.C. Schwinges (Zeitschrift für historische Forschung, Beiheft 18), Berlin, Duncker & Humblot, 1996.

Gorochov, N., *Le collège de Navarre de sa fondation (1305) au début du XVe siècle (1418). Histoire de l'institution, de sa vie intellectu-elle et de son recrutement*, Paris, H. Champion, 1997.

Guenée, B., *Tribunaux et gens de justice dans le bailliage de Senlis à la fin du Moyen Âge (vers 1380-vers 1550)*, Strasbourg, Publ. de l'Univ. de Strasbourg, 1963.

Jacquart, D., *Le milieu médical en France du XIIe au XVe siècle*, Genève, Droz, 1981.

Martines, L., *The Social World of the Florentine Humanists, 1390-1460*, Princeton, Princeton Univ. Press, 1963.

Martines, L., *Lawyers and Statecraft in Renaissance Florence*, Prince-ton, Princeton Univ. Press, 1968.

Millet, H., *Les chanoines du chapitre cathédral de Laon. 1272-1412* (Coll. de l'Éc. fr. de Rome, 56), Roma, École fr. de Rome, 1982.

Millet, H. (dir.), *I canonici al servizio dello Stato in Europa, secoli XIII-XVI/Les chanoines au service de l'État en Europe du XIIIe au XVIe siècle*, Ferrara–Modena, F.C. Panini, 1992.

Profession, Vocation and Culture in Later Medieval England. Essays dedicated to the memory of A.R. Myers, éd. par C.H. Clough, Liverpool, Liverpool Univ. Press, 1982.

Siraisi, N.G., *Medieval and Early Renaissance Medicine. An Introduc-tion to Knowledge and Practice*, Chicago–London, The Univ. of Chicago Press, 1990.

주

제1부

1   알다시피 프랑스어 intellectuel은 19세기 말에야 '지식인'이라는 뜻의
명사가 되었다 (cf. C. Charle, *Naissance des "intellectuels" (1880-1900)*,
Paris, 1990).

2   J. Le Goff, *Les intellectuels au Moyen Âge*, 2ᵉ éd., Paris, 1985. [역주] 국
내에는《중세의 지식인들》(최애리 옮김, 동문선, 1999)로 번역되었다.

3   [역주] 큰 이득이 없는 신조어 사용을 피하고자 학위명은 되도록 현
재의 관례에 따라 번역했다. 즉 licence는 '학사', maîtrise는 '석사',
doctorat는 '박사'에 해당한다. 다만 각 과정의 중간 단계에서 선발된
학생에게 교수를 보조하며 일부 수업을 진행하는 역할을 부여하는 학
위인 baccalauréat는 '준교사'로 옮겼다. 각각의 용어가 뜻하는 바에 대
해서는 이 책의 156~157쪽을 참조.

4   Cf. J. Shatzmiller, "Étudiants juifs à la faculté de médecine de
Montpellier, dernier quart du XIVᵉ siècle", *Jewish History*, 6 (1992),
243-255쪽.

5   [역주] 오크어와 오일어는 각각 프랑스의 남부와 북부에서 쓰이던 서
로 다른 언어다. 이 중 지금 프랑스어의 모태가 되는 것은 오일어다.

6   Cf. S. Lusignan, *Parler vulgairement. Les intellectuels et la langue française
aux XIIIᵉ et XIVᵉ siècles*, Paris-Montréal, 1986.

7   [역주]《팡타그뤼엘*Pantagruel*》(1532) 제6장에서, 주인공 일행은 프랑스
어와 라틴어를 뒤섞은 현학적 말투를 구사하는 한 학생을 만난다.

8   "*latinum grossum, pro laicis amicum*". F. Autrand, "L'apparition d'un
nouveau groupe social", dans *Histoire de la fonction publique en France*,

dir. par M. Pinet, t. 1, *Des origines au XVᵉ siècle*, Paris, 1993, 311-443쪽
중 335쪽에서 인용.

9 E. Garin, *La Renaissance. Histoire d'une révolution culturelle*, trad. fr.,
Paris, 1970, 30쪽에서 인용.

10 [역주] 16세기 프랑스 시인 조아생 뒤 벨레Joachim du Bellay가 쓴《프랑
스어의 옹호와 현양*La Défense et illustration de la langue française*》(1549)에 대한
암시.

11 "estée traictiee et exercee en tel langage".

12 "translater telz livres en françois et baillier en françois les arts et les
sciences est un labeur moult proffitable; car c'est un langage noble et
commun a genz de grant engin et de bonne prudence. Et comme dit
Tulles en son livre de Achademiques, les choses pesantes et de grant
auctorité sont delectables et bien aggreables as genz ou langage de leur
païs." Maistre Nicole Oresme, *Le Livre de Ethiques d'Aristote*, published
from the Text of Ms. 2902, Bibliothèque royale de Belgique, éd. par A.D.
Menut, 1940, New York, 100-101쪽.

13 Cf. H. Grundmann, "*Litteratus-illitteratus*. Der Wandel einer
Bildungsnorm vom Altertum zum Mittelalter", *Archiv für Kulturgeschichte*,
40 (1958), 1-65쪽.

14 Cf. L.J. Paetow, *The Arts Course at Medieval Universities with Special
Reference to Grammar and Rhetoric*, Champaign, 1910.

15 "Le dit evesque faisoit tel argument: Il est notoire chose que le roy avoit
esté mal conseilliez et gouvernez; les dessus nommez [les officiers] le
ont mal conseillié; *Ergo*, etc. [*i.e.* ces officiers doivent être destitués].
Responce [des officiers]: La majeur est fausse, ou au moins ne est mie
notoire, mais est obscure et à cognoistre; et la meneur est encore plus
fausse, plus obscure, et plus chiet en cognoissance de cause." L. Douët
d'Arcq, "Acte d'accusation contre Robert le Coq", *Bibliothèque de l'École
des chartes*, 2 (1840-1841), 350-388쪽 중 380쪽에서 인용.

16 예컨대 다음의 증명을 참조. Th. Renna, "Aristotle and the French
Monarchy, 1260-1303", *Viator*, 9 (1978), 309-324쪽.

17 G. Beaujouan, "La science dans l'Occident médiéval chrétien", dans
Histoire générale des sciences, dir. par R. Taton, t. I, *La science antique et
médiévale*, Paris, 1966, 582-652쪽 중 625쪽에서 인용.

18 G. Dahan, "Les classifications du savoir aux XIIe et XIIIe siècles", *L'enseignement philosophique*, 40/4 (1990), 5-27쪽.

19 Hugues de Saint-Victor, *L'art de lire. Didascalicon*, intr. et trad. fr. de M. Lemoine, Paris, 1991.

20 "기실 오로지 앎을 목적으로 알고자 하는 이들이 있으니, 그것은 추한 호기심이다Sunt namque qui scire volunt eo fine tantum, ut sciant: et turpis curiositas est"(*Sancti Bernardi opera*, éd. par J. Leclercq, C.H. Talbot, H. Rochais, vol. II, Roma, 1958, 5쪽).

21 [역주] 13세기 초반의 시인 앙리 당들리Henri d'Andeli가 남긴 프랑스어 시의 제목. 알레고리적 의인화를 통해서 각각 파리와 오를레앙으로 대표되는 '변증술'과 '문법'의 싸움, 그리고 '변증술'의 승리를 그린다.

22 중세 사람들의 역사적 교양 전반에 대해서는 반드시 다음 저작을 보아야 한다. B. Guenée, *Histoire et culture historique dans l'Occident médiéval*, 2e éd., Paris, 1991.

23 [역주] 13세기 전후로 유행한 짧은 운문 이야기로, 대개 희극적 성격을 띤다.

24 특히 그가 쓴《아이의 교육*Doctrine d'enfant*》(version fr. éd. par A. Llinarès, Paris, 1969)과《기사도론*Livre de l'ordre de chevalerie*》(éd. V. Minervini, Bari, 1972)을 볼 것.

25 Cf. J. Verger, "*Ad studium augmentandum*: l'utopie éducative de Pierre Dubois dans son *De recuperacione Terre Sancte* (v. 1306)", *Mél. de la Bibliothèque de la Sorbonne*, 8 (1988), 106-122쪽.

26 예컨대 그가 쓴 논고《그리스도를 향해 나아가는 아이들에 대하여*De parvulis ad Christum trahendis*》(J. Gerson, *Œuvres complètes*, éd. P. Glorieux, vol. IX, Paris, 1973, 669-686쪽에 출간)를 볼 것.

27 인게토 콘타르도Inghetto Contardo의《유대교도 반박 *Disputatio contra Iudaeos*》(Auteurs latins du Moyen Âge, Paris, 1993)을 펴낸 질베르 다앙G. Dahan은 이로써 한 13세기 제노바 상인의 주목할 만한 초상을 조명했다. 성서 해석에 대한 그의 놀라운 박학은 탁발 수도자들의 설교를 들으며 익힌 것일 수 있다.

28 Ch. Bec, *Les marchands écrivains. Affaires et humanisme à Florence, 1375-1434*, Paris-La Haye, 1967.

29 M. Mollat, *Jacques Cœur ou l'esprit d'entreprise au XVe siècle*, Paris, 1988.

30 Cf. Nicolas Oresme, *Traité des monnaies, et autres écrits monétaires du*

XIVᵉ siècle (Jean Buridan, Bartole de Sassoferrato), textes réunis par Cl. Dupuy, Paris, 1989.

31 [역주] 12세기 시토회 수도승 피오레의 요아킴Joachim Florensis에게서 유래한 종말론적 역사관. 인간의 역사를 그리스도 이전 "성부의 시대", 그리스도 이후 "성자의 시대", 곧 찾아올 "성령의 시대"로 구분했다.

32 Cf. J. A. Paniagua, *El maestro Arnau de Villanova médico*, Valencia, 1969.

33 Cf. Ch. M. Radding, *The Origins of Medieval Jurisprudence. Pavia and Bologna*, 850-1150, New Haven-London, 1988.

34 G. Giordanengo, "Résistances intellectuelles autour de la Décrétale *Super Speculam* (1219)", dans *Mélanges offerts à Georges Duby*, vol. III, Aix-en-Provence, 1992, 141-155쪽.

35 B. Guillemain, *La cour pontificale d'Avignon, 1309-1376. Étude d'une société*, 2ᵉ éd., Paris, 1966, 217쪽.

36 [역주] 1309년 이래 교황청은 아비뇽에 위치해 있었다. 그레고리오 11세가 1377년 로마로 귀환했지만, 그가 죽자 추기경들은 두 파로 나뉘어 각기 아비뇽과 로마를 거점으로 삼아 교황을 옹립했다. 이로 인해 서유럽 세계 전체가 수십 년간 갈등을 겪었고 교회의 권위는 크게 실추되었다.

37 H. Gilles, "Les auditeurs de Rote au temps de Clément VII et Benoît XIII (1378-1417)", *Mélanges d'archéologie et d'histoire*, publ. par l'Éc. fr. de Rome, 67 (1955), 321-337쪽.

38 Éd. dans H. Kantorowicz, "The Poetical Sermon of a Mediaeval Jurist. Placentinus and his 'Sermo de Legibus'", *Journal of the Warburg Institute*, 2 (1938), 111-135쪽.

39 "Qui docti fuerint, fulgebunt quasi splendor firmamenti, et qui ad iustitiam erudiunt multos, quasi stellas in perpetuas aeternitates" (cf. G. Le Bras, "*Velut splendor firmamenti*: le docteur dans le droit de l'Église médiévale", dans *Mélanges offerts à Étienne Gilson*, Toronto-Paris, 1959, 373-388쪽). [역주] 성서 인용은 한국 천주교 주교회의 번역을 따랐다.

40 Juan Alfonso de Benavente, *Ars et doctrina studendi et docendi*, éd. par B. Alonso Rodriguez, Salamanca, 1972, 84-86쪽.

41 "Que vouldroit science sans operacion? *Sciencia abscotidita et thesaurus itivisus, que utilitas in utrisque*? On ne aprent pas seulement pour

scavoir, mais pour monstrer et ouvrer." 1405년의 한 담화에서 (J. Gerson, *Œuvres complètes*, éd. P. Glorieux, vol. VII/1, Paris, 1968, 1145쪽). [역주] 원문은 중세 프랑스어이며, 인용된 라틴어 문장은 구약〈집회서〉 20장 30절이다.

42 [역주] 당대 의학을 풍자한 몰리에르의 희극《상상병 환자*Le Malade imaginaire*》(1673)에 대한 암시.

43 J. Le Goff, *Les intellectuels au Moyen Âge*, 2ᵉ éd., Paris, 1985, 187–188쪽.

44 1200–1249년에 32곳, 1250–1299년에 48곳, 1300–1349년에 62곳, 1350–1399년에 72곳, 1400–1449년에 82곳, 1450–1499년에 85곳 (N. Orme, *English Schools in the Midle Ages*, London, 1973, 294쪽에 따름).

45 M.T. Clanchy, *From Memory to Written Record. England*, 1066–1307, 2ᵉ éd., Oxford, 1993.

46 [역주] 소송에서 당사자를 대리하고 소송 절차를 책임지며 변론을 맡기도 했던 법률가.

47 예를 들어 다음을 볼 것. A. Rigaudière, "L'essor des conseillers juridiques des villes dans la France du bas Moyen Âge", *Revue historique de droit français et étranger*, 62 (1984), 361–390쪽 (다음 저작에 재간: A. Rigaudière, *Gouverner la ville au Moyen Âge*, Paris, 1993, 215–251쪽).

48 F. Autrand, "Culture et mentalité. Les librairies des gens du Parlement au temps de Charles VI", *Annales ESC*, 28 (1973), 1219–1244쪽.

49 Cf. Cl. Brémont, J. Le Goff, J.-Cl. Schmitt, *L'exemplum* (Typologie des sources du Moyen Âge occidental, 40), Turnhout, 1982.

50 후자의 설명을 우선시하는 것으로 보이는 피에레트 파라비의 뛰어난 연구는 "농민 세계의 혼합주의적 전통을 따르는 이들에 맞선 독서가 집단의 십자군"이라거나 "문화적 적대" 같은 표현을 사용한다. P. Paravy, "À propos de la genèse médiévale des chasses aux sorcières: le traité de Claude Tholosan, juge dauphinois (vers 1436)", *Mélanges de l'École française de Rome. Moyen Âge, Temps modernes*, 91 (1979), 333–379쪽.

51 Cf. N. Orme, *From Childhood to Chivalry. The Education of the English Kings and Aristocracy, 1066-1530*, London–New York, 1984, 1–80쪽.

52 *Chartularium Universitatis Parisiensis*, éd. par H. Denifle et É. Châtelain, t. III, Paris, 1894, n° 1446.

53 G. Petti Balbi, *L'insegnamento nella Liguria medievale. Scuole, maestri, libri*, Genova, 1979, 75-76쪽.

54 W.J. Courtenay, "The London *Studia* in the Fourteenth Century", *Mediaevalia et Humanistica. Studies in Medieval and Renaissance Culture*, 13 (1985), 127-141쪽.

55 N. Orme, *Education in the West of England, 1066-1548*, Exeter, 1976, 그리고 G. Petti Balbi, *L'insegnamento nella Liguria medievale, op. cit.*

56 P. Glorieux, "La vie et les œuvres de Gerson. Essai chronologique", *Arch. d'histoire doctrinale et littéraire du Moyen Âge*, 18 (1950-51), 149-192(150쪽).

57 *Enseignement et vie intellectuelle (IXᵉ-XVIᵉ siècle)* (Actes du 95ᵉ congrès nat. des Soc. savantes — Philologie et histoire jusqu'à 1610, t. I), Paris, 1975 중에서 다음 논문들을 볼 것. P. Desportes, "L'enseignement à Reims aux XIIIᵉ et XIVᵉ siècles", 107-122쪽, 그리고 L. Carolus-Barré, "Les écoles capitulaires et les collèges de Soissons au Moyen Âge et au XVIᵉ siècle", 123-226쪽.

58 S. Guilbert, "Les écoles rurales en Champagne au XVᵉ siècle: enseignement et promotion sociale", dans *Les entrées dans la vie. Initiations et apprentissages* (XIIᵉ congrès de la Soc. des historiens médiévistes de l'ens. sup. public), Nancy, 1982, 127-147쪽.

59 [역주] 성직자가 직무에 따라 교회로부터 받는 물질적 수입.

60 Cf. J. Pourrière, *Les commencements de l'école de grammaire d'Aix-en-Provence, 1378-1413, d'après des documents inédits*, Aix-en-Provence, 1970.

61 J.W. Miner, "Change and Continuity in the Schools of Later Medieval Nuremberg", *The Catholic Historical Review*, 72 (1987), 1-22쪽.

62 특히 다음 연구를 볼 것. N. Orme, *English Schools in the Middle Ages*, London, 1973, 87-115쪽.

63 N. Orme, *Education in the West of England, op. cit.*, 19쪽, 그리고 cf. 위 78쪽, 주 52.

64 "Scientie parum cupidi, grammaticam ad necessitatem student, cetera studiorum genera parvi pendunt" (G. Petti Balbi, *L'insegnamento nella Liguria medievale, op. cit.*, 94쪽에서 인용).

65 G. Petti Balbi, *L'insegnamento nella Liguria medievale, op. cit.*, 57쪽.

66 오래전 이스트반 하이날의 저작(I. Hajnal, *L'enseignement de l'écriture aux Universités médiévales*, 2ᵉ éd., Budapest, 1959)에서 제시되었던, 중세의 학교와 대학이 고유한 필체를 가르쳤다는 주장은 오늘날 별 지지를 얻지 못하는 듯하다.

67 *A History of the University in Europe*, vol. I, *Universities in the Middle Ages*, éd. par H. de Ridder-Symoens, Cambridge, 1992.

68 앞 장에서 지적했듯(cf. 위 55쪽), 1219년부터 파리에서는 호노리오 3세의 칙령(*Super speculam*)에 따라 오로지 교회법 교육만이 허용되었다.

69 Cf. J. Verger, "Remarques sur l'enseignement des arts dans les universités du Midi à la fin du Moyen Âge", *Annales du Midi*, 91 (1979), 355-381쪽.

70 논의 전반에 대한 소개로는 다음을 참조. J. Verger, "À propos de la naissance de l'université de Paris: contexte social, enjeu politique, portée intellectuelle", dans *Schulen und Studium im sozialen Wandel des hohen und späten Mittelalters*, hg. v. J. Fried (Vorträge und Forschungen, XXX), Sigmaringen, 1986, 69-96쪽.

71 이 주제에 대해 필수적인 저작은 다음의 것이다. M.-M. Dufeil, *Guillaume de Saint-Amour et la polémique universitaire parisienne, 1250-1259*, Paris, 1972.

72 《유럽 대학의 역사*A History of the University in Europe*》(vol. I, *op. cit.*, 62-63쪽)에 따르면 1300년에 기능하고 있는 일반 학당은 볼로냐, 파리, 옥스퍼드, 몽펠리에(의학과 법), 케임브리지, 살라망카, 파도바, 나폴리, 베르첼리, 툴루즈, 교황청(교황청 학당studium Curiae), 리스본, 레리다에 있었다. 1346년에는 이 목록에서 베르첼리를 제하고 아비뇽, 로마(도시 학당studium Urbis), 오를레앙, 페루자, 트레비소, 카오르, 피사, 앙제, 바야돌리드를 추가해야 하며, 어쩌면 그르노블도 포함될 것이다.

73 케임브리지는 옥스퍼드에서 갈라져 나온 일군의 교사와 학생에 의해 1209년 혹은 그 이후 세워졌다.

74 [역주] 대학을 뜻하는 라틴어 universitas는 본래 직업 조합을 가리킨다.

75 Thomas d'Aquin, *L'unité de l'intellect contre les averroïstes, suivi des Textes contre Averroës antérieurs à 1270*, éd. et trad. A. de Libera, Paris, 1994.

76 파리에서는 1270년 12월 10일과 1277년 3월 7일, 옥스퍼드에서
는 1277년 3월 18일(cf. L. Bianchi, *Il vescovo e i filosofi. La condanna
parigina del 1277 e l'evoluzione dell'aristotelismo scolastico*, Bergamo,
1990).

77 Cf. J. Verger, "Prosopographie et cursus universitaires", dans *Medieval
Lives and the Historian. Studies in Medieval Prosopography*, publ. par N.
Bulst et J.-Ph. Genet, Kalamazoo, 1986, 313-331쪽.

78 피사, 프라하, 피렌체, 페르피냥, 우에스카, 파비아, 크라쿠프, 오랑주,
빈, 페치(*A History of the University in Europe*, vol. I, *op. cit.*, 63쪽 참조).

79 에어푸르트, 하이델베르크, 쾰른, 부다, 페라라, 뷔르츠부르크, 토리노,
라이프치히, 엑상프로방스, 세인트앤드루스(*Ibid.*, 64쪽).

80 로스토크, 돌, 루뱅, 푸아티에, 캉, 보르도, 카타니아, 바르셀로나, 글래
스고, 발랑스, 트리어, 그라이프스발트, 프라이부르크임브라이스가우,
바젤, 잉골슈타트, 낭트, 부르주, 포조니, 베네치아, 사라고사, 코펜하
겐, 마인츠, 튀빙엔, 웁살라, 팔마데마요르카, 시구엔사, 애버딘, 알칼라
데에나레스, 발렌시아(*Ibid.*, 64-65쪽).

81 [역주] 대학을 가리키는 비유적 표현으로, 특히 구성원이 자신의 소속
대학을 가리킬 때 사용했다.

82 "Princeps debet in suo imperio habere universitatem"(M. Fournier, *Les
statuts et privilèges des universités françaises depuis leur fondation jusqu'en
1789*, t. III, Paris, 1892, n° 1915, 600쪽).

83 "(…) Valde congruum, necessarium et decens arbitramur in patria
nostra seu terra nobis subjecta, unam creare et instituere Universitatem
(…) cum rari sint principes, in quorum territoriis universitas non sit
fundata, in nostris vero nulla"(M. Fournier, *Les statuts et privilèges des
universités françaises*, t. III, n° 1785, 362쪽).

84 J. Verger, "Les universités françaises au XVᵉ siecle: crise et tentatives de
réforme", *Cahiers d'histoire*, 21 (1976), 43-66쪽.

85 11월 7일 담화(*Vivat rex*). J. Gerson, *Œuvres complètes*, éd. P. Glorieux,
vol. VII/1, Paris, 1968, 1137-1185쪽에 편찬.

86 Cf. J. Paquet, *Les matricules universitaires* (Typologie des sources du
Moyen Âge occidental, 65), Turnhout, 1992.

87 J. Favier, *Paris au XVᵉ siècle. 1380-1500* (Nouvelle Histoire de Paris),
Paris, 1974, 68-73쪽에 의거.

88 J. Verger, "Le recrutement géographique des universités françaises au début du XVᵉ siècle d'après les suppliques de 1403", *Mél. d'archéologie et d'histoire, publ. par l'Éc. fr. de Rome*, 82 (1970), 855-902쪽.

89 Cf. W.J. Courtenay, "The Effect of the Black Death on English Higher Education", *Speculum*, 55 (1980), 696-714쪽.

90 T.H. Aston, "Oxford's Médiéval Alumni", *Past and Present*, 74 (1977), 3-40쪽, et T.H. Aston, G.D. Duncan, T.A.R. Evans, "The Medieval Alumni of the University of Cambridge", *Past and Present*, 86 (1980), 9-86쪽.

91 A.I. Pini, "*Discere turba volens*. Studenti e vita studentesca a Bologna dalle origini alla metà del Trecento", dans *Studenti e università degli studenti dal XII al XIX secolo*, dir. par G.P. Brizzi et A.I. Pini (*Studi e memorie per la storia dell'Università di Bologna*, n. s. VII), Bologna, 1988, 45-136쪽.

92 R.C. Schwinges, *Deutsche Universitätsbesucher im 14. und 15. Jahrhundert. Studien zur Sozialgeschichte des alten Reiches*, Stuttgart, 1986.

93 Cf. J. Verger, "La mobilité étudiante au Moyen Âge", *Histoire de l'Éducation*, 50 (1991), 65-90쪽.

94 Cf. J. Verger, "Les étudiants slaves et hongrois dans les universités occidentales (XIIIᵉ-XVᵉ siècles)", dans *L'Église et le peuple chrétien dans les pays de l'Europe du Centre-Est et du Nord (XIVᵉ-XVᵉ siècles)* (Coll. de l'Éc. fr. de Rome, 128), Roma, 1990, 83-106쪽.

95 Cf. J. Paquet, *Les matricules universitaires, op. cit.*, 128-136쪽.

96 Cf. Cl. Carrère, "Refus d'une création universitaire et niveaux de culture à Barcelone: hypothèses d'explication", *Le Moyen Âge*, 85 (1979), 245-273쪽.

97 Cf. N. Gorochov, *Le Collège de Navarre de sa fondation (1305) au début du XVᵉ siècle (1418). Histoire de l'institution, de sa vie intellectuelle et de son recrutement*, Paris, 1997.

98 특히 다음 연구들을 참조. L. Stouff, "Une création d'Urbain V: le *studium* papal de Trets (1364-65)", *Provence historique*, 16 (1966), 528-539쪽, 그리고 L.-H. Labande, "Une fondation scolaire du pape Grégoire XI à Carpentras", *Mémoires de l'Acad. de Vaucluse*, 2ᵉ s., 15

(1915), 217-232쪽.

99 A.L. Gabriel, *Student Life in Ave Maria College, Mediaeval Paris. History and Chartulary of the College*, Notre Dame, 1955.

100 A. Grafton, L. Jardine, "Humanism and the School of Guarino: A Problem of Evaluation", *Past and Present*, 92 (1982), 51-80쪽.

101 Cf. G. Ortalli, *Scuole, maestri e istruzione di base tra Medioevo e Rinascimento. Il caso veneziano*, Venezia, 1993, 24-29쪽.

102 Cf. 위 63쪽. 15세기 법원장에 대한 전반적 소개와 관련된 서지 사항을 위해서는 다음 책을 볼 것. N. Orme, *From Childhood to Chivalry, op. cit.*, 74-79쪽.

103 [역주] 본래 1358년 파리 인근에서 발생한 농민 반란을 가리키는 말이나 중세와 이후 구체제에서 발생한 유사한 사건들을 통칭하기도 한다.

104 절지 체계는 13세기 볼로냐와 파리에 등장했다. 이에 따르면 우선 학업에 필요한 주요 서적의 공식 인증 사본을 대학 서적상에게 맡긴다. 이 사본은 미제본 절지들cahiers, peciae로 이루어져 있어 여러 명의 필사가에게 동시에 대여될 수 있었고, 따라서 이들 필사가는 같은 책의 필사본 여러 권을 동시에 생산할 수 있었다(장 데스트레의 선구적인 책—J. Destrez, *La pecia dans les manuscrits universitaires du XIIIᵉ et du XIVᵉ siècle*, Paris, 1935—이 나온 이래의 풍부한 연구서지를 섭렵하려면 다음 책을 참조. *La production du livre universitaire au Moyen Âge. Exemplar et pecia*, éd. par L. J. Bataillon, B. G. Guyot, R. H. Rouse, Paris, 1988.

105 [역주] 리브르는 영국의 파운드에 해당하는 무게 단위이자 화폐 단위다. 1리브르는 20수sous, 1수는 12드니에deniers에 해당된다. 중세에는 지역마다 다른 화폐가 존재했으나, 프랑스에서는 13세기부터 투르 화폐가 공식 화폐의 지위를 점하며 널리 사용되었고, 아래 언급될 파리 화폐도 있었다.

106 C. Bozzolo, E. Ornato, *Pour une histoire du livre manuscrit au Moyen Âge. Trois essais de codicologie quantitative*, Paris, 1980, 25-26쪽.

107 [역주] 중세 말 유행한 기도서의 일종으로 시간 전례에 따른 종교 생활을 안내하는 책자다.

108 Cf., 예를 들어, J. Verger, "Le livre dans les universités du Midi de la France à la fin du Moyen Âge", dans *Pratiques de la culture écrite en France au XVᵉ siècle*, éd. par M. Ornato et N. Pons, Louvain-la-Neuve,

1995, 403-420쪽.

109 이 수치는 다음 연구들에서 인용한다. G. Hasenohr, "L'essor des bibliothèques privées aux XIVe et XVe siècles"; M.-H. Jullien de Pommerol et J. Monfrin, "La bibliothèque pontificale à Avignon au XIVe siècle", dans *Histoire des bibliothèques françaises*, t. I, *Les bibliothèques médiévales du VIe siècle à 1530*, dir. par A. Vernet, Paris, 1989, 215-263 및 147-169쪽.

110 예를 들어 다음 연구를 보라. S. Stelling-Michaud, "Le transport international des manuscrits juridiques bolonais entre 1265 et 1320", dans *Mélanges d'histoire économique et sociale en hommage au professeur Antony Babel*, t. I, Genève, 1963, 95-127쪽.

111 현대적인 뜻에서 최초의 "공공" 도서관은 15세기 중 피렌체와 베네치아 그리고 몇몇 독일 도시에서 나타난다.

112 이 수치 역시 위 127쪽, 주 109에서 언급한 두 연구로부터 인용한다.

113 이 수치는 다음 연구로부터 인용한다. M.-C. Garand, "Les anciennes bibliothèques du XIIIe au XVe siècle", dans *Histoire des bibliothèques françaises*, t. I, *op. cit.*, 45-63쪽.

114 이 수치, 그리고 이어지는 수치들은 다음 연구로부터 인용한다. M.-H. Jullien de Pommerol, "Livres d'étudiants, bibliothèques de collèges et d'université", dans *Histoire des bibliothèques françaises*, t. I, *op. cit.*, 93-111쪽.

115 N. Ker, "Oxford College Libraries before 1500", dans *Les Universités à la fin du Moyen Âge*, éd. par J. Paquet et J. Ijsewijn, Louvain, 1978, 293-311쪽.

116 H.-J. Martin, "La révolution de l'imprimé", dans *Histoire de l'édition française*, dir. par R. Chartier et H.-J. Martin, t. I, *Le livre conquérant. Du Moyen Âge au milieu du XVIIe siècle*, 2e éd., Paris, 1989, 165-185 중 175쪽에서 인용.

117 Cf. 위 130쪽, 주 114에 인용된 M.-H. Jullien de Pommerol의 연구.

118 Cf. M.B. Parkes, "The Provision of Books", dans *The History of the University of Oxford*, vol. II, *Late Medieval Oxford*, éd. par J.I. Catto et R. Evans, Oxford, 1992, 407-483쪽.

119 예를 들어 후안 알폰소 데 베나벤테가 자신의 저작 《학생과 교사의 기예와 학설》에서 그러했다(éd. par B. Alonso Rodriguez, Salamanca,

1972, 90쪽).

120 F. Autrand, "Culture et mentalité. Les librairies des gens du Parlement au temps de Charles VI", *Annales ESC*, 28 (1973), 1219-1244쪽.

121 Cf. 위 127쪽, 주 109에 인용된 G. Hasenohr의 연구.

122 적어도 1444년까지. 게다가 이해 창설된 카타니아 대학은 중요치 않은 이류 수준에 머물 것이다.

123 H. Bresc, *Livre et société en Sicile (1299-1499)*, Palermo, 1971.

124 [역주] 대학에서 공부한 의사와 구별하여, 학위 없이 각종 외과적 시술을 도맡던 이들을 가리킨다. 중세에는 특히 이발사들이 외과술사를 겸하는 일이 많았다.

125 D. Nebbiai-Dalla Guarda, *Livres, patrimoine, profession: les bibliothèques de quelques médecins en Italie (XIVᵉ-XVᵉ siècles).* 저자는 내가 아직 출간되지 않은 이 연구를 접할 수 있게 해주었다.

126 이상의 수치는 다음 연구에서 인용한 것이다. J.-M. Dureau, "Les premiers ateliers français", dans *Histoire de l'édition française*, t. I, *op. cit.*, 186-202쪽.

127 Cf. C. Bozzolo, E. Ornato, "Les bibliothèques entre le manuscrit et l'imprimé", dans *Histoire des bibliothèques françaises*, t. I, *op. cit.*, 333-347쪽.

128 Cf. L. Febvre, H.-J. Martin, *L'apparition du livre*, nlle éd., Paris, 1971, 351-365쪽.

129 Cf. D. Coq, "Les incunables: textes anciens, textes nouveaux", dans *Histoire de l'édition française*, t. I, *op. cit.*, 203-227쪽.

130 P. Aquilon, "Petites et moyennes bibliothèques", dans *Histoire des bibliothèques françaises*, t. I, *op. cit.*, 285-309쪽.

131 독일의 도미니코회 신학자로, 마법에 여러 대목을 할애한《개미집 혹은 선 善의 개미들*Formicarius seu myrmecia bonorum*》이 그의 주저다.

132 J. Michelet, *Œuvres complètes*, t. VII, Paris, 1978, 85쪽.

제2부

1 "Scientia donum Dei est, unde vendi non potest." Cf. G. Post, K. Giocarinis, R. Kay, "The Medieval Heritage of a Humanistic Ideal.

'Scientia donum Dei, unde vendi non potest'", *Traditio*, 11 (1955), 195-234쪽.

2   우선 민간 영역에서 경력을 쌓은 뒤 그 정점에서 수입은 적을지언정 더 명예로운 공적 업무를 맡고 싶어 하는 경향은 조셉 R. 스트레이어 의 다음 인물지 연구에서 분명히 강조되었던 바 있다. J. R. Strayer, *Les gens de justice de Languedoc sous Philippe le Bel*, Toulouse, 1970.

3   "Utrum melius sit stare in studio, spe plus proficiendi, sufficienter instructum quam ire ad procurandum dum animarum salutem." *Henrici de Gandavo opera omnia*, V, *Quodlibet I*, éd. par R. Macken, Louvain-Leiden, 1979, 195-202쪽.

4   이 소송의 증서들은 다음 저작에 출간되어 있다. *Chartularium Universitatis Parisiensis*, éd. par H. Denifle et E. Châtelain, t. III, Paris, 1894, n° 1528 à 1531, 1546.

5   Cf. J. Verger, "Les professeurs des universités françaises à la fin du Moyen Âge", dans *Intellectuels français, intellectuels hongrois. XIIIe-XXe siècles*, dir. par J. Le Goff et B. Köpeczi, Budapest-Paris, 1985, 23-39쪽.

6   D. Zanetti, "À l'Université de Pavie au XVe siècle: les salaires des professeurs", *Annales ESC*, 17 (1952), 421-433쪽.

7   W. J. Courtenay, *Teaching Careers at the University of Paris in the Thirteenth and Fourteenth Centuries* (Texts and Studies in the History of Mediaeval Education, XVIII), Notre Dame, 1988, 29쪽.

8   Cf. H. Grundmann, "*Litteratus—illitteratus*. Der Wandel einer Bildungsnorm vom Altertum zum Mittelalter", *Archiv für Kulturgeschichte*, 40 (1958), 1-65쪽.

9   여기서 나는 다음 연구에서 내가 내린 결론을 가져온다. J. Verger, "Études et culture universitaires du personnel de la curie avignonnaise", dans *Aux origines de l'État moderne. Le fonctionnement administratif de la papauté d'Avignon* (Coll. de l'École française de Rome, 138), Roma, 1990, 61-78쪽.

10   Cf. J.-L. Gazzaniga, *L'Église du Midi à la fin du règne de Charles VII (1444-1461) d'après la jurisprudence du Parlement de Toulouse*, Paris, 1976.

11   이어지는 몇 쪽에서, 별도의 표시가 없다면 인용된 수치의 출처는 다 음 저작이다. P. Moraw, "Careers of Graduates" dans *A History of the*

University in Europe, vol. I, *Universities in the Middle Ages*, éd. par H. de Ridder-Symoens, Cambridge, 1992, 244-279쪽.

12 J.W. Baldwin, "*Studium et regnum*. The Penetration of University Personel into French and English Administration at the Turn of the Twelfth and Thirteenth Centuries", *Revue des études islamiques*, 44 (1976) [n° spécial: *L'enseignement en Islam et en Occident au Moyen Âge*], 199-215쪽.

13 H. Millet, *Les chanoines du chapitre cathédral de Laon. 1272-1412* (Coll. de l'École française de Rome, 56), Roma, 1982, 87-95쪽.

14 J. Verger, "Les chanoines et les universités", dans *Le monde des chanoines (XIᵉ-XIVᵉ s.)* (Cahiers de Fanjeaux, 24), 1989, 285-307, 특히 302-303쪽.

15 *I canonici al servizio dello Stato in Europa, secoli XIII-XVI/Les chanoines au service de l'État en Europe du XIIIᵉ au XVIᵉ siècle*, dir. par H. Millet, Modena-Ferrara, 1992에 실린 다음 연구들을 참조: G. Battioni, "Il capitolo cattedrale di Parma (1450-1500)", 61-72쪽, M. Pellegrini, "Il capitolo della cattedrale di Pavia in età sforzesca (1450-1535)", 73-92쪽, 그리고 R. Montel, "Les chanoines de la basilique Saint-Pierre de Rome (fin XIIIᵉ siècle-fin XVIᵉ siècle): esquisse d'une enquête prosopographique", 105-118쪽.

16 A. Rucquoi, *Valladolid au Moyen Âge (1080-1480)*, Paris, 1993, 435쪽.

17 세 권으로 재간된 *Chronique du Religieux de Saint-Denys* (publ. et trad. par L. Bellaguet, Paris, 1994)에 부친 베르나르 그네B. Guenée의 서론 ("Michel Pintoin, sa vie, son œuvre")을 참조.

18 예를 들어 카르멜회의 게르만권 관구들(고·저지대 독일이나 작센 Alemania superior et inferior et Saxonia)에서 13세기 말~16세기 초 사이 대학 신학 학당으로 보낸 수사만 3349명에 달하며, 그중 122명이 박사가 되었다 (F.-B. Lickteig, *The German Carmelites at the Medieval Universities* [Textus et studia historica Carmelitana, 13], Roma, 1981, 416쪽).

19 A. Vauchez, *La sainteté en Occident aux derniers siècles du Moyen Âge d'après les procès de canonisation et autres documents hagiographiques* (Bibl. des Écoles françaises d'Athènes et de Rome, 241), 1981, 460-472쪽 ("Valorisation de la culture").

20 J. Verger, "L'exégèse de l'université", dans *Le Moyen Âge et la Bible*, dir. par P. Riché et G. Lobrichon, Paris, 1984, 199-232, 특히 231쪽.

21 H. Martin, *Le métier de prédicateur à la fin du Moyen Âge. 1350-1520*, Paris, 1988, 72-75쪽.

22 H. Millet, "Les chanoines au service de l'État: bilan d'une étude comparative", dans *L'État moderne: Genèse. Bilans et perspectives*, éd. par J.-Ph. Genet, Paris, 1990, 137-145, 특히 143쪽.

23 *I canonici(op. cit.)* 중 다음 연구들을 볼 것. R.B. Dobson, "The Canons of York Cathedral, 1400-1500", 15-26쪽; D.N. Lepine, "The canons of Exeter Cathedral, 1300-1455", 27-46쪽.

24 *I canonici(op. cit.)* 중 다음 연구를 볼 것. E. Lalou, "Les chanoines au service de Philippe le Bel, 1285-1314", 219-230쪽.

25 [역주] 프랑스 왕이 교황권에 대한 전통적 복종을 거부하고 영토 내 교회의 수익을 왕에게 귀속시키도록 한 결정. 이를 통해 교회 대분열 당시 대립하던 두 교황—로마의 보니파시오 9세, 아비뇽의 베네딕토 13세—의 퇴위를 유도하여 사태를 해결하려고 시도했으나 큰 효과를 거두지 못했다.

26 [역주] 샤를 7세가 내린 명령으로, 교황권과 갈등하던 바젤 공의회 (1431~1449년)의 방침에 따라 재정과 사법 영역에서 교황의 역할을 축소하고 세속 군주가 주교 및 수도원장 선출에 개입할 수 있도록 했다.

27 여기서부터 이어지는 몇 문단은 주로 다음 작업에서 영향을 받았다. F. Autrand, *Naissance d'un grand corps de l'État. Les gens du Parlement de Paris 1345-1454*, Paris, 1981, 그리고 "L'apparition d'un nouveau groupe social", dans *Histoire de la fonction publique en France*, dir. par M. Pinet, t. I, *Des origines au XVe siècle*, Paris, 1993, 311-443쪽.

28 [역주] 감사bailli와 지사sénéchal는 왕을 대리하여 지방을 다스리던 관리들로 임무는 유사하나 전자는 프랑스 북부, 후자는 남부에서 주로 쓰였다.

29 B. Guenée, *Tribunaux et gens de justice dans le bailliage de Senlis à la fin du Moyen Âge (vers 1380-vers 1550)*, Strasbourg, 1963.

30 J. Bartier, *Légistes et gens de finances au XVe siècle. Les conseillers des ducs de Bourgogne sous Philippe le Bon et Charles le Téméraire*, 2 vol., Bruxelles, 1955-57.

31　J.R. Strayer, *Les gens de justice du Languedoc, op. cit.*

32　[역주] 아비뇽 주변 지역을 가리키는 말로, 1274년 프랑스 왕 필리프 3세가 교황에게 넘겨준 뒤 프랑스 혁명 중이던 1791년까지 교황청의 소유였다. 명칭에 대해서는 브나스크Venasque에서 유래했다는 설과 아비뇽에서 유래했다는 설이 있다.

33　J. Chiffoleau, *Les justices du pape. Délinquance et criminalité dans la région d'Avignon au XIVe siècle*, Paris, 1984, 285-317쪽.

34　L. Martines, *Lawyers and Statecraft in Renaissance Florence*, Princeton, 1968.

35　[역주] 1474년 결혼하여 공동으로 스페인을 통치한 카스티야의 이사벨 1세Isabel I와 아라곤의 페르난도 2세Fernando II를 가리킨다.

36　Cf. A. Rucquoi, *Histoire médiévale de la péninsule Ibérique*, Paris, 1993, 308-322쪽.

37　B. Leroy, *Le royaume de Navarre. Les hommes et le pouvoir, XIIIe-XVe siècle*, Biarritz, 1995, 208-212쪽.

38　A. L. de Carvalho Homem, *O Desembargo régio (1320-1433)*, Porto, 1990, 471-472쪽.

39　"(⋯) ut tandem studiosi viri moribus et scientia decorati reipublice preessent, et eidem salubriter consulerent" (M. Fournier, *Les statuts et privilèges des universités françaises depuis leur fondation jusqu'en 1789*, t. III, Paris, 1892, n° 1578).

40　Cf. 위 61쪽.

41　Cf. J. Verger, "Pour une histoire de la maîtrise ès-arts au Moyen Âge: quelques jalons", *Médiévales*, 13 (1987), 117-130쪽.

42　"'선생'이라는 이름은 여러 가지를 뜻한다Magister nomen est equivocum ad plura"(Konrad von Megenberg, *Werke. Ökonomik (Buch III)*, éd. S. Krüger [MGH, Staatsschriften des späteren Mittelalters, III, 5/3], Stuttgart, 1984, 24쪽). 메겐베르크의 콘라두스에 따르면 magister라는 단어는 대학이 주는 자격titulus, 지식이라는 실체res, 사회적 호칭nominacio이라는 세 가지 서로 다른 요소를 아우르는데, '선생' 중 많은 이들은 한두 요소밖에 보유하지 않았다.

43　Cf. E. Türk, *Nugae curialium. Le règne d'Henri II Plantagenêt (1145-1189) et l'éthique politique*, Genève, 1977.

44　F. Autrand, *Charles V le Sage*, Paris, 1994, 728쪽.

45 Cf. *Le forme della propaganda politica nel Due e Trecento*, éd. par P. Cammarosano (Coll. de l'École française de Rome, 201), Roma, 1994.

46 [역주] 프랑스의 군인이자 작가. 1389년, 정치적 알레고리《늙은 순례자의 꿈 *Songe du Vieil Pèlerin*》을 샤를 6세에게 바쳤다. 샤를 6세가 처음 광증 발작을 일으킨 것은 1392년이다.

47 [역주] 부르고뉴의 무겁공 無怯公 장 Jean Sans Peur이 파리에서 오를레앙 공작 루이를 살해한 사건. 이후 오를레앙파는 당시 13세에 지나지 않던 루이의 아들 샤를 도를레앙 Charles d'Orléans 대신 샤를의 장인인 아르마냐크 백작 베르나르 Bernard d'Armagnac를 중심으로 뭉친다.

48 다음 모음집에 실린 텍스트들을 볼 것. *Splendeurs de la cour de Bourgogne. Récits et chroniques*, sous la dir. de D. Régnier-Bohler, Paris, 1995.

49 Cf. J. Krynen, *L'empire du roi. Idées et croyances politiques en France, XIIIᵉ-XVᵉ siècle*, Paris, 1993, 특히 384-414쪽.

50 [역주] 20세기 초 지식인들의 정치 개입을 규탄한 쥘리앵 방다 Julien Benda의 저작《성직자들의 배반 *La Trahison des Clercs*》(1927)에 대한 암시. 국내에는《지식인의 배반》(노서경 옮김, 이제이북스, 2013)으로 번역되었다.

51 [역주] 필리프 4세는 성직자 과세 등을 둘러싸고 보니파시오 8세와 갈등을 빚었다. 거처를 급습한 필리프 4세의 부하들에게 굴욕을 당한 보니파시오 8세는 그 충격으로 세상을 떴다(1303년 아나니 사건). 필리프 4세는 이단, 남색 등의 혐의로 성전 기사단을 해체하고 지도자들을 화형시켰다(1307~1314년). 다른 한편, 필리프 4세는 성지 수복을 위한 십자군 원정을 맹세했으나 실행에 옮기지 않았다.

52 다음 책의 서론을 볼 것. Pierre Dubois, *The Recovery of the Holy Land*, trad. par W.I. Brandt, New York, 1956.

53 Christine de Pizan, *Le livre des fais et bonnes meurs du sage roy Charles V*, éd. par S. Solente, t. II, Paris, 1940, 46-47쪽.

54 이 주제에 대한 매우 풍부한 연구서지의 기초에는 한스 바론의 작업, 특히 다음의 대작이 있다. H. Baron, *The Crisis of the Early Italian Renaissance. Civic Humanism and Republican Liberty in an Age of Classicism and Tyranny*, 2 vol., Princeton, 1955.

55 S.B. Chrimes, "Richard II's Questions to the Judges", *Law Quaterly Review*, 72 (1956), 365-390쪽.

56 L.S. Domonkos, "Ecclesiastical Patrons as a Factor in the Hungarian

Renaissance", *New Review of East-European History*, XIV/1-4 (1974), 100-116쪽.

57 C. Beaune, *Naissance de la nation France*, Paris, 1985.

58 Bruxelles, Bibliothèque royale, ms. 2902, f° 1.

59 Cf. 위 162-163쪽.

60 그것이 어쨌거나 다음 책에서 주장하는 입장이다. R.N. Swanson, *Universities, Academics and the Great Schism*, Cambridge, 1979.

61 J.W. Stieber, *Pope Eugenius IV, The Council of Basel and the Secular and Ecclesiastical Authorities in the Empire. The Conflict over Supreme Authority and Power in the Church*, Leiden, 1978.

62 다음 연구에서 빌려온 표현이다. S. Menache, "La naissance d'une nouvelle source d'autorité: l'université de Paris", *Revue historique*, 544 (1982), 305-327쪽.

63 [역주] 백년전쟁 당시 잉글랜드와 동맹한 부르고뉴의 선량공 필리프의 주도하에 프랑스 왕 샤를 6세와 잉글랜드 왕 헨리 5세가 맺은 조약으로, 샤를 6세 사후 그의 사위 헨리 5세에게 프랑스 왕위를 물려준다는 내용이다. 물론 왕세자 샤를(이후의 샤를 7세)은 트루아 조약을 받아들이지 않고 전쟁을 지속하였다.

64 F. Šmahel, *La révolution hussite, une anomalie historique*, Paris, 1985.

65 F.J. Pegues, *The Lawyers of the Last Capetians*, Princeton, 1962, 그리고 J. Favier, "Les légistes et le gouvernement de Philippe le Bel", *Journal des Savants*, 1969, 92-108쪽.

66 F. Autrand, *Charles V le Sage, op. cit.*, 688-712쪽, 그리고 P.-R. Gaussin, *Louis XI, un roi entre deux mondes*, Paris, 1976, 150-152쪽.

67 P.-R. Gaussin, "Les conseillers de Charles VII (1418-1461). Essai de politologie historique", *Francia*, 10 (1982), 67-130쪽.

68 R. Cazelles, *La société politique et la crise de la royauté sous Philippe de Valois*, Paris, 1958, 그리고 *Id., Société politique, noblesse et couronne sous Jean le Bon et Charles V*, Genève-Paris, 1982.

69 A. Rucquoi, *Valladolid au Moyen Âge (1080-1480)*, 1993, 289-291쪽.

70 Cf. A.L. de Carvalho Homem, "O Doutor João das Regras no Desembargo e no Conselho Régio (1384-1404) — Breves Notas", dans *Estudios de História de Portugal. Homenagem a A.H. de Oliveira Marques*, vol. I, *Sécs. X-XV*, Lisboa, 1982, 241-253쪽.

71 G. Brucker, *The Civic World of Early Renaissance Florence*, Princeton 1977, 269쪽.

72 [역주] 군주의 보호 아래서 특권을 부여받은 도시들을 가리키는 표현.

73 1448년에서 1470년까지 툴루즈 고등법원 앞에서 끝도 없이 이어지던 긴 소송이 증명하는 것처럼. 이 소송과 관련된 주요 서류는 몽펠리에 시 문서고에 보존되어 있다(Arch. Com. de Montpellier, FF 75 et 76).

74 Ph. Wolff, *Commerces et marchands de Toulouse (vers 1350-vers 1450)*, Paris, 1954, 541쪽.

75 R. Fédou, *Les hommes de loi lyonnais à la fin du Moyen Âge. Étude sur les origines de la classe de robe*, Lyon, 1964, 279-292 및 375-396쪽.

76 J. Favier, *Nouvelle Histoire de Paris. Paris au XVe siècle, 1380-1500*, Paris, 1974, 420-430쪽.

77 [역주] 1413년 유혈 사태 끝에 시몽 카보슈Simon Caboche가 이끄는 친親부르고뉴 성향의 파리 주민들(카보슈파Cabochiens)이 일시적으로 권력을 장악했을 때 샤를 6세의 이름으로 반포된 칙령.

78 P. Trio, "A Medieval Students Confraternity at Ypres: the Notre-Dame Confraternity of Paris Students", *History of Universities*, 5 (1985), 15-53쪽.

79 F. Autrand, *Naissance d'un grand corps de l'État. Les gens du Parlement de Paris, 1345-1454*, Paris, 1981, 54-108쪽.

80 남부 엘리트, 특히 교회 엘리트의 결국 효과 없이 끝나고 만 반항에 대해서는 다음 연구가 잘 강조해 보여준 바 있다. J.-L. Gazzaniga, *L'Église du Midi à la fin du règne de Charles VII (1444-1461), d'après la jurisprudence du Parlement de Toulouse*, Paris, 1976.

81 [역주] "프라하파 반란Praguerie"은 1440년 일부 귀족이 전통적 특권을 지키기 위해 샤를 7세에 맞서 일으킨 반란으로, 동시대 후스파 사태를 연상시켰기 때문에 그런 이름이 붙었다. 1465년 루이 11세에 대항한 "공익파Ligue du Bien public"의 목적도 유사했다.

82 [역주] 1455~1485년간 잉글랜드 왕위를 놓고 랭카스터 가문과 요크 가문 사이에 벌어진 내전. 랭카스터 가문이 붉은 장미, 요크 가문이 흰 장미를 문장紋章으로 삼았기에 장미 전쟁이라 불린다.

83 [역주] 감관prévôt은 재판 · 치안 등을 담당하는 관리다.

84 M. Allabert, "Les avocats devant le Parlement de Toulouse à travers les registres d'audience (1444-1483)", dans *École nationale des Chartes.*

Positions des thèses... 1989, Paris, 1989, 7-15쪽.

85 B. Guenée, *Tribunaux et gens de justice dans le bailliage de Senlis à la fin du Moyen Âge (vers 1380-vers 1550)*, Strasbourg, 1963, 192쪽.

86 Cf. J. Shatzmiller, "Médecins municipaux en Provence, Catalogne et autres régions de l'Europe méridionale (1350-1400)", dans *Les sociétés urbaines en France méridionale et en péninsule Ibérique au Moyen Âge*, Paris, 1991, 329-336쪽.

87 D. Jacquart, *Le milieu médical en France du XIIe au XVe siècle*, Genève, 1981, 237-257쪽.

88 [역주] 원문은 '부르주아bourgeois'이나 주지하다시피 이 단어는 오늘날, 특히 한국어에서는 매우 다른 의미를 띤다. 어원상 bourgeois는 도시(bourg 혹은 ville)에 사는 사람을 의미하니 '시민'을 고려해 볼 만하나 이 역시 정치적 주체라는 근대적 개념(citoyen)으로 오해될 수 있다. 중세 도시는 많은 경우 성곽을 경계로 삼아 외부와 구분되었다는 점을 고려하여 이미 제안된 바 있는 여러 번역어 중 '성민'을 택했다. 반면 같은 단어가 평민 중 상업 등으로 축재한 특정 계층을 가리킬 때는 '부르주아'로 번역하기도 했다.

89 [역주] 여기서 저자는 그람시를 다소 부정확하게 원용한다. 그람시가 "유기적 지식인"과 "전통적 지식인"을 구분할 때, 전자는 한 사회에서 지배적인 혹은 상승하는 계급(예컨대 산업혁명 이후의 부르주아지와 프롤레타리아트)과 결속되며, 반면 후자는 과거의 지배계급이 남긴 유산(예컨대 같은 시대의 성직자 계급)이라 할 수 있다. 즉 이 두 개념은 지적 수준이 아니라 사회변혁과의 관계에 따라 정의된다.

90 "Sicut rurales doctores et praedicatores eorum quae praedicant et docent frequenter ignorant rationes, sed tamen docent confidenter, quia sciunt ea quae docent, a magistris se accepisse" (*Henrici de Gandavo opera omnia*, V, *Quodlibet I*, éd. par R. Macken, Louvain-Leiden, 1979, 199쪽).

91 Cf. 위 102쪽.

92 Arch. dép. de la Hte-Garonne, Archives du château de Pinsaguel, 6 J 164, f° 207-261v°.

93 R. Aubenas, *Étude sur le notariat provençal au Moyen Âge et sous l'Ancien Régime*, Aix-en-Provence, 1931, 72쪽; L. Martines, *Lawyers and Statecraft in Renaissance Florence*, Princeton, 1968, 15쪽.

94 L. Stouff, *Arles à la fin du Moyen Âge*, Aix-en-Provence, 1986, t. I, p. 17 및 144; R. Fédou, *Les hommes de loi lyonnais à la fin du Moyen Âge. Étude sur les origines de la classe de robe*, 1964, Lyon, 160쪽.

95 [역주] 악인왕 샤를 2세Charles II le Mauvais. 백년전쟁 당시의 혼란기를 틈타 프랑스 왕위에 오르겠다는 야심을 품었으나, 수시로 편을 바꾸는 등의 행태로 신망을 잃고 샤를 5세에게 패배했다.

96 R. Fossier, *La société médiévale*, Paris, 1991, 417쪽.

97 이 주제와 해당 표현은 필시 다음 연구에서 비롯되었다. M. H. Curtis, "The Alienated Intellectuals of Early Stuart England", *Past and Present* 23 (1962), 25-43쪽.

98 그렇지만 지적해 둘 점은 알레산드로 스텔라의 저작(A. Stella, *La révolte des Ciompi. Les hommes, les lieux, le travail*, Paris, 1993, 90-91쪽)에서 제시된 치옴피의 주요 지도자 50명의 명단에서 의사 1명, 공증인 1명, 학교 교사 1명을 찾아볼 수 있다는 것이다. 나머지는 술집 주인 1명과 열쇠공 1명, 직물 노동자 44명이었다.

99 다음 저작에 수합된 연구들을 볼 것. *Heresy and Literacy, 1000-1530*, dir. par P. Biller et A. Hudson, Cambridge, 1994.

100 예를 들어 치옴피 시기 피렌체 설교의 매우 "회유적인" 테마들에 대한 다음 분석을 참조. Ch.-M. de La Roncière, "Pauvres et pauvreté à Florence au XIVe siècle", dans *Études sur l'histoire de la pauvreté (Moyen Âge – XVIe siècle)*, dir. par M. Mollat, t. 2, Paris, 1974, 661-745쪽.

101 J.-L. Biget, "Autour de Bernard Délicieux. Franciscanisme et société en Languedoc entre 1295 et 1330", dans *Mouvements franciscains et société française. XIIe-XXe siècles*, éd. par A. Vauchez, Paris, 1984, 75-93쪽.

102 이 주제에 대한 개괄과 연구 현황 소개로는 다음을 참조. J.-Ph. Genet, "Wyclif et les Lollards", *Historiens et Géographes*, 294 (avril-mai 1983), 869-886쪽.

103 [역주] 가톨릭의 영성체에서는 전통적으로 사제만이 성체(빵)와 성혈(포도주)을 영하고 속인 신자는 성체만을 영하는데, 이런 구분을 철폐하고 속인 신자에게도 성체와 성혈을 모두 허용해야 한다는 주장.

104 [역주] 현세의 삶을 영위하면서 프란치스코의 가르침을 따르는 속인 신자들의 공동체로, 수사(즉 남성)로만 이루어진 원래의 프란치스코회, 수녀로 구성된 클라라회에 이어 제3회로 불린다.

105 G. Epiney-Burgard, *Gérard Grote (1340-1384) et les débuts de la* *dévotion moderne*, Wiesbaden, 1970.

106 J.-Cl. Maire Vigueur, "Cola di Rienzo", dans *Dizionario biografico degli Italiani*, vol. XXVI, Roma, 1982, 662-675쪽.

107 R. Fédou, "Une révolte populaire à Lyon au XVe siècle: la Rebeyne de 1436", *Cahiers d'Histoire*, 3 (1958), 129-149쪽.

108 [역주] 중세부터 프랑스 혁명 이전까지 존재했던 제도로, 본래는 영주 가, 그리고 14세기부터는 왕이 신민과 신민의 재산에 부과한 세금을 가리킨다. 특권층—성직자와 귀족뿐 아니라 부유한 상인들도—이 면 세 혜택을 입었기에 평민의 부담이 더욱 클 수밖에 없었다.

109 H. Martin, "L'Église éducatrice. Messages apparents, contenus sous-jacents", dans *Educations médiévales. L'enfance, l'école, l'Église en Occident (VIe-XVe siècles)*, dir. par J. Verger [n° spécial d'*Histoire de l'Education*, 50 (1991)], 91-117쪽.

110 "He was also a lerned man, a clerk,/That Cristes gospel trewely wolde preche;/His parisshens devoutly wolde he teche" (*The Complete Works of Geoffrey Chaucer*, éd. par W.W. Skeat, t. IV, Oxford, 1894, 15쪽, 480-482행).

111 J. Bignami-Odier, A. Vernet, "Les livres de Richard de Bazoques", *Bibliothèque de l'École des Chartes*, 110 (1952), 124-153쪽.

112 H. Bresc, *Livre et société en Sicile (1299-1499)*, Palermo, 1971, 138-140 및 179-182쪽.

113 M. Boulet, *Quæstiones Johannis Galli*, Paris, 1944.

114 A. Gouron, "Doctrine médiévale et justice fiscale. Pierre Antiboul et son *Tractatus de muneribus*", *Analecta Cracoviensia*, 7 (1975), 309-321쪽 (다음 저작에 재간: A. Gouron, *La science du droit dans le Midi de la France au Moyen Âge*, London, 1984, n° X).

115 포테스큐에 대해서는 다음 책의 서론을 참조. Sir John Fortescue, *De Laudibus Legum Anglie*, éd. par S.B. Chrimes, Cambridge, 1942.

116 L. Martines, *Lawyers and Statecraft in Renaissance Florence, op. cit.*, 103-105쪽.

117 Cf. M.-Cl. Marandet, "Approche d'un milieu social: le notariat en Midi toulousain aux XIVe et XVe siècles", dans *Visages du notariat dans l'histoire du Midi toulousain (XIVe-XIXe siècles)*, éd. par J.-L. Laffont, Toulouse, 1992, 81-115쪽.

118 A. Rigaudière, "La fortune des hommes de loi sanflorains d'après le livre d'estimes de 1380", *Studia historica Gandensia,* 267 (1986) [= *Structures sociales et topographie de la pauvreté et de la richesse aux XIVe et XVe siècles. Aspects méthodologiques et résultats de recherches récentes*], 13-49쪽, 특히 41쪽 (다음 저작에 재간: A. Rigaudière, *Gouverner la ville au Moyen Âge*, Paris, 1993, 275-318쪽).

119 이 과정의 중요성은 다음 저작에서 중세 말 리옹 사회를 사례로 하여 특별히 강조된 바 있다. R. Fédou, *Les hommes de loi lyonnais à la fin du Moyen Âge, op. cit.,* 153-178쪽.

제3부

1 Cf. F. Autrand, "L'apparition d'un nouveau groupe social", dans *Histoire de la fonction publique en France*, dir. par M. Pinet, t. I, *Des origines au XVe siècle*, Paris, 1993, 311-443쪽.

2 Cf. J. Paquet, "Recherches sur l'universitaire 'pauvre' au Moyen Âge", *Revue belge de philologie et d'histoire*, 56 (1978), 301-353쪽.

3 선생magister에 대해서는 위 187쪽, 주 42를 볼 것. 어떤 공동체든 고유한 법을 지녔다면 그 거주자에게는 성민burgensis이 적용되는데, 여기서 상기해야 할 것이 중세 말 독일 같은 나라에서는 쾰른이나 프랑크푸르트부터 작디작은 시골 부락에 이르기까지 약 4000곳의 주거 밀집 지역이 "도시ville"의 지위를 누렸다는 점이다. 성직자clericus는 하급 서품밖에 받지 못한 성직자를 가리킬 수도, 직위와 무관하게 성직자층 구성원을 가리킬 수도, (비록 결혼을 하고 완전히 속인의 생활을 영위하고 있더라도) 학교를 나온 문사를 가리킬 수도 있었다.

4 F. Autrand, *Charles V le Sage*, Paris 1994, 707쪽; M. Fournier, *Les statuts et privilèges des universités françaises depuis leur fondation jusqu'en 1789*, t. I, Paris, 1890, n° 595 et t. II, Paris, 1891, n° 1435.

5 나폴리 학당 설립을 알리는 고시문. 다음 저작에 출간됨. *Ryccardi de Sancto Germano notarii chronica*, éd. par C.A. Garufi (*Rerum Italicarum Scriptores*, VII/2), Roma, 1938, 113-116쪽.

6 M. Fournier, *Les statuts et privilèges des universités françaises, op. cit.,* t. II, n° 944.

7   "Nous sommes versez a revers/Et par vilains et par convers [juifs convertis],/Chetive gent qui sont venuz,/Cum a court mestre devenuz,/ (⋯)/A la court ne nous fait on droit./Sers, vilains, avocateriaus/Sont devenuz emperïaus". A. Diverrès, *La Chronique métrique attribuée à Geffroy de Paris*, Paris, 1956, 6433-6442행, 212쪽.

8   [역주] 《꼬마 장 드 생트레》 혹은 《장 드 생트레》에서, 동명 주인공은 자신의 연인을 유혹한 거구의 수도원장과 처음 맨몸으로 싸워 패하나, 이후 자신의 요구에 따라 각자 기사 차림을 하고 싸웠을 때는 쉽게 승리를 거둔다.

9   [역주] 중세 소극의 주인공.

10 F. Autrand, *Naissance d'un grand corps de l'État. Les gens du Parlement de Paris, 1345-1454*, Paris, 1981, 75 그리고 326쪽.

11 패스톤 서한집에서 발췌한 여러 편지와 그에 대한 해설을 다음 책에서 볼 수 있다. *Les Paston. Une famille anglaise au XVᵉ siècle. Correspondance et vie quotidienne ilustrées*, prés. par R. Virgoe, Paris, 1990.

12 R. Fédou, *Les hommes de loi lyonnais à la fin du Moyen Âge. Étude sur les origines de la classe de robe*, Lyon, 1964, 그리고 H. Millet, *Les chanoines du chapitre cathédral de Laon, 1272-1412* (Coll. de l'École française de Rome, 56), Roma, 1982, 특히 71-100쪽.

13 최근의 개괄로 다음 연구를 참조. P. Trio, "Financing of University Students in the Middle Ages: A New Orientation", *History of Universities*, 4 (1984), 1-24쪽.

14 L. Martines, *Lawyers and Statecraft in Renaissance Florence*, Princeton, 1968, 69쪽.

15 R. Fédou, *Les hommes de loi lyonnais à la fin du Moyen Âge, op. cit.*, 153-178 그리고 416쪽.

16 Archives départementales de la Haute-Garonne (E 12005-53).

17 B. Delmas, "Le chancelier Jacques Angeli (1390-1455) restaurateur de l'université de médecine de Montpellier au début du XVᵉ siècle", *Actes du 110ᵉ Congrès nat. des Soc. savantes. Section d'histoire des sciences et des techniques*, t. II, *Histoire de l'Ecole médicale de Montpellier*, Paris, 1985, 39-54쪽.

18 J. Pourrière, *Les commencements de l'école de grammaire d'Aix-en-Provence, 1378-1413, d'après des documents inédits*, Aix-en-Provence, 1970, 28쪽.

19 Cf. 위 213쪽.

20 R. Fédou, *Les hommes de loi lyonnais à la fin du Moyen Âge, op. cit.*, 335-350쪽.

21 Ph. Wolff, "Une famille du XIIIe au XVIe siècle: les Ysalguier de Toulouse", *Mélanges d'histoire sociale*, 1 (1942), 7-31쪽 (다음 저작에 재간: Ph. Wolff, *Regards sur le Midi médiéval*, Toulouse, 1978, 233-257쪽).

22 N. Coulet, "Les juristes dans les villes de la Provence médiévale", dans *Les sociétés urbaines en France méridionale et en péninsule Ibérique au Moyen Âge*, Paris, 1991, 311-327쪽.

23 R. Favreau, *La ville de Poitiers à la fin du Moyen Âge. Une capitale régionale*, Poitiers, 1978, t. II, 487-541쪽.

24 L. Martines, *Lawyers and Statecraft in Renaissance Florence, op. cit.*, 62-78 및 482-505쪽.

25 적어도 프랑스에서 원래 귀족 서임장의 혜택을 입은 것은 주로 왕국 관리였다(cf. J. Rogozinski, "Ennoblement by the Crown and Social Stratification in France, 1285-1322", dans *Order and Innovation in the Middle Ages. Essays in Honor of Joseph R. Strayer*, W.C. Jordan, B. McNab, T.F. Ruiz éds., Princeton, 1976, 273-291 및 500-515쪽). 이후로 고등법원 판사 등 최상급 인사들은 흔히 (사회적 영예, 결혼, 영지의 구매 등을 통한) 단순한 "사실상de fait"의 귀족 서임으로 만족했다. 하지만 평범한 왕의 공증인 겸 서기는 여전히 귀족 서임장을 갈구했다.

26 F. Autrand, *Naissance d'un grand corps de l'État. Les gens du Parlement de Paris, op. cit.*, 특히 제3부("Le Parlement et la noblesse", 163-261쪽)를 볼 것.

27 R.L. Storey, "Gentleman-Bureaucrats", in *Profession, Vocation and Culture in Later Medieval England. Essays dedicated to the memory of A.R. Myers*, éd. par C.H. Clough, Liverpool, 1982, 90-129쪽.

28 예를 들어, cf. A. Gouron, "Enseignement du droit, légistes et canonistes dans le Midi de la France à la fin du XIIIe et au début du XIVe siècle", *Recueil de mémoires et travaux publiés par la Soc. d'histoire du droit et des institutions des anciens pays de droit écrit*, 5 (1966), 1-33쪽.

29 수치는 다음 연구들에서 인용되었다. J. Paquet, *Les matricules*

universitaires (Typologie des sources du Moyen Âge occidental, 65), Turnhout, 1992, 131쪽; Chr. Renardy, *Le monde des maîtres universitaires du diocèse de Liège, 1140-1350. Recherches sur sa composition et ses activités*, Paris, 1979, 161쪽.

30 [역주] 여기서 '성직도'라 번역한 프랑스어 clergie는 따옴표에서 짐작할 수 있듯 현재는 잘 쓰이지 않지만 중세에는 특별한 의미를 가졌던 단어다. 이 개념과 성직자clerc의 관계는 기사도chevalerie와 기사chevalier의 관계에 대응한다. 즉 clergie는 경우에 따라 ①성직자 집단 전체, ②성직자의 신분, ③성직자가 갖추어야 할 품성이나 태도, 학식 등을 가리킨다.

31 J. Verger, "Moines, chanoines et collèges réguliers dans les universités du Midi au Moyen Âge", dans *Naissance et fonctionnement des réseaux monastiques et canoniaux* (CERCOR, Travaux et recherches, 1), 1991, Saint-Étienne, 511-549쪽.

32 Cf. P. Desportes, "L'enseignement à Reims aux XIIIe et XIVe siècles", dans *Enseignement et vie intellectuelle (IXe-XVIe siècle)* (Actes du 95e Congrès nat. des Soc. savantes, Reims, 1970-Philologie et histoire jusqu'à 1610), t. I, Paris, 1975, 107-122쪽, 특히 120-121쪽.

33 A. Rigaudière, "L'essor des conseillers juridiques des villes dans la France du bas Moyen Âge", *Revue historique de droit français et étranger*, 62 (1984), 361-390쪽 (다음 저작에 재간: A. Rigaudière, *Gouverner la ville au Moyen Âge*, Paris, 1993, 215-251쪽).

34 여기에 나는 다음 연구의 결론부를 가져온다. "Noblesse et savoir. Étudiants nobles aux universités d'Avignon, Cahors, Montpellier et Toulouse (fin du XIVe siècle)", dans *La noblesse au Moyen Âge. XIe-XVe siècles. Essais à la mémoire de Robert Boutruche*, réunis par Ph. Contamine, Paris, 1976, 289-313쪽. 반증이 제시되지 않는 한 이 결론은, 정도 차는 있겠지만, 중세 말 유럽 대학 전체에 확대 적용될 수 있을 것으로 보인다.

35 이 규정은 다음 연구에 인용되어 있다. M.H. Shank, *"Unless You Believe, You Shall Not Understand". Logic, University, and Society in Late Medieval Vienna*, Princeton, 1988, 23쪽.

36 Cf. G. Le Bras, "*Velut splendor firmamenti*: le docteur dans le droit de l'Église médiévale", dans *Mélanges offerts à Étienne Gilson*, Toronto-

Paris, 1959, 373-388쪽.

37 텍스트 판본은 다음을 참고. D. Maffei, "Dottori e studenti nel pensiero di Simone da Borsano", *Studia Gratiana*, 15 (1972), 231-249쪽.

38 "Militem doctor precedere debet" (*ibid.*, 242쪽).

39 "Item doctori ingredienti ad principis curiam non debet vetari ingressus sed admitti, etiam ad secreta iudicum admitti" (*ibid.*, 241쪽).

40 "Miles inermis milicie" (M. Boulet, *Quæstiones Johannis Galli*, 1944, xcviii쪽에서 인용).

41 R. Fédou, "Une famille aux XIVᵉ et XVᵉ siècles: les Jossard de Lyon", *Annales ESC*, 9 (1954), 461-480쪽.

42 J. Segondy, "Une famille de juristes montpelliérains: les Rebuffy", dans *Fédération historique du Languedoc méditerranéen et du Roussillon. XXXVIIᵉ et XXXVIIIᵉ Congrès (Limoux-Nîmes) (1964-1965)*, Montpellier, s.d., 143-153쪽.

43 A. Padovani, *L'archivio di Odofredo. Le pergamene della famiglia Gandolfi Odofredi. Edizione e regesto (1163-1499)*, Spoleto, 1992, 61-62쪽.

44 Cf. 앞의 263-265, 271, 289쪽.

45 Cf. D. Courtemanche, "Les testaments parisiens sous Charles VI: des écrits sur soi au service de la mémoire collective", *Le Moyen Âge*, 97 (1991), 367-387쪽.

46 R. Favreau, *La ville de Poitiers à la fin du Moyen Âge. Une capitale régionale*, Poitiers, 1978, t. II, 487쪽에 인용.

47 M.-D. Chenu, *La théologie au douzième siècle*, 2ᵉ éd., Paris, 1966 중 15장 ("Les *Magistri*. La 'science' théologique", 323-350쪽)을 볼 것.

48 Cf. R. Fédou, *Les hommes de loi lyonnais à la fin du Moyen Âge. Étude sur les origines de la classe de robe*, Lyon, 1964, 356-357 및 363-365쪽.

49 R. Grandi, *I monumenti dei dottori e la scultura a Bologna (1267-1348)*, Bologna, 1982.

50 J. Verger, "Le transfert de modèles d'organisation de l'Église à l'État à la fin du Moyen Âge", dans *État et Église dans la genèse de l'État moderne*, éd. par J.-Ph. Genet et B. Vincent (Bibliothèque de la Casa de Velazquez, 1), Madrid, 1986, 31-39쪽.

51 *The Individual in Political Theory and Practice* (éd. par J. Coleman, Oxford, 1996)에서 특히 제1장(J. Coleman, "The Individual and the

Medieval State", 1-34쪽)과 제3장(J. Verger, "The Contribution of Medieval Universities to the Birth of Individualism and Individual Thougt", 59-77쪽)을 볼 것.

52 B. Guenée, *Tribunaux et gens de justice dans le bailliage de Senlis à la fin du Moyen Âge (vers 1380 - vers 1550)*, Strasbourg, 1963, 384 및 418쪽.

53 *Histoire des universités en France*, dir. par J. Verger, Toulouse, 1986, 182쪽.

54 Cf. A.M. Carrabias Torres, *Colegios mayores: centros de poder*, 3 vol., Salamanca, 1986.

55 [역주] 독일의 인문주의자이며 루터의 개혁을 지지했던 울리히 폰 후텐Ulrich von Hutten이 익명으로 출간한 저작《몽매한 자들의 편지 *Epistolae Obscurorum Virorum*》(1515-1519년)에서 빌린 표현. 여기서 "몽매한 자들"은 기성 교회를 옹호하는 신학자나 수도승 등을 가리킨다.

56 *Der Humanismus und die oberen Fakultäten*, éd. par G. Keil, B. Moeller, W. Trusen, Weinheim, 1987.

57 [역주] 오늘날 콜레주 드 프랑스Collège de France의 전신.

58 Cf. *Università, Accademie e Società scientifiche in Italia e in Germania dal Cinquecento al Settecento*, éd. par L. Boehm et E. Raimondi, Bologna, 1981.

59 Baldassar Castiglione, *Le livre du courtisan*, trad. fr. (Garnier-Flammarion), Paris, 1991, 87쪽.

색인

- 아래 색인은 인명·저작명·집단명·기관명·지명을 포함한다.
- 중세 유럽의 인명은 대개 이름과 첨명surnom으로 구성된다. 첨명은 출신지·영지·직업·신체적 특징 등을 가리키며 그로부터 성姓이 유래한다. 이 장기적 과정 끝에 오늘날과 같은 이름-성 체계가 어느 정도 정착된 것은 15세기 후반 이후의 일이다. 이 점을 고려하여, 중세 인명은 '이름-첨명' 순(예: '가스파리누스, 베르가모의', '토마스 아퀴나스', '프랑수아 비용')으로, 이후의 인명은 '성-이름' 순(예: '르 고프, 자크')으로 표기하는 것을 원칙으로 한다. 다만 특정 가문이 사례로 언급될 경우, 색인에서는 개인들의 이름을 생략하고 가문명만을 표기한다(예: '패스톤 집안').